旅俄

华侨史料汇编增补

The Supplement to the Compilation of
Historical Materials of Overseas Chinese in Russia

主　编　宁艳红

中国社会科学出版社

图书在版编目 (CIP) 数据

旅俄华侨史料汇编增补／宁艳红主编 . —北京：中国社会科学出版社，
2021.9
ISBN 978 - 7 - 5203 - 8519 - 0

Ⅰ. ①旅…　Ⅱ. ①宁…　Ⅲ. ①华侨—史料—汇编—俄罗斯
Ⅳ. ①D634. 351. 2

中国版本图书馆 CIP 数据核字 (2021) 第 095125 号

出 版 人	赵剑英
责任编辑	张　湉
责任校对	姜志菊
责任印制	李寡寡

出　　　版	中国社会科学出版社
社　　　址	北京鼓楼西大街甲 158 号
邮　　　编	100720
网　　　址	http://www.csspw.cn
发 行 部	010 - 84083685
门 市 部	010 - 84029450
经　　　销	新华书店及其他书店

印　　　刷	北京君升印刷有限公司
装　　　订	廊坊市广阳区广增装订厂
版　　　次	2021 年 9 月第 1 版
印　　　次	2021 年 9 月第 1 次印刷

开　　　本	710×1000　1/16
印　　　张	27
插　　　页	2
字　　　数	442 千字
定　　　价	156.00 元

前　　言

"今世赖之以知古，后世赖之以知今。"历史档案是研究历史的重要依据之一，因此，鲜为人知的旅俄华侨华人历史档案的收集和整理就显得尤为重要和珍贵。

余世居中俄边境地区，自幼在侨乡成长，常被华侨热血救国事迹所感动。中年后，更知华侨之伟大。他们为了抗战和实业救国，发扬大无畏精神，尽显拳拳报国之心和赤子之心。孙中山曾经赞誉华侨为"革命之母"。尤其令我动容的是，2019 年底暴发的新冠肺炎疫情在中华大地上肆虐，面对严峻形势，华侨华人心系祖国，发挥独特作用，对旅居国和祖籍国疫情防控做出突出的贡献。

旅俄华侨华人是海外华侨的一部分，他们在俄罗斯有百余年的历史，人数较多，从事的职业较为单一。受时间跨度大、地域广及中俄关系的影响，搜集和整理旅俄华侨华人档案工作愈加艰难，跨国、跨地区抢救性的搜集、整理旅俄华侨华人档案工作迫在眉睫。作为一名旅俄华侨史的研究者、爱好者，几年来，强烈的研究欲望促使我穿梭于国内中俄边境地区、中东铁路沿线以及俄罗斯远东及西伯利亚地区的布拉戈维申斯克、哈巴罗夫斯克、符拉迪沃斯托克、尼古拉耶夫斯克、伊尔库茨克、克拉斯诺亚尔斯克等地档案馆，挖掘旅俄华侨华人原始档案，力求还原旅俄华侨华人的真实面貌。

本书是对 2016 年出版的《旅俄华侨史料汇编》的补充完善，补充了大量俄罗斯原始的档案资料和国内赴俄通道的第一手档案资料。分为国内和国外两部分，国内以中俄边境地区赴俄重要通道黑河市、呼玛县，旅俄华侨赴俄中转站哈尔滨，以及黑龙江省的档案馆为主，大多为民国时期政府公函、公务呈请、公署文稿、大事案由、外交照会、边务条陈等；俄罗斯档案以远东地区旅俄华侨华人人数较多的城市哈巴罗夫斯克、符拉迪沃斯托克为主。通过挖掘整理中俄华侨华人档案，发现这部分史料是中俄各地档案馆最有特色、最重要的馆藏。本书内容为公文、电报、会议记录、个人档案资料。从时间看，大部分档案集中在民国初至民国二十五年；从公文呈报人身份看，主要有黑龙江省长、黑龙江省财政厅厅长、各地道尹兼交涉员、华侨商会会长、各地警察所所长、华侨等；从公文内容看，涉及旅俄华侨华人保护的有劝业、救灾、维权、护侨、救济的办法及华侨人数报表、查禁华工参战的函电，接待、安置归国华侨的法规、函电，侨产纠纷的信函、裁决等；涉及旅俄华侨华人经济文化活动的有旅俄华侨华人工作计划、报告、会议记录、华工请愿书、委任书、华文教育等；涉及侨务法律法规的有命令、规章制度、驻外使馆工作报告、涉侨政策、出洋条例、招募合同等；涉及旅俄华侨华人通行证的有侨民出境护照、护照及过江小票的办理、过江小票的发放、月报及年报、侨民出入境的统计数据、出入境管理办法等；涉及旅俄华侨社团组织的有商会改组申请、商会章程等；涉及旅俄华工参加十月革命和国内战争的有阿穆尔第17步兵团中国士兵名单、华人的简历及退休申请等；涉及两国交流合作的有苏联代表团出访的报告、汇报、请示等。通过中俄（苏）不同角度，记录一段历史、还原旅俄华侨华人史实、再现了中俄（苏）两国侨民政策、侨民生活状况及经济文化活动、社团组织活动、外交政策、关税收讫、边务事宜等，真实展示旅俄华侨华人这个特殊群体的历史足迹和发展脉络。

现在的城市太过于繁华喧闹，无处安放灵魂，唯有在书中，尽享片刻的宁静。余热爱旅俄华侨史研究工作，搜集、整理、研究旅俄华侨华人的史料，痴迷忘返、乐在其中。这段岁月是静美的，"无丝竹之乱耳，无案牍之劳形"。品一杯香茗，伴随着书房内淡淡的笔墨书香，走进旅俄华侨华人的生活，了解他们的奋斗足迹和人生感悟，重温那段鲜为人知的历史。古人云：知之者不如好之者，好之者不如乐之者。在查阅的过程中，从初步感知，疑惑，到再次查阅，求解，到了然于胸，豁然开朗，我尽情享受思想轻舞飞扬，自由漫步的日子。

为挖掘旅俄华侨华人的档案史料，自2013年开始，余利用寒暑假时间，辗转奔赴黑龙江各市、县边境档案馆及中东铁路沿线档案馆、俄罗斯远东地区档案馆，精心梳理，汇集编纂这部《旅俄华侨华人史料汇编增补》。用史料、文字、图片把旅俄华侨华人的真实生活展示、记录出来，让社会各界更多的人了解他们出国谋生和创业的艰辛，以及远涉重洋、忍辱负重的凄楚。

本书以尊重历史为前提，汇集了旅俄华侨华人社会生活的原始档案，真实反映旅俄华侨华人历史发展的原貌，是诠释旅俄华侨华人社会地位、生活状况、经济文化活动、人口迁移的重要史证。古为今用，推陈出新。希望本书的出版能激发人们继承和发扬华侨的爱国、爱乡的优良传统；发挥旅俄华侨引领作用，为中俄边境地区两国民族文化交流、经贸合作，为国内经济文化建设，为中俄关系健康快速发展做出贡献；真诚希望此书为研究中俄关系史、国际移民史、世界华侨史及旅俄华侨史的专家、学者提供借鉴和帮助。

由于国内外旅俄华侨华人历史档案保存的局限性及查阅、挖掘的艰难，加上俄罗斯史料二次翻译的困难，翻译过程人名、籍贯等个人档案大多为音译，另外20世纪20年代赴苏学习的中国学生身份大多隐秘，使用化名或者俄文名字，受研究时间、研究能力的限制，纰漏之处在所难免，恳请各位专家与学者批评指正。

作　者

二○二一年十月

目　　录

第一编　公文

第二编　电报

第三编　俄罗斯档案文献

第一编　公文

吉林省政府训令　字第56号

密令东宁县政府

准黑河权领事函报苏联限制华侨汇带钱款及
虐待各情转令酌量传谕人民知悉由

　　案据探报苏联限制华侨汇带钱款及华侨所受虐待困苦状况等情，到府当查原报各节自属确实，诚恐省内人民不明外情，尚有惧被诱惑冒险前往，至于备尝苦累殊可悯恻，除分行传谕外，合亟抄同探报原文，令仰该县转谕地方法团酌量劝告人民均行知悉，此令。

　　附抄件

苏联限制华侨汇带钱款之情形及华侨所受困苦之概况

　　苏联立国以来其行政立法向以利己为主旨，而其法令亦无永久之性质，今日所公布者，明日即可取销，至其设施合乎国际公法，违背道义与否，均非所计。故一般外侨旅居苏联境内者，除有契约规定者外，向皆茫然不知所措，财产生命毫无保障。暴政之下呻吟囹圄者，实不知凡几也。自环球各国交通以来，凡外国人民以正当劳力于驻在国法令范围内所获得之赀财，无论按照何国法律及根据何种法理，无不认为所有者有任意使用支配之权，乃苏联政府以华人旅居苏联境内，虽操正当营业者所得赢余，若令其任便经存该国银行，或准本人亲身携带汇兑运致回国，与苏联国库颇有不利。于是异想天开创千古未有之奇例，许华人在苏联境内作工而不许其将劳资汇带回国。

　　苏联境内除其国营国家银行外，亦无私人创办之银行。国家银行为苏联政府之机关，一切均听政府之命令，华侨交款请汇一律拒绝。倘于本人出苏联国境随身携带则又禁止。工资不得运致回国，则华侨在苏境之生路已绝。故华人向在金厂、林场操作苦工者，遂相继回国，此三年以前之事也。于是苏联其林甲、巴代伯、谢林木扎等处，遂招觅俄人以资替代。但俄人懒惰性成，不惯劳苦，每日仅工作八小时，又必须予以极高之工资及特别工作衣服，并予以保险等等，耗费甚大，获得微少，不及年而各金厂已既赔累不堪，不得已不得不另设诱骗伎俩以招引华童来作业。于一九二八年苏联政府复特定一种单行章程，凡华人各金厂淘金者，准每人每月将其所获工资百分之七十五，由金厂账房出给证明持向国家银行汇寄回国。于是一般华侨图小利者，遂又蜂拥向前，苏联采金业又为之一振，迨金厂工人数额充足，苏方又将汇兑额缩减，初时定为每人在工厂区内对于衣食住行至少应花用其工资百分之四十或五十，以此标准每一工人每月至多得汇百分之六十或五十，未几苏联政府认为此种汇兑率过高，又定为每人每月仅能汇兑工资之百分廿五，施行此种限制以后，犹以为未足，更利用华人之弱点，于金厂区内遍设娼窑赌馆，令华人贪染，俾其所得工资尽量挥霍于工作之地，得之于此复令遗之于此。其施政之卑污、用意之险苛，可谓极尽其能事，而我华侨堕落于此苦海之中者，亦遂无重见天日之日矣。至心地聪明安分之侨民，不为娼赌所染，所得工资仍小心积存，欲携带逃出此种凶巢，则又异常颠险，大概苏联之金厂均星散于人烟稠密之区，位置于数千里之外，有重山峻岭之阻，巨川虎豹之险，如不由其孔道出入，鲜有能生还者。若带钱款由孔道出沟，则必须经卡岗多所，每过一卡即搜寻一次，见有钱款、金沙或其他贵重物品，无不立予扣没。倘扣没之款数额较巨，并将带款人拘留系狱，且苏联法令凡扣没钱款财产必须缮造记录。除缮造事实外，倘受害人有何种异议及声明时，应一并填入记录之内，以资审查。乃俄人缮造记录时往往不守法律规定，竟捏造华人供词，谓华人被扣之款系华人向其他华人敛聚而来，希图私自携带出境者，有时并记录亦不缮造，款则扣留，人则逐放。

凡受此种损害之侨民来馆声报，据向苏联地方官提出交涉时，对于有记录者，以记录内华侨既已供认希图携带出境，当然照章扣没，不予发还；无记录者，俄官根本即不承认有扣款之事，实共产党蛮横无赖，在世界上可谓绝无仅有，致负保护华侨之责者，只得空拳独张，徒呼负负而已。查金厂华工携款经孔道逃出者，既属如此困难，遂不得不冒险绕道，由密林中图逃，其徼幸不坠沟涧、遇虎豹，得生还至黑河或其他沿边地点者，复不能避免最后之危险。如凭正式苏官所发出境签证经出入苏联国境之关卡回国者搜查綦（甚）严，一物一盒均被启视，衣服被褥则用剪刀剟开，箱笼则用铁斧劈裂，至出境人则令入特别检验室，外衣内衣一律脱下。男性由男检查员检查，女性由女检查员检查。如有形迹可疑者，甚至有如医生检查病人，检查下体之内部者，人道何存？侮辱实甚。至有钱款之华侨，不领正式签证，欲由黑龙江冰上私逃者，则其国防军守边马兵不时逡巡，一遇逃犯，即用戒严法之规定，先放空枪吓令停止，鸣枪之后仍不止步，即可实行射击。私逃之人，得不为苏联守兵所捕获者，十不得二三，马而为俄兵击毙者，亦时有所闻。似此对待华侨之办法，在人类之中实所罕见。查苏联无华工，其金厂、林场即不能支持，用华人复不许华人汇寄钱款，虽特别规定有准汇款之明文，但事实上仍不允许汇寄，招引华工之目的已达特别规定之效力，即属中止。闻现在各金厂等工，苏方百计不令回国，华人有服务之义务，无享用工资之权利，是与匪徒抢掠绑票无以异矣。苏联对我侨民如此之酷，较我对待北满一带之侨宽大为怀，予以法律上明白之保障者，相去奚啻倍蓰，对此野蛮政府，如不以彼对我侨民之手段对待之，恐彼终无觉悟之日，按国际平等相互之原则，似宜采用同一之办法以资对待也。

中华民国二十年五月十日

主席张作相

东宁县政府训令

送达机关：商农会

为奉令对于苏联限制华侨汇带钱款及
虐待之情形仰传谕人民一体知悉由

令商、农会

为令以事，案奉

吉林省政府训令第五六号内开，案据云云，酌量劝告人民均行知悉，此令。附抄付，等因，奉此。除分行外，合以抄件令仰该会即便查照抄件办理，剀切劝告地方人民一体知悉，切切，此令。

　　附抄件

县长袁

中华民国二十年

——东宁县政府民国二十年九月《华侨回国保护卷》

黑龙江省长公署稿
令铁路交涉总局、三道尹、交涉署

外交部皓电复存查有游民出洋定严惩
发照官吏并追缴遣送旅费由

本年十月二十日，案准

　　外交部皓电开，查密准驻俄刘公使电称云云，查照办理等因，准此。除分令外，合亟令仰该局、道尹、署即便遵照遵知办理勿忽，切切，此令。

省长鲍

十月廿三日

——黑龙江省长公署卷《关于华工护照及过江小票卷》民国三年四月

吉林滨江道道尹兼哈尔滨交涉员李家鳌
呈黑龙江省长停止发给华人赴庙街护照

为呈复事，本年五月十二日，奉

　　钧署蒸日快邮代电内开，据黑河道庚电称华侨会接庙街电称，庙街地方今春粮食缺乏，大不敷用，华人勿前往，以免饥饿之累等语，希即查照晓谕并停止发给华人赴该处护照等因，奉此，职署遵将前赴庙街护照一律

停发，除布告周知外，理合备文呈复

　　钧署鉴察，谨呈

　　黑龙江省长

署吉林滨江道道尹兼哈尔滨交涉员李家鳌

中华民国七年五月十三日

黑龙江省公署　指令第四○八八号
令交涉署、黑河道

署吉林滨江道道尹兼哈尔滨交涉员呈，为遵将赴庙街护照一律停办由呈悉，仰交涉署、黑河道知照，原呈抄发。此令。

省长鲍

五月十七日

黑河道尹兼爱珲交涉员张寿增呈为印刷临时过江执照款拟由卡伦截饷项下开支事

呈为印刷临时过江执照，需款拟由卡伦截饷项下开支，请鉴核备案事。查前因俄岸战争封锁口岸，禁止华人来往，由道尹与俄新党交涉，取消华人过境小票税，由道署出发临时过江执照，以便俄岸查验放行。凡过往俄岸华人，如系正当工商令自取保发给不收票费，计自三月二十一日起至五月二十一日止，共发出临时执照二万三千张，计二百三十本，每本印刷工料羌洋八元，共计羌洋一千八百四十元。此事系因俄岸发生战事限制入口，并为取消俄小票税，抵制交涉起见，故未便收取华人票费，现在俄小票税已实行取消，地方粗平。此项执照业于五月二十一日停止出发，惟此项票费实系临时特别支用。道尹筹思至再无款支付，拟请由截存卡伦截饷项下作正开者，以免虚悬，伏乞

　　准予列销，实为德便，理合连同收据一纸具文呈请

　　鉴核准予备案，示遵施行谨呈

黑龙江省长鲍

计呈收据一纸。

黑河道尹兼爱珲交涉员张寿增

中华民国七年六月七日

大黑河华通印务处发票

今发去

印过江执照式百叁拾本，共合羌洋壹千捌百四拾元，实收羌洋壹千捌百四拾元。

道尹公署立照

中华民国七年五月卅日华通印务发票

黑龙江省公署　指令第四八七九号

令黑河道尹、财政厅

黑河道尹呈一件为印刷临时过江执照，需款拟由卡伦截饷项下开支，请鉴核由。

呈悉准予列销。仰财政厅知照。呈抄发。此令。

省长鲍　六月廿四日

为呈报华人过江小票收归本署经理发放以期整顿请

鉴核备案事，案查黑河地方华人过江小票向由本署印刷，盖印，交由爱珲县经理发放，所有收入款项即由该县迳解省厅，名实既属不符，手续尤觉繁难，近以俄岸抵制华人过境无征不至，办理稍有失宜，即起外人藉口，兹拟定由民国八年一月十五日起，将该项过江小票收归本署经理发放，收入票款即由本署报解，以期整顿而杜交涉。

除令行爱珲县遵照外，理合将过江小票收归本署发放，缘由具文呈请，鉴核备案并请令厅知照施行，谨呈

黑龙江省长鲍

兼代黑河道尹何守仁

中华民国七年十二月三十日

黑龙江省公署　指令第四五八号

令黑河道尹、财政厅

黑河道尹呈为呈报华人过江小票收归本署经理发放以期整顿请鉴核备案由，如呈备案仰财政厅知照。呈抄发。此令。

省长鲍

中华民国八年七月廿六日

署外交部特派黑龙江交涉员呈为俄领照
称凡华人持照赴俄须送经俄领签字证明

呈为俄领照称凡华人持照赴俄，须送经俄领签字证明等因，除通行公布外具报鉴核事，窃于七月二十一日，准驻齐齐哈尔俄领事第一八八八号照开，照得凡有外国人民持照赴俄者，非经俄国外交官署即领事馆签字证明，不得前往，特此照会。贵特派员查照，即将此情转饬赴俄之华民知照等因，准此。除通行公布外，理合具文呈报

省长鉴核施行。谨呈

黑龙江省长鲍

署外交部特派黑龙江交涉员钟毓

中华民国八年七月二十五日

黑龙江省公署　指令第一〇六一号、咨第五八一二号

令交涉署、各道尹、铁路交涉总局

交涉署呈为俄领照称凡华人持照赴俄，须送经俄领签字证明等因，已通行公布请鉴核由。

呈悉候咨

督军署查照并仰各道尹暨铁路交涉总局知照。原呈抄发。此令。

为咨行事案据特派交涉员钟毓呈称为俄领照称凡华人持照赴俄云云，鉴核施行等情，据此除指令并分行外，相应咨行。

贵署查照并请转令各警备司令部知照，此咨

督军署

护理省长王

铁路交涉总局总办马忠骏呈为
具报驻俄国伊尔库次①克魏领事电

呈为具报驻俄国伊尔库次克魏领事电，哈交涉员伊省已停发居留票，我国商民如无要事暂禁前来，并闻旅俄华侨已被驱逐各情形事。民国八年九月二十日，准吉林滨江道道尹兼哈尔滨交涉员署国字第一一二二号公函内开，案准驻俄国伊尔库次克省魏领事电开，近来俄国伤兵难民纷纷来伊，所有房屋多被征收公用。本年九月六日起伊省已停发居留票，我国商民如无要事恳祈暂禁前来，以免旅伊侨民反受影响，闻旅俄华侨已被驱逐出境，特电奉闻并请通知侨民为盼等因，准此。除布告外，相应函达贵总局请烦查照等因，准此。除函致驻满护路军司令部暨分行海满两分局外，

---

① 伊尔库次克，今写作伊尔库茨克，下同。

理合呈请鉴核，谨呈

黑龙江省长公署

铁路交涉总局总办马忠骏

中华民国八年九月二十三日

第一千二百九十四号

黑龙江省公署　指令第一三七五号

咨第七四八九号

令铁路交涉总局、交涉署、黑河道

铁路交涉局呈一件为具报驻俄国伊尔库次克魏领事电称，伊省已停发居留票，应暂禁我国商民前来，并旅俄华侨被逐各情形由。呈悉仰交涉署知照并仰黑河道查照布告周知，原呈抄发仍候咨行督军署查照，此令。

为咨行事案据铁路交涉总局呈称，为具报驻俄国伊尔库次克魏领事云云，呈请鉴核等情。据此除指令呈悉云云，此令等因印发并分行外，相应咨行

贵署查照。此咨

督军署

省长孙

九月

呈为华侨生计艰难，拟请酌减赴俄

工商护照费，以资保护仰祈

鉴核示遵事，窃本署经发赴俄华工商护照，每商照一张向收照费大洋四元，印花税大洋二元；工照一张向收照费大洋二元，印花税大洋一元。惟因印刷护照派员管理在在需费，又请领护照之人，自往照相馆照相，往往格式不符，又或耽延时日，是以向由领照之人在本署领取，凭条赴指定

之照馆照相，由本署于发照时每照一张除照费、印花税外，另收照相印刷及管理护照员薪水、纸笔等费大洋一元。在从前俄境安靖之时，华人前往作工或贸易利恒数倍出，此照税等费不足计较。自去年俄党纷争羌帖一落千丈，华工商前往俄境，既属无利可图，而我岸受俄乱影响，市面萧条，困难万状，华人请领赴俄护照者，自七年七月起至本年六月底止，一年之中，只共发商照一百六十四张，工照一百四十八张。七月以后，更觉稀少，此虽俄境未靖，前赴该国无事可为，所致而费钜难任亦为其中之一原因。窃思俄国各境秩序紊乱，华侨前往随在勘虞非酌减照费，使前往俄境之华工商尽领护照不足以资保护，拟请嗣后每商照一张改收照费大洋一元、印花税大洋一元；工照一张免收照费，仅贴印花大洋一元。无论工、商照，每张随缴大洋二角作为印刷及办公之费，照相费由领照之人自行迳付。惟仍由本署出给凭条，以便照相馆见条即为摄拍。俟市面恢复华俄商务发达之后，届时应否酌加再行呈请

　　核示。道尹仰体

　　省长重念侨民之意，又因目击困苦，不敢缄默，谨以上陈。倘蒙俯允所请，当于奉到指令之日，即行布告实行，谨先声明。谨呈

　　黑龙江省长孙

黑河道尹兼瑷珲交涉员施绍常

中华民国八年十二月二十九日

黑龙江省公署　指令第四五〇号

令黑河道兼瑷珲交涉员、财政厅

　　瑷珲交涉员呈一件为华侨生计艰难，拟请酌减赴俄工商护照费以资保护由。呈悉此项工商护照费，前据华侨商会沥陈华侨生计艰难情形，当经令行该道核办在案。兹据所拟办法当属可行，应即照准，以恤侨艰，仰即布告实行，原呈并抄，仰财政厅知照，此令。计抄呈。

省长孙

中华民国九年一月八日

黑河道尹呈为拟请酌减过江票费以维商艰事

呈为拟请酌减过江票费以维商艰事。窃查本镇华人赴俄，除赴俄国内地或拟久居俄境者应请领华侨护照外，其暂时因事或因交易赴俄岸者，向由瑷珲县署发给过江小票，由俄岸官警验票放行。何前道尹因此种过江票，盖用瑷珲交涉员印信，且华人赴俄有关外交，须随时认真查察。因于七年十二月间呈明钧署，自本年一月十五日起收归本署管理。近来俄岸政令不严，对于此种过江票查验，虽不若从前之认真，而有时遇有不持票之华人，辄派兵押至本署交收，且必索回收据，甚为注重。至于此种过江票，每张向粘印花税一分，又解财政厅票费，每票一张，大洋四分。因以前省币未曾通行，又无铜枚辅币，是以随时按照市行折收羌帖。现在市面零数羌帖渐少，且值工商兼困。据本镇商会暨阿省华侨会请求，将是项过江票取销或取销票费等情。查此项过江票为华人短时过江之凭证，在我可藉此稽考过江之华人。在俄岸现当混乱之际，往往不明华人之来踪去迹，遂妄指为附从乱党，若见持有过江票完可证明踪迹，目下正宜于放票时，严加查察，见有不稳妥之人，不让过江，以杜纠葛。取销一层，实非相宜。至于减费一层，印花有关国税，票费虽属地方收入，向解省库。惟现在市面凋敝，可否豁免以维商艰之处，伏候

钧夺训示。再羌帖已失行使价值，前因另案，呈请

饬下官银号转饬黑河分号备发铜枚辅币。倘票价及印花税未能完全豁免，拟请准将票价由大洋四分减为大洋一分，另收印刷办公等开支大洋一分，印花仍照以前每票一张粘贴一分，并恳转令官银号速行备发辅币，以便将应收票费一律征收本省辅币，藉免折合周折。是否有当，统祈

示遵，谨呈

黑龙江省长孙

黑河道尹施绍常
中华民国八年十二月二十九日

黑龙江省公署　指令第四五一号
令黑河道、财政厅、官银号

黑河道呈一件为拟请酌减过江票费以维商艰由

呈悉财政厅核议复夺，原呈抄发。据称，发放过江票究可证明踪迹，杜绝纠葛，取消实非所宜等情，当属实在，惟所拟减费办理是否仍重，应由财政厅速议复夺，至速行备发辅币一层，并仰官银号迅核办理具报，原呈抄发，此令。

省长孙

黑龙江省公署　训令第二四四号

为免收过江票各费一案令厅道遵照由
令黑河道、财政厅

案据该黑河道电称，俄岸小票取消，我岸过江票费税可否一律免收等情。据此除电复并行财政厅知照外，合亟照抄去电、来去电稿一、三纸，令仰该道、厅即便遵知照，此令。

计抄电稿一、三纸

省长孙

查外交部发电后，间有另抄壹份函送存查者，大抵因案关交涉，恐电码或有错误之故，此次附抄电稿，另文行道即系仿照此意，用昭慎重，合并签明。

呈为遵令核议酌减过江票费请

鉴核事案奉

钧署第四百五十一号指令，黑河道呈一件为拟请酌减过江票费以维商艰由开，呈悉，据称发放过江票究可证明踪迹，杜绝纠葛，取消是非所宜等情，尚属实在。惟所拟减费办法是否仍重，应由财政厅速议覆夺。至速行备发辅币一层，并仰官银号迅核办理，具报原呈抄发此令等因，奉此。查该道因市面凋敝，请将黑河过江票费暨印刷办公费各收大洋一分，共二分，较原订票费大洋四分，减去一半，诚不为重。惟此项票费系解交省库之款，列入国家岁入预算，该道于票费外，另收印刷办公等费，与原案不符，拟请将此项票费每张共收大洋二分，全数解交省库，其印刷、办公两费仍行免收。该道署应支印刷、办公经费，即照向章由收入票费内坐支虚领虚解，所据是否有当，理合具文呈请

鉴核指令施行，谨呈

黑龙江省长孙

署理财政厅厅长刘尚清

中华民国九年一月二十六日

查黑河道原呈内称倘票价及印花税未能完全豁免，拟请准将票价并由大洋四分减为大洋一分，另收印刷、办公等开支大洋一分，印花仍照以前每票一张粘贴一分等语。兹据财厅核议，于印花一层并未提及，似应指照，以免遗漏，令并签明。

黑龙江省公署　指令第一二八二号
令财政厅、黑河道

财政厅呈为遵议酌减过江票费请鉴核由

呈悉如议办理，候令、仰黑河道遵照并布告周知，至应帖印花仍照以前办理并仰知照，原呈抄发。此令。

省长孙

——黑龙江省长公署卷《关于华工护照及过江小票卷》民国三年四月

呈为黑河商会请改组总商会缮具简章转请

鉴核示遵事，案据黑河商会会长丁官堂呈称，窃维法团之设，由自然人之集合体，成立之团体有一定共同之目的，其为商业者之合议团体，即商会是也，图关于地方上商业之一般利益，或就工商业对官厅报告其意见而补助经济行政之机关也，又权利义务区判之准绳也，关系极为重要。查黑河原属一镇设一商会，近年来金厂林立，工商云集，俨然一钜镇耳。而商民之流寓沿江者生齿日益繁庶，今比畴昔，相去不可以道里计，亟应改组总会以资发展商业。谨将改组总会必要之理由略陈于以下供鉴核。

（1）（国际问题）：黑河与俄阿穆尔省对峙一江之隔，则我一动一静无不在外人观念之中矣，而瀛海交通于今为盛。凡各国口岸无一非商战之场，彼俄新政体又重国际贸易，至关于华俄商务，发生交涉问题则商会于总商会对于事实上虽无关系，而于国际上难免外人轻视，为国际计此不能不改组者一；

（2）（事实问题）：黑河以名义上观察虽为一镇，于事实上考究，本以总汇大埠土地管辖权，虽在瑷珲县范围内，而道署设在黑河，县长常川驻黑办事，其行政机关曰道署，曰警厅，曰县分驻办事处，其军政机关曰镇守使署兼旅团营各部，其他如特派交涉员署宪共分驻所、电邮、税务各局及海关税务司，高等审检各厅附设地方，初级各厅三省中交、各银行均立马地面，日渐兴盛。商会事务亦日纷繁，在职会董担负日烦如庶务，调查各董事势将发私充公，如增加员额，则限于法定人数，又兼沿江各镇商家日益增多，纷纷来会请设分事务所者日众。却之则非国家维持商务之本意，从之则又限于法定人数之总额，会长等会议再四审时度势，自应改组总会以资扩充员额而便维持商业，此应改组总会者二；

（3）（法律问题）：查烟台、安东、营口、长春统属道区，均设立总商会，而黑河地处边疆，与俄接壤，以地点论，以事实论，比较更属重要。自应援例改组总会，是以依照商法第二章第三条之规定，并参考地方之情形，拟具改组总商会简章，附呈请求将黑河商会改组总会，此为精神上之作用，非事形式上之请求。理合具文呈请鉴核，转请示遵施行，等情前来除指令外，理合缮同简章据情呈请鉴核训示祗遵。谨呈

黑龙江省长吴

计呈简章一份

黑河道尹宋文郁
中华民国十四年一月七日
——黑龙江省长公署卷《关于黑河商会事项》

谨将黑河改组总商会拟定简章缮单，恭请

鉴核。

第一章（总则）

第一条：本总会遵照商会法第四十二、四十四两条，取销以前商会名议，依法改组，旧日会章概行废止。

第二章（名称）

第二条：本总会根据商会法第三条后半段之规定，设立于黑河镇，故定名曰黑河总商会。

第三章（地址）

第三条：本总会设事务所于黑河镇中原街路南。

第四章（区域）

第四条：本总会应设事务所之处，除瑷珲、库玛两县商会仍照以前黑河商会名义划规界限外，本章程概括言之得以黑河道辖境为区域。

第五章（会员资格）

第五条：本总会会员不限人数，但具有商会法第六条左列资格之一者，均得为会员。

第六章（会董额数）

第六条：本总会会董额数列左，会长一人、副会长一人、会董五十人，特别会董八人；

第七章（职员选举规定）

第七条：本总会会长、副会长由会董投票互选之；

第八条：本总会会董由全体会员用记名投票法选举；

第九条：本总会每届选举时，遵章于先期十五日以前通知各选举人，并请地方行政长官届时派员莅会监视，即日当众开票；

第十条：本总会各当选人自受当选之通知后，逾十五日未有就任之声明时，得以票数次多者递补；

第十一条：本总会特别会董须富于资力或有工商业之学术技艺经验者，由会董推举之；

第十二条：本总会会员均有选举权及被选举权，但有被选举权者之年龄须在三十岁以上；

第十三条：如有商会法第七条左列情事之一者，无选举及被选举权。

（1）褫夺公权；

（2）受破产之宣告确定后尚未撤销者；

（3）有精神病者；

第十四条：本总会会长、副会长、会董选定后，遵照商会法第十八条造具姓名、年岁、籍贯、住址、商业行号清册，呈请最高行政长官咨部备案，其期满连任或中途补充者亦同。

第八章（任期选任解任规定）

第十五条：本总会会长、副会长、会董均以二年为一任期，其中途补充者须按前任者之任期接算；

第十六条：本总会会长、副会长、会董任期满后，如再被选者得连任，但以一次为限；

第十七条：本总会每届改选期新选之职员就职，旧职员方得解职；

第十八条：本总会会长、副会长、会董、特别会董，均为名誉职；

第十九条：本总会职员如有商会法第二十九条左列各款情事之一者，得呈请地方最高行政长官令其退职；

第二十条：如有商会法第三十条情事，由本总会议决除名，自除名之日起二年以内停止被选举权；

第九章（会议之规定）

第二十一条：本总会招集会议分三种。（一）职员会议每月二次；（二）常年会议每年一次，以经过一年次年一月中旬行之；（三）特别会议遇有特别事故临时召集无定限；

第二十二条：如有商会法第二十八条左列各款事件，须有会员到会三分之二以上不得决议；

第十章（会计之规定）

第二十三条：本总会经费分二种。（一）事务所用费由全体会员负担；（二）事业费，凡本总会职务范围内各事业及筹办公益时所需经费，由特别会议决。除会员分担外，其在本总会区域内经营商业者，均有分别负担之义务；

第二十四条：本总会经费之预算决算及所办事业之成绩，遵照商会法第三十二条、三十三条办理；

第十一章（调处工商业争议之规定）

第二十五条：本总会附设商事公断处，一切经费由本总会负担，关于调处工商业争议事件，归商事公断处，依照公断处章程及细则辩理之；

第二十六条：凡在本总会区域内之各商会间发生争议事件，请求调处时得依照商会法十七条第一项而调处之并依据商会法第十七条第二项之规定，凡中央行政长官或地方行政长官委托之事件，有必要时得商同各商会处理之；

第十二章（职务规定）

第二十七条：本总会应行之职务，悉遵商会法第十六条左列办理；

第二十八条：本总会遵照商会法第十五条设办事职员列左。（一）文牍一人（二）会计一人（三）收发一人（四）庶务一人（五）招待一人（六）翻译一人（七）书记一人（八）差役五人；

第十三章（选任职员办事权限）

第二十九条：本总会选任职员办事权限列左（一）会长有综理本总会职务内一切事务之权，对内对外均负完全责任，有事故时以副会长代行职权；（二）副会长有辅助会长办理一切会务之权；（三）特别会董以学识经验，有赞助本总会事务之权；

第三十条：聘任职员及差役办事责任。（一）文牍有办理公文函电一切事件之责任；（二）会计有经理收支款项一切出入账薄（簿）之责任；（三）收发有经理收发文件摘由、挂号核对、监印保管案卷之责任；（四）庶务有经理会中一切铺垫使役之责任；（五）招待有迎接诸日官绅、商人往来之责任；（六）翻译有翻译关于洋文公文函电及招待外宾之责任；（七）书记有缮写公文函件之责任；（八）差役有送达文件、传达报告及会中一切杂务之责任。

第十四章（附则）

第三十一条：本章程自农商部核准后施行。

第三十二条：本章程如有窒碍应行修改之处，得呈请咨部核准后，经职员会议修改之。

黑龙江省长公署　指令第九三八号

令实业厅

黑河道呈为黑河商会请改组总商会由

呈悉，仰实业厅核议具复，再行饬遵呈章抄发，此令。

省长吴俊升
教育厅厅长于驷兴
中华民国十四年二月十三日

呈为遵令核复黑河商会改组总商会一案

为呈复事，本年二月十六日奉钧署指令，黑河道呈为黑河商会请改组总商会一案内开，呈悉仰实业厅核议具复，再行饬遵呈章抄按此令等因，奉此。查黑河地处边远，交通梗阻，客商往还惟省城与哈埠两处运输不便，客人而知至该处，对江即属俄界，彼族自国体变更后，与我国经济绝交，地方益见萧索。近来市面兴旺，无非仰赖金矿。但矿业发展止有一二家，余则有名无实，不足挂人齿颊，虽原呈谓海关交涉，负及各机关林立，究系形式上之观瞻，而实在商业状况今不如昔。与工商业总汇之各大商埠未可以相提并论。所请改设总商会似应暂缓置议，是否有当，理合呈请

钧署鉴核令遵，谨呈
省长吴

厅长张
二月十七日

黑龙江省长公署　指令第一八五〇号
令实业厅

呈为核复黑河道转请黑河改组总商会一案由

呈悉，仰黑河道转行遵照，此令。

省长吴俊升
教育厅长于驷兴
中华民国十四年三月三日

督办署为哈满司令称苏俄宣传赤化应停发华人赴俄护照

督办黑龙江军务善后事宜公署为咨行事案，据护路军哈满司令梁忠甲呈称，窃查苏俄宣传赤化，无法不备，而对我国方面尤特别注重。闻其新定方针，又欲从我国侨民著手，凡我华人一入其国，即饵以金钱使入赤党，入党之后待遇甚优，或使充兵，或使作工，均极力灌输赤化知识，设法教以宣传能力，如有拒不入党之人，立时即有性命危险。我国一般无知人民被其利诱，趋之若鹜。近以满洲里一隅而论，每星期三次列车，每次列车开出时，前赴俄国者每有二三百人或六七十人不等。详考所往之人，以青年之人为多，并无何等正当职业，此已可见该俄人诡谋利诱之一班（斑）矣。伏查赤祸流毒甚于洪水猛兽，不准俄人对我有不合国情之宣传，已载在中俄协定大纲，乃该苏俄国人阴贼险诈，陷害多端，实为不顾国际信义，存心破坏世界和平。若不严加防范，其患何堪。设想，惟弛谈防范而无彻底方法，终等隔靴搔痒，并于事实无补。司令审度情势，一再思维，欲防赤毒流入，须从根本解决。根本维何？即与苏俄无形断绝交通，禁止华人赴俄，且中俄邦交尚未完全恢复，我国人往其国内营业者，不论费力多寡，回国时货物银钱分毫不能带出，是则我国除外交官吏及有特别任务者外，其余一般普通人民已决无赴俄之必要。其再有前往者，不染赤化亦即不啻为其徒作奴隶。为此，拟请钧署通令沿边司发出国护照机关，嗣后于对于普通人民入俄护照应一律禁止停发，并通饬沿边军警关卡，严查禁阻，勿使偷往。庶少一入俄华人即减一赤党份子，苟能实事进行或于防止赤化上不无几分裨益。除分呈东省铁路护路军总司令部外，所见是否有当，理合具文呈请鉴核示遵等情，据此除指令呈悉。据称，苏俄诡谋利诱华人入党，灌输赤化，拟请通令沿边发照机关，对于赴俄华人一律禁止停发，并请通饬各关卡军警，严（查）禁阻等情，自系为防止赤化隐患起见，应予照办。候令外交部特派交涉员并呼伦、黑河交涉员及分令沿边军政机关饬属一体查禁，并咨

省长公署暨行政长官公署查照此令，等因印发并分令外，相应咨行贵公署查照此咨

省长公署

督办吴俊升

中华民国十六年四月二十七日

——黑龙江省长公署卷《关于停发华人赴俄护照事项》 中华民国十六年四月

呈为遵将职署停发给华人赴俄护照办法

谨请鉴核事,案奉钧署第七八三号训令内开,案准

督办黑龙江军务善后事宜公署咨,据护路军哈满司令部梁忠甲呈称,窃查苏俄宣传赤化,无法不备,而对于我国方面尤特别注重。闻其新定方针,又欲从我国侨民著手,凡我华人一入其国,即饵以金钱使入赤党,入党之后,待遇甚优,或使充兵,或使作工,均极力灌输赤化知识,设法教以宣传能力,如有拒不入党之人,立时即有性命危险。我国一般无知人民被其利诱,趋之若鹜。近以满洲里一隅而论,每星三次列车,每次列车开出时前赴俄国者,每有二三百人或六七十人不等,详考所往之人,以青年之人为多,并无何等正当职业,此已可见该俄人诡谋利诱之一班(斑)矣。伏查,赤祸流毒甚于洪水猛兽。不准俄人对我有不合国情之宣传,已载在中俄协定大纲,乃苏俄国人阴贼险诈,陷害多端,实属不顾国际信义,存心破坏世界和平。若不严加防范其患何堪。设想,惟弛谈防范而无澈底方法,终等隔靴搔痒,并于事实无补。司令审度情事,一再思维,欲防赤毒流入,须从根本解决,根本维何?即与苏俄无形断绝交通,禁止华人赴俄。且中俄邦交尚未完全恢复,我国人往其国内营业者,不论费力多寡,回国时货物银钱分毫不能带出。是则,我国除外交官吏及有特别任务者外,其余一般普通人民已决无赴俄之必要。其再有前往者,不染赤化亦即不啻为其徒作奴隶。为此拟请钧署通令沿边司发出国护照机关,嗣后于对于普通人民入俄护照应一律禁止停发,并通饬沿边军警关卡,严查禁阻,勿使偷往,庶少一入俄华人,即减一赤党份子。苟能实事进行,或于防止赤化上不无几分裨益,除分呈东省铁路护路军总司令部外,所见是否有当,理合具文呈请鉴核示遵等情,据此除指令呈悉,据称苏俄诡谋利诱华人入党灌输赤化,拟请通令沿边发照机关,对于赴俄华人一律禁止停发,并请通饬各关卡军警严(查)禁阻等情,自系为防止赤化隐患起见应

·23·

予照办，候令外交部特派交涉员并呼伦、黑河交涉员，及分令沿边军政机关饬属一体查禁，并咨省长公署暨行政长官公署查照此令。等因印发并分令外，相应咨行查照等因，准此。除分行外，合亟令仰该员即便遵照办理。仍将办理情形具报查核等因，奉此，遵查华人出口、赴俄护照，向以滨江、呼伦、黑河各交涉署所发较多，职署甚属寥寥，间或有之，每年不过一二张，奉令前因嗣后，对于华人赴俄护照自应一律暂禁停发，俾免传受赤化。所有遵令办理停发华人赴俄护照情形，理合具文呈请，鉴核施行，谨呈

黑龙江省长吴

外交部特派黑龙江交涉员常荫廷
中华民国十六年五月十一日

此件除令准并分行呼黑两交涉署暨两警处饬属遵照外，惟查滨江交涉员系吉林所属，应否咨吉省转饬一律停发，请示。

照办（于嗣兴批示）

黑龙江省长公署　指令四八六号、咨第四六四四号

令黑龙江交涉署、黑河交涉员、呼伦交涉员、警务处、特别区警察总管理处

黑龙江交涉署呈一件为停发华人赴俄护照办法请鉴由

呈悉应准照办，仰黑河、呼伦交涉员查照，一律停发并仰警务处、特警总管理处知照，饬候咨行吉林省公署转令滨江交涉员查核办理，呈抄发，此令。

为咨行事，案拟特派黑龙江交涉员常荫廷呈称，案奉钧署令开案准督办黑龙江军务善后事宜，公署咨拟护路军云云，呈请鉴核施行等情，拟此除指令并分行一律停发外，相应咨行贵公署转行滨江交涉员署查核办理，

并希见发。此咨
  吉林省长公署

省长吴代
五月十九日

黑龙江省公署 指令第五二七九号
令黑河道尹兼瑷珲交涉员

呈一件为具报华人赴俄护照，业经遵令停发并饬属查禁在案，请鉴核由
  呈悉，此令。

省长吴代
六月七日

督办黑龙江军务善后事宜公署为咨行事

督办黑龙江军务善后事宜公署为咨行事，案准东省特区行政长官公署咨开，查防止苏联利用入俄华人授以宣传，贻害祖国，当经禁止难民一律不准出境，并对于普通华人入俄亦应严加限制发给护照，以杜流弊，即经分行在案。旋准贵公署来咨，关于华人赴俄护照饬属一律停发等因，复即分行，并由本署妥筹办法函知哈尔滨交涉员核办，去后兹据复称，窃查前奉吉林省长公署训令，以准东省铁路护路军总司令部咨，据梁司令忠甲呈称，禁发出国护照一节，是否可行，于华人旅行经商各方面有无窒碍，仰即核议具复，以凭查夺等因，当以华侨在俄营商为数甚伙，春去秋回习为常例，一律禁止不无窒碍，值此中俄国交尚未正式宣言断绝之时，转恐启彼疑虑。此时研究妨止赤化方法，应先行限制请照之人。如在俄有正当营业必须前往者，取具殷实商保对明无误再行给照。其他无业之人及以劳动为生活者，则一律禁发等因，于本年五月四日呈请核示在案，旋奉钧署第

五六二号令知此案，黑龙江省已行知各机关饬属一律查禁。五月十二日奉吉林省署指令内开，呈悉查核所陈，限制给照各节于利害轻重，内外兼权，尚属妥洽。惟此事关系较巨，仰仍录案呈请东省护路军总司令部、东省行政长官公署核示随时具报为要，此令，等因正拟办间复奉钧座五月十日函开，以华人赴俄有害无利，查有三江两湖之人并非久在俄境有业，请照前往谋生未必非含有赤化色彩，似未便轻予发照致留祸根。兹为补救起见，凡华人向在俄境有正当职业，暂时返国仍须赴俄续业，执有驻俄我国使领护照者，准其出境。其余始拟赴俄谋生或无正业者，一律禁止赴俄，由吉江省政府酌予安插或驱逐出境，以示限制等因，遵查函开，各节核与职署所拟大致相同，其限制办法以持有驻俄中国使领护照者为限，较取具当地殷实商保尤为切实，自应遵照办理。兹定于本月十七日起实行照办，除分呈外，理合录案具文呈报鉴核施行。等情据此，除指令暨分行并转报外，相应咨请查照等因，准此。除分令外相应咨行贵公署请烦查照为荷。此咨

省长公署

督办吴俊升

中华民国十六年六月九日

东省特别区行政长官公署咨
咨字第二四四号

为咨行事，案准驻赤塔权领事来函，查赤塔区公署所定规则，凡旅客持有通过签证者，照常在中途停留，不得过数小时，如有特别事故发生，亦须呈请核准，方许停留三五日不等，期到事毕即须启行。此次华侨所领国内各交涉署赴新省护照者，系属通过签证，然大半皆逗留赤塔，俄人催促，离赤甚急，有不赴新省者，即须回华。该侨等聚焦领馆，请求设法，即向俄方交涉要求，因事变更路程，拟留赤塔居住，请对于持有赴新省护照者，发给居留执照，以便居住。俄方终以不符定章，碍难办理，再三交涉，始尤向中央询问，可否变更之处，俟得复再行定夺。在此期间，该华

侨等得以暂为敷衍居住，倘不得中央许可，将仍勒令该侨等离赤。届时，不但穷苦华侨感受颠连之苦，即领事所处地位，亦不免纠缠苦恼也。赤塔为中俄交界区域，俄人异常重视，事事认真应付，诚不易易用。特商请饬令满站检验护照机关，可否对于非确往新省者，得以停止出境，以免来俄后双方感受痛苦。倘有华侨因事回国，而在俄确有正当营业，非重行返俄不可者，亦须由驻俄各领事查明后，给予证明书，方准其来俄经营事业。似此办法，庶于放行之由，仍寓严禁之意，可否照准之处，统希酌裁等因，准此。查来函所拟限制办法与本署前经规定，凡华人在俄境，如有正当营业，必须返俄者，应查验其回国时领得驻俄使领签证，方准给照前往。余概拒绝办法相同，业已分行照办。至由俄转赴新疆之华人亦于五月皓代电请予限制在案。兹准前因，除分行外，相应咨行贵公署查照为荷，此咨

黑龙江省长公署

行政长官张

中华民国十六年七月廿一日

满洲里商会呈请限制赴俄护照商工受损甚钜请变通办理由

呈为限制赴俄护照商工受损甚钜，恳准变通办理以保旧业而维权利仰祈

鉴核示遵事，窃查商会介绍商工承领出洋护照已历年，所惟前数年赴俄谋生者多，每至三四月间来会，请求介绍领照者，一日中或百余人，或三五十人不等，其有旧照勿须换领者，尚不计其数。是以每星期内开赴俄境列车，计有三次或四次，而每次乘车华人不下二三百名以为常，甚或有拥挤不堪之日，自今春检查护照以来，远道传闻官府禁止赴俄率多裹足不前，领照者逐渐见少，每次开车比往年华人不过半数，或三分之二不意。自本年五月间，驻满洲里呼伦交涉员公署对于新领赴俄护照者，一概禁止发给，以迄于今顷者，商会闻悉，列宪为防止传染赤化，限制发放护照。凡华人向在俄境有正当职业，暂时返国，仍须赴俄续业，执有驻俄我国使领护照者，准其出境。其余始拟赴俄谋生，或无正业者，一律禁止赴俄云云。诚可谓，防赤逾商愿虑兼备者矣。但去岁秋冬间尚无此项限制之规

定，彼时由俄返国商工只知后来领照出境既有往例可循，而将原执之使领旧照，遂多漫不经意，或遗失或毁弃，比比皆是。今日遽阻止其赴俄续业，则数年数十年辛苦经营之财产，势必完全抛弃，概归俄人所拾取，以华人固有之权利，拱手授人，是尤所当筹及者也。商会因遗弃旧照之再三请求设法维持。送经召集会议，佥谓赤化流毒甚烈，防范务求周密。其初次出境及无业游民领照赴俄者，必须严厉拒绝。至于遗弃旧照赴俄续业之人，当然变通办理。责令觅具殷实商保到会，经会切查属实，始准为之介绍领照。而发照机关自亦不得留难，俾得保其旧业而维固有权利。似此办法揆诸列宪防赤恤商顾虑兼备之至意亦相符合，即行分呈请示核准实行，全体会董意见一致，所有限制赴俄护照可否变通办理之处。除分呈东省特别区行政长官公署暨呼伦交涉员公署外，理合具文呈请钧座鉴核，示遵施行。谨呈

黑龙江督办兼省长吴

满洲里商会会长赵增站
中华民国十六年八月十六日

黑龙江省长公署　训令第九一三号
咨第一六七四号
令呼伦道尹兼交涉员

满洲里商会呈请限制赴俄护照商工
受损甚钜（巨）请变通办理由

业据满洲里商会会长赵增站呈称，限制赴俄护照，商工受损甚钜（巨），想准变通办理，以保旧业而维权利等请核示等情。拟此查前以防止苏联利用入俄华人授以宣传，贻害祖国，当将华人赴俄护照严于限制。除持有驻俄中国使领护照准予出境外，其余一律停止发给，以杜流弊。送经通令遵照并咨吉林省公署查照，转饬办理在案，兹据该会长呈称，由俄返国商工多有将原持使领护照遗失、毁弃，致难赴俄续业，受损甚钜（巨）

等情。无论执照重要，该工商等断不致如此漫不经意，显系饰词影府，即使果否其事，亦属咎由自取。值此赤祸横行，边防重要，稍一疏虞，贻害匪浅，自不能不严加限制，以弭隐患，仍应遵照前令办理。该会长所请变通办理，应勿庸议。除咨东省特别区行政长官公署查照外，合行抄呈，令仰该员即便查照，并转饬该商会遵照。此令。

为咨行事，案据满洲里商会会长赵增垲呈称，限制赴俄护照，商工受损甚钜，恳准变通办理，以保旧业而维权利，请核示等情，据此查前以防止苏联云云（照前写），应毋庸议，除令呼伦交涉员查照并转饬该商会遵照外，相应抄呈咨请贵署查照，此咨

东省特别区行政长官公署

政务厅长王

中华民国十六年八月廿七日

东省特别区行政长官公署咨
咨字第二九七号

为咨行事，案据满洲里商会会长赵增垲呈称，窃查商会介绍商工承领出洋护照已历年。所惟前数年赴俄谋生者，多每至三四月间，来会请求介绍领照者，一日中或数百余人，或三五十人不等，其有旧照勿须换领者尚不计其数。是以每星期内开赴俄境列车计有三次或四次，而每次乘车华人不下二三百名以为常，甚或有拥挤不堪之日。自今春检查护照以来，远道传闻官府禁止赴俄，率多裹足不前，领照者逐渐见少。每次开车比之往年华人不过半数，或三分之二不意。自本年五月间，驻满洲里呼伦交涉员公署对于新领赴俄护照者，一概禁止发给，以迄于今顷者，商会闻悉，列宪为防止传染赤化，限制发放护照。凡华人向在俄境有正当职业，暂时返国仍须赴俄续业，执有驻俄我国使领护照者，准其出境。其余始拟赴俄谋生，或无正业者，一律禁止赴俄云云。诚可谓，防赤逾商愿虑兼备者矣。但去岁秋冬间，尚无此项限制之规定。彼时由俄返国商工只知后来领照出境，既有往例可循，而将原执之使领旧照，遂多漫不经意，或遗失或毁弃

比比皆是。今日遽阻止其赴俄续业，则数年数十年辛苦经营之财产，势必完全抛弃，概归俄人所拾取，以华人固有之权利，拱手授人，是尤所当筹及者也。商会因遗弃旧照之人再三请求，设法维持。迭经召集会议，佥谓赤化流毒甚烈，防范务求周密。其初次出境又无业游民领照赴俄者，必须严厉拒绝。至于遗弃旧照赴俄续业之人，当然变通办理。责令觅具殷实商保到会，经会切查属实，始准为之介绍领照。而发照机关自亦不得留难，俾得保其旧业而维固有权利，似此办法揆诸列宪防赤恤商顾虑兼备之至，意相符，合即行分呈请示核准实行，全体会董意见一致，所有限制赴俄护照，可否变通办理之处，除分呈黑龙江省长公署暨呼伦交涉员公署外，理合具文呈请鉴核，示遵施行等情。据此查前以防止苏俄利用华侨回国宣传起见，对于华人请发入俄护照，凡向在俄境有正当营业，暂时返国，仍须赴俄续业，执有回国时驻俄使领凭照者，准予发照出境，其余一律禁止。当经电奉总座核准分饬遵办。嗣由吉林省长公署令饬哈尔滨交涉员并须参用饬取当地殷实商保亦准发照办法各在案。兹据该商会所请，既为保持华商在俄固有权利起见，又与吉林省长公署办法相同事尚可行，除指令厅候咨商核饬外，相应检抄原案电文咨行贵公署查照核复，以便饬遵，实纫公谊。此咨
黑龙江省长公署
计抄青文往返电文各一件。

东省特别区行政长官张焕相
中华民国十六年八月廿五日

黑龙江省长公署　咨第九六一号

咨东省行政长官核复填发华人赴俄续业护照一案

为咨复事，顷准贵属咨以据满洲里商会会长赵增垶呈称，现因由俄返国商工多将原执使领旧照遗失毁弃，不能赴俄续业，请求设法维持。迭经召集会议拟变通办理。责令觅具殷实商保到会，切查属实，始准介绍领照

出境而保旧业请核示等情。查前以防止苏俄利用华侨回国宣传起见云云。相应于抄原案电文，咨行查照核复，以便饬遵等因，准此，查此案前据该商会呈全前情，当以该商工等所持使领旧照甚属重要，断不致如此漫不经意，即使果有其事，亦属咎由自取，仍应遵照前令办理，转令呼伦交涉员查照饬遵并准咨行贵署查照在案，准咨前因查停发华人入俄护照，既经吉林省署拟定参用，饬取当地殷实商保，亦准发照办法。该商会所请变通办理似可准予照办，惟值此边防紧要，填发此项护照，若不加以限制，深恐日久弊生藉端，影射贻害地方殊非浅鲜，自应明定期限，藉资制止。拟由现在起，至三月底止，在此期限内凡往俄续业，确将旧照遗弃者，准其取具当地殷实商保，再由该商会查明属实，转请填发出境护照，查验放行，逾限即行停发，仍照前令办理，庶于体恤之中仍寓慎重之意。是否可行，相应咨复贵属查照核复，以凭饬遵，此咨

东省特别区行政长官公署

省长吴代

中华民国十六年九月八日

东省特别区行政长官公署咨
咨字第三二六号

为咨复事，案准贵公署先后来咨，以据满站商会呈请变通限制发给华人赴俄护照，拟至十二月底止，凡往俄续业，确将旧照遗弃者，准其取具当地殷实商保，再由该站商会查实，转请发照验放，逾限即行停发，仍照前令办理，是否可行请核复等因，查所拟明定期限以示限制，足征盖筹硕画深表同情。除分行满站商会暨特路两警，并咨商吉林省署援照办理，以期一律外，相应咨复查照转饬为荷，此咨

黑龙江省长公署

东省特别区行政长官张焕相

中华民国十六年九月廿一日

黑龙江省长公署　训令第一九七三号

令呼伦道尹并交涉员

东省特区行政长官咨复赴俄护照遗失
准予具保填发限至十二月底止由

　　案查，前据满洲里商会会长赵增坫呈称，限制赴俄护照，商工受损甚钜，并由俄返国，商工多有将原持使领旧照遗失毁弃，故难赴俄续业，恳准变通办理，以保旧业而维权利等情。当经本署训令该员并以该商会所请变通办理，似可准予照办，但不加以限制，深恐日久弊生，应明定期限，藉资制止。拟由现在起至十二月底止，在此限内凡确有遗弃旧照者，准其取具当地殷实商保，由该商会查照属实，转请填发出境护照，逾限即行停发等因，咨请东省特区行政长官公署查照核复者后，兹准来咨复称准贵署先后来咨云云。相应咨复查照转饬，予因准此令行，令仰该员即便查照转饬所属一体遵照，此令。

省长吴

中华民国十六年九月卅日

内务部咨

中华民国

　　内务部为咨行事，准外交部咨，据驻苏联特罗邑领事呈称，窃查从前苏联革命期内，因欲扩大赤党之声势，诱令华侨加入苏联国籍，凡欲入籍者，仅向当地警厅领取身份证明书一纸，毫无他种手续。入籍之后，一切工作等项均有优先权利。西比利亚一带华侨，大抵智识浅陋，目不识丁，闻有利可图时趋之若鹜，于本身将来利害毫未计及。大部分且仅知向警厅领取字据便能工作，不知本身已为俄人。迄今苏联建国根基已固，对于此辈已无何种特典，职馆成立后，此辈遇有事件，仍有前来我馆请求保护者，黠者且将俄警厅所给入籍证明书匿不出示，亦无从知其俄籍，佐霖查修正国籍法第十三条及该法施行规则第八条之规定，丧失中华民国国籍者，须经内务部之许可；又查法律通则条例第二条，但书规定依国籍法，应认为中国人者依中国之法律等语。该侨民等既未经内务部核准出籍，则依法仍系中华民国人民，至苏联引诱入籍，似仅成为国籍私法上之复籍问题，其关系仅及于该侨民私人对于苏联之间。佐霖就法律方面观察，似与中国国籍无涉。惟此项复籍人民在他国回不成问题，在俄则舍法律而言。事实尚有赤化问题，倘他种请求事件，仍予一律照办，则护照证明等项事件，自亦须一律与寻常华侨同样办理。虽其中大抵均系无知无识之辈，并不知赤化为何事，但未必无一二确系沾染赤化行为乖谬之徒，如一律认为华人，将来回国后难免无扰乱治安之举动，危及我国国本，防微杜渐似不得不为未雨绸缪之计。将来遇有此项复籍人民来馆，如经查悉，应否详查已往行为，酌予办理。其请照者须俟查明确无赤化嫌疑方予准给，抑应严格依照法律规定一律认为华人，俟将来回国后有何不法举动，另由国内法庭或警厅检举之处出自钧裁，再此项复籍人民自西比利亚以西以至莫斯科各处均有，此间人数尚少。莫斯科曾充红军者为数最多，如荷核定办法，尚乞钧部通令驻俄各馆一体遵行，以免办法歧异。理合呈请鉴核，令遵施行等情到部，除指令该领事查此项领有苏联地方警厅所给身份证书之华人，既未依照中国修正国籍法，呈经内务部许可，自属并未丧失中华民国国籍，亦不发生重复国籍问题，仍当与普通华侨一体保护，至防范过激办法，应依行政程序，一面由国内官厅随时取缔，一面经驻苏联使领馆察有情迹显著者，应由该馆迅即知照国内边境官厅特予注意，以期内外协助，遏止乱萌。仰即遵照办理，并分别函令驻苏联大使馆暨各领馆外，相应咨请查照，即希转行关系省区行政长官，分饬沿边地方关系官厅一体随时注意等因，到部查该项私入俄籍之华民，难免有沾染赤化行为，乖谬之徒，自应严加防范，以遏乱萌。相应咨行贵省长查照，转饬沿边该管地方官署，对于此项旅俄华侨返国，一体随时注意防范，此咨
黑龙江省长

内务总长　沈瑞麟
中华民国十六年十月六日
——黑龙江省长公署卷《关于停发华人赴俄护照事项》中华民国十六年四月

咨字第六六号

中华民国十一年六月三日到

　　侨务局为咨行事，查各省区人民出洋回国及产业状况，均与侨务关系甚切，亟应详晰调查，以便提倡劝导。兹订定国内侨务调查事项二十项，咨请各省区通饬各县知事，查照项目逐一调查，每月迳行呈报本局一次，以便考核相应咨请

　　贵省长查照转饬办理。此咨

　　黑龙江省长

　　附国内侨务调查事项三十三份

总裁　郭则沄

中华民国十一年五月廿五日

呈为遵复县属并无出洋回国侨民应免造报请

　　鉴核转咨事，案奉

　　钧署第一三四五号训令内开，案准

　　侨务局咨开，查各省区人民出洋回国及产业状况均与侨务关系甚切，亟应详晰调查，以便提倡劝导，兹订定国内侨务调查事项二十项，咨请各省区通饬各县知事查照，项目逐一调查，每月迳行呈报本局一次，以便考核，相应咨请贵省长查照转饬办理等因，准此。除分行外，合行检同原件，令仰该知事即便逐项查明，按月迳行报局核办，并分报本署备查，此令。等因，奉此，遵查县属城乡各区向无出洋暨回国侨民，应请免予造报，奉令前因，理合具文呈复，伏乞

　　钧署鉴核转咨施行，谨呈

　　黑龙江省省长吴

署龙江县知事　张霖如

中华民国十一年六月十八日

黑龙江省公署　指令第五五○九号
令龙江县

呈一件为遵复县属并无出洋回国侨民应免造报请鉴核转咨由

呈悉，即遵照局咨每月迳行报局一次，一面分报本署备查，所请转咨之处应勿庸议，此令。

省长吴
六月二十三日
中华民国十一年六月二十七日到

呈为具报属境并无人民出洋及产业状况，所有侨务调查事项应请免予按月呈报，仰祈钧鉴事，案奉

钧署第一三四五号训令开，案准

侨务局咨开，查各省区人民出洋回国及产业状况均与侨务关系甚切，亟应详晰调查，以便提倡劝导，除原文有案邀免全叙外，后开合行检同原件，令仰该知事即便逐项查明，按月迳行报局核办，并分报本署备查，此令。计国内侨务调查事项一份等因，奉此，遵查职境并无出洋人民及产业状况与侨务关系者，所有该项调查事项应请免予按月呈报，一俟民智增进，出洋有人即当逐项查报，奉令前因除迳呈外，理合具文呈请鉴核施行，谨呈

黑龙江省长吴

署泰来县知事赵元熙
中华民国十一年二十一日

黑龙江省公署　指令第五七六七号

令泰来县

呈一件为具报属境并无出洋回国人民，所有侨务调查事项应请免予按月呈报，仰祈鉴核由

呈悉，该县现在虽无出洋回国侨民，仰仍应按月呈报，留咨每月逐行报局一次，并一面分报本署，查即遵，此令。

省长吴代

六月三十日

呈为具覆县属并无出洋回国人民谨请

鉴核事，案奉

钧署训令内开，案准

侨务局咨开，查各省区人民出洋回国及产业状况均与侨务关系甚切，亟应详晰调查，以便提倡劝导。兹订定国内侨务调查事项二十项，咨请各省区通饬各县知事，查照项目逐一调查，每月逐行呈报本局一次以便考核。相应咨请贵省长查照转饬办理等因，准此，除分行外，合行检同原件，令仰该知事即便逐项查明，按月逐行报局核办，并分报本署备查等因，奉此，遵查县属出洋人民仅有留日学生许德振一名，现在修业期间尚未回国，奉查各项无凭填报，理合具文呈复

鉴核施行，谨呈

黑龙江省长吴

肇州县知事王栋臣

中华民国十一年六月二十九日

黑龙江省公署 指令第五九六五号

令肇州县

呈一件为具复县属并无出洋回国人民由

呈悉，遵照局咨迳行报局备案，此令。

省长吴
民国十一年七月八日

呈为具覆职属并无出洋人民仰祈鉴核备案事

窃奉钧署第一三四五号训令，转准

侨务局咨以各省区人民出洋回国及产业状况，均与侨务关系甚切，亟应详晰调查。订定调查事项，咨请通饬各县查照项目逐一调查，按月迳行呈报一次，以便考核等因，转令到县，遵即派员四处调查。据称望属开辟未久，地旷人稀，所有地方人民类皆务农为业，出洋者实属阙如等语，知事覆查无异除，嗣后如有人民出洋或回国情事，再行随时查报外，理合备文呈请

鉴核备案施行，谨呈
黑龙江省长吴

望奎县知事严兆霖
中华民国十一年七月七日
黑龙江省公署稿

指令第二一八五号

令望奎县

呈一件为具覆职属并无出洋人民仰祈鉴核备案由

呈悉，此令。

省长吴

中华民国十一年七月十五日

呈为遵令查明县属并侨居各国人民仰祈

鉴核转咨事，案奉

省长公署训令第一三四五号开，案准

侨务局咨开，查各省区人民出洋回国各产业状况，均与侨务关系甚切，亟应详晰调查，以便提倡劝导。兹订定国内侨务调查事项二十项，咨请各省区通饬各县知事查照项目逐一调查，每月迳行呈报本局一次，以便考核。相应咨请贵省长查照转饬办理等因，准此，除分行外，合行检同原件，令仰该知事即便逐项查明，按月迳行报局核办，并分报本署备查，此令。计国内侨务调查事项一分（份）等因，奉此，遵即详加调查，惟县属地居偏僻，风气未开，向无出洋游历及侨居回国各项人民，应请免予按月具报，以昭核实，理合具文呈请

鉴核转咨指令施行。谨呈

黑龙江省长吴

调任木兰县知事徐国顺

中华民国十一年七月八日

——黑龙江省长公署卷《关于华侨回国事项一附侨务局

调查回国状况》中华民国十年一月

呈 元字第五三五八号

呈为遵核黑河道兼瑗珲交涉员造送本年一至三月分（份）过江执照收支计算，并解厅款数相符覆请

鉴核事，本年五月十六日奉

钧署第三七九八号指令，据黑河道尹兼瑗珲交涉员呈为造送本年一至三月份过江执照收支计算书，并解厅款数报请鉴核由内开，呈暨书表均悉，即据将款咨解财政厅，即仰该厅查核办理，具报书表存呈抄发等因，奉此，查此项过江执照费，前准该道尹编造十一年度下半年追加预算，并请印发执照一案，到厅当以既经呈奉钧署核准，自应准予照办，惟以年度终了，业经咨准归入十一年度决算，临时案内列销在案。兹查该道尹此次所送本年一二三月份执照费收支计算暨解到现大洋壹千三百八十六元七角八分，数目尚属相符，除将计算存案备查暨现款如数交库核收讫，奉令前因，理合具文覆请

鉴核，谨呈

黑龙江省长吴

财政厅厅长董召棠

中华民国十二年五月十九日

——黑龙江省长公署卷《关于华工护照暨过江小票费事项》中华民国十二年五月

黑龙江省公署　指令第四一九九号
令财政厅、黑河道尹兼瑷珲交涉员

财政厅呈一件为遵核黑河道兼瑷珲交涉员，造送本年一至三月份过江执照收支计算并解厅款数相符请核由

呈悉，仰黑河道尹兼瑷珲交涉员知照，呈抄发，此令。

省长吴

五月二十日

迳（径）密启者案查，前据黑河宋道尹报称，俄阿省勒令过界华人于票费外，再纳签字费，否则不准登岸等情。迭经电令，严重交涉务达双方取消小票目的。案尚相持未决，旋据黑河商民电称否认照纳并拟组织经济联合会，以为交涉后盾，当以商民此举，究系如何情形。电据黑河道养日电称遵即传集该会长询问一切，据称此次组织系粮服会变相，纯由商民自动作为，官府在对俄交涉后未便过于阻抑，已严谕不得有轨外行动。盾民情激昂，尚可收一时恫吓之效等情，声复前来兹复，据该会宋日电称，查俄外三省需货全恃华商供给。黑河自实行人货禁止出口以来及半月，彼岸商民均反对加收票费，外强中干已可概见。兹事体大，必群策群力，坚持到底，方足制（致）其死命，就我范围。闻俄在哈购有大宗粮石（食）货物待运三江口，转载伯力、庙街者尚有五十余万元。黑河商民对待力微，哈埠万货汇集丰销俄境，倘仿黑河暂止出口，不惟此案立可取消，将来收回俄铁路赔偿羌帖、交还六十四屯以及优待侨商、收回航权等交涉均可获胜利。千载一时，机不可失，特非联络一气，上下同心，不能有效，伏乞恩准电咨吉省密饬哈埠各机关、两商会一体查照办理，以资协助两策成功。如蒙俯允沿江数千里商侨数十万，实利赖之等情。据此查自俄乱以来，吉江两省沿边商民屡受蹂躏，实感同一之痛苦，此项经济联合会纯出

于商民迫不得已，因而自动。如果哈埠运粮出口贻误，目前影响来日于两省利害关系甚大。据电前情，除函郝交涉员、滨江蔡道尹外，相应抄同来往电文函请就近与郝交涉员、向蔡道尹密商办法，见复为盼。此致

滨江道尹、郝交涉员

计抄件

黑龙江省长公署启

黑河道尹兼瑷珲交涉员致驻黑俄非正式委员阔托罗夫华俄商民过江办法

迳（径）启者案准

贵委员第一六六六及一六七一号大函均经译悉，华俄商民过江办法，双方磋商数次，迄未解决。兹将本道尹意见分条表示如下：一援照民国九年成案，双方取消小票，商民自由往来；二仍回复现行小票办法；三改发出洋护照，至少须两年签字一次，收费五元八角，在两年期内无论过江几次，不得再行签字索费，以上三条办法未知贵委员赞同何条。如皆不赞同，惟有援照呼伦贝尔程督办与驻满贵国代表新订边民临时过江办法办理。查呼伦贝尔临时过界办法计共七条，业奉敝省省长电令仿行有案。阿穆尔省同隶贵国政府之下，援案办理，想贵委员必表同情，相应照抄呼伦贝尔临时过界办法一并函请酌核办理，赳日见覆，俾早解决，实深翘盼。此致

驻黑俄非正式委员阔托罗夫

计抄件

黑河道尹兼瑷珲交涉员宋文郁

公　函

迳（径）密启者，关于黑河商民组织经济联合会一案，本署本月六日

公函谅达。冰案兹后据黑河商会陷代电称，窃本镇市民云云，不胜迫切以待等情具报到署。查东省禁运粮产，权操在我，哈埠商会曾以外运有失权利，呈请吉江两省施禁有案。昨接沈处长艳电，亦以禁止三江口俄轮联运为目前对俄交涉之第一步办法，本署并已函复赞同。据电前情特再函达希即查照备案核办，相机进行，至东亚轮商前经滨江道尊处查明，系属华人独资经营有案，应如何妥密设法取缔之处，统希商办，见复为盼。除函达蔡道尹、郝交涉员并分电外，此致

蔡道尹、郝交涉员

黑河商会呈为俄国征敛华商谨拟对待方法以利交涉

呈为俄国横征暴敛施及华商，谨拟对待方法以利交涉，仰乞鉴核恩准备案，并密饬所属力予维持事，窃于六月十日奉黑河道尹面谕，昨准俄国驻黑非正式委员面称，奉该政府命令拟加增华人过江小票费，并须由该委员发领及限定大票每三月一签字等语，均经道尹拒绝，并预备办法三项：（一）过江小票两岸一同取消；（二）如不取消，仍照旧收大洋二角；（三）大票以五年为有效，二年一签字。以上三项倘第一项不能办到，即须照第二项办理；如第二项再办不到，只可依该委员所要求，将小票费增至七角五分，由彼发给。至第三项大票办法果能二年一签字，固为甚善，即每年一签字亦尚可行，惟俄委员欲三个月即签字一次，签费若干，麻烦苛扰，在在皆于华人不利，若不设法抵抗，恐一加再加，后将愈难为继。惟黑河沿江上下诸所商号生意衰旺，向视俄岸为转移，听其要求固万无此理。否则彼又不许我船进彼口岸，势须断绝交通，察看情形，恐我岸商民不无滞碍，将来必如何办理方能有利无害者，令本会详加讨论，共谋对待。众商如有相当方法，官府必定力予赞助等因，奉此，仰见惠商爱民至意感激莫名，遵即通知全体会董到会，将道尹意旨详悉宣示，咸谓中俄谨隔一江，两国商民百里内自由贸易载在约章。当初本无小票，后因奸民勾串俄官，发生种种刁难，始有小票出现。我官府亦因利乘便藉图补助敷衍应允至今为害，迭经请免迄未能行。直至民国九年本会因俄政府蔑弃邦交，苛待华众，禀请官府组设粮服会与俄断绝关系，禁止百货出口，过江小票方得免除。此外，并有条件多端俄政府亦半皆承认，有案可查，且过

江小票不过为一时权宜，并非作为正款收入。寰球万国除中俄而外，实所罕闻，其为当然取消，别无疑义。如照第一项办法决将小票取消，则第二项办法当然不成问题，该俄驻黑非正式委员要求将华人过江小票费加收七角五分，并欲将小票由彼发领之处，喧宾夺主，理应拒绝，自不待言。至第三项大票费有效期间与二年一签字办法关系尤为重大。查中俄本为对等敌体，唇齿相依。出国大票既为万国所同，我国所出大票定以五年为有效期间，俄国即或稍有殊异，万无定为三个月一签字一缴费之理。何则领大票者非商即工与两国商民寻常往来绝不相同，若每三个月签字一次，彼领有大票者势必不敢携而他往，生出无限妨碍，即曰凡有官署地方随处随时皆可签字。试问如此琐碎，不但需费繁多，时期亦未免太促，况俄变政以来，华侨蒙害悉数难，终就黑河一隅而论，昔在俄岸营业者，现在只剩二三十家，而此二三十家又一并无多资本，皆因层层捐税有加无已，欲归不得，欲留不堪。讵俄政府复异想天开，欲以排挤华侨之故，智移而施之南岸华商，既拟于小票加费，更欲于大票缩短签字时期以为要挟，否则即不许华船进彼口岸，似此种种尝试可恨亦复可耻，不知该国现状外强中干，早已无可讳饰，凡百货物悉皆仰给于我，当此上下交困，民不聊生，内乱且难自保之时，不以德报已，属太不自谅，乃公然自欺欺人，故作强硬态度向我无理取闹。我若稍事迁就，彼必愈觉得计谓我中国官商不过尔尔，倘使元气规复再行拟出交涉，恐尾大不掉，更非空文可以力争，转不如乘此商农闲暇无事，仿照前办粮服会安慎变通，实与断绝交通。彼既作茧自缚，我亦可利用此机，待其返而求我，再与正式交涉。照此办理，一可以壮民气，一可以雪国耻。逆料不出三月，大功定可告成。惟兹事体大，最忌有始无终，得半即止，果能上下同心，共策进行，非徒小票可以取消，大票可以展期，诸凡关于两国种种悬案亦可一并迎刃而解，造福边局。今正其时，复于六月十三、十四、十五等日，特开全体大会，先后到会者千数百人一致赞成取消过江小票费，决定仿照民国九年所办粮服会变通办理，甘愿与俄经济绝交，以为和平抵制，因组织一对俄团体定名曰黑河道区沿江市民经济联合会，对内可作外交后盾，对外可促彼邦觉悟。此事全出国民爱国挚意之表示，并无他项违法行为，内容共分六部：（一）总务；（二）演说；（三）调查；（四）检查；（五）详议；（六）文牍。每部公推正副干事长各一人，干事员无定额，并公推黑河商会文牍张殿卿为会长，商会会长丁官堂、副会长张景骥、绅士沈贯一、刘兆西四人为副会长，拟即于六月二十日实行。凡事务取稳健，随时与道尹密商，决不稍涉暴动。会所仍假黑河商会地点，以便易于接洽，并借用黑河商会钤记，用昭慎重。一俟俄政府非法要求完全取消即行解散。详审至再金云照此办理实有百利而无一害，再此项办法约有六端：（一）停发过江小票与居留大票；（二）禁止百货出口；（三）不用俄船运输货物；（四）调回华侨归国；（五）不准私自过江；（六）不准行使俄币，禁止国币出口。以上各办法实为绅商居民内顾国势，外察俄情，出于万不得已之苦衷，并非好事生风者可比，合并陈明，除分呈

……

中华民国十二年七月七日

黑河道区沿江市民经济联合会宣言书

十二年七月九日到　存卷

呜呼不仁哉！俄政府也我华侨苦彼苛政久矣，查前清光绪年间，瑗珲商约成立中俄两岸商民百里内准自由贸易，载有明条，久为寰球所共闻共见。前因我国拳匪乱作，俄官府将我旅彼华侨十数万众，尽驱黑龙江中，悉饱鱼腹，夺我江东六十四屯，焚杀奸淫，靡有孑遗，似此惨无人道已为万国公理所不容。又覆率领大队长驱入我三省腹地，据我城镇，搜我军械，残暴横施，无所不用其极。当斯时，适值我中国外患内忧相逼而至，不得不迁就忍辱与言归于好。俄人果有人心，理应自悔前非，格外优待华侨，方可以笃邦交而重邻谊，熟知不惟不肯出此，更为禁止华人不准登岸。前姚道尹内审国势，外察敌情，万不得已，乃向彼委屈磋商，凡华人过江准由华岸官府发给临时小票，往来期间以三日为限。姚前道尹并念大乱以后，商民经济艰难，又将小票费定为每张止（只）收俄铜币三枚，交由黑河镇议会印发，以示体恤。不谓行之未久，提归官府，即逐渐增加。迨俄政变以后，忽涨至俄币七角，由七角又涨至一元、两元、三元不等。因而华人往来两岸者皆不胜担负，迭经请求官府据理交涉，停止小票，迄未办到。直至民国九年，因俄政府蔑弃邦交，苛待华众，日甚一日。敝会

目观情状，万出无耐（奈），又禀官府组织黑河沿江粮服会，与俄断绝贸易关系，禁止百货出口，全镇商民出全力以相持两三月之久，过江小票乃得取消，免受盘诘之累，如除付骨之疽，所有商民无不同深欣幸。不料刚逾二载，小票竟又重活。我官府因种种问题诸待交涉，不愿因此区区力与争持，但求于我华商无大损失即不妨暂为容纳。无如俄岸得陇望蜀，欲壑难填，忽于六月初间又欲废止小票，凡华人过江，无论久暂，一概改换大票。每一大票一张需一月一签字。每签字一次须纳签字费大洋五元八角。若必仍用小票，华人过江须向驻黑俄委员处请领，并要求每小票一张缴费大洋七角五分。俄人过江小票由我驻阿领署发领，以为对等的交换，否则即不准华船进彼口岸。此议一经实施，贸易因而停止，交通于以断绝。虽经道尹一再辩驳，将近弥月，迄无办法。所以然者，因华人过江十居其九，俄人过江百不一二。而俄驻黑委员办公薪费又无所从出，故不惮出其恶劣手段，狡猾阴谋惟以勒取华岸商民金钱为唯一目的。迨词穷理屈，自知汗颜，复一面请示该国政府，以为奉有命令，非此不可，故作恫吓，以恣要挟，又一面声言如一时不能解决，亦可再请该国政府核示俟奉，复到日再行议商，故作延缓，以为尝试。似此穷极无聊，竟欲以横征暴敛施之华岸商民。若不严行拒绝，将来引狼入室，后害何堪。

幸道尹明烛其奸，不为所动。该阿穆尔省长与驻黑委员亦自觉破绽已露，又故意自撑门面。一似闭关两月，华岸即无业可营，心毒计左可谓已极。殊不知该国经济一落千丈，财尽民穷，无可讳饰。凡所需用无不借助于我商民，仰体国家亲邻至谊，不念旧恶，籴贱贩贵为俄岸源源接济，救灾恤患，昭然在人耳目，俄岸官民不以德报辜恩负义，实已罄竹难书。我商民监于俄官民非法举动，迭次扣我货物，劫我钱财，害我生命，残忍荼毒，痛不忍言。如其以巨大血本采办货物运入俄境，供其应求，转遭惨祸，何如返归南岸，力图经营，共保生活。是以民国九年始有粮服会之组织禁止百货出口，甘愿与俄断绝交易，并拟定四款十四条，向俄阿穆尔省长开正式谈判。该省长以我仗义执言对于该国一切非法行为深自愧报。（一）允过江小票即行取消，中俄两岸商民准照旧自由往来，不再收费；（二）虐待华侨一切苛税悉予免征；（三）炮击我国兵舰不再发生，并允道歉；（四）许我派兵过江保护领馆；（五）我国商轮照约行驶，上至黄河，下至伯力、庙街，三江口不得再有阻止。

此外，各条如归还六十四屯，赔偿商民损失，虽未尽行解决，亦皆声明，俟该国共和政府正式成立，凡俄帝国时代侵略中国之土地人民种种权利，与政变以后中国所受种种损失，必有圆满办法，以敦睦谊，并请我岸早为开关，以便交易。我商民顾念邦交，不为己甚，当即弛禁柴草粮石（食），照旧出口，车载船运不计其数，俄岸遂得绝处逢生，不惟有案可查，亦为中俄两岸商民与其他各侨商所目观，咸以为两国交谊此后可以愈加亲善矣。熟料俄官府反复无常，乘道尹宋公莅任伊始，又出其蔑弃信义之故智，对待华侨诸般苛税复逐一增加，增加不已，更进而要求规复小票，朝三暮四，非利不取，惟蛮是逞。加以驻黑程领事深居检（简）出，以交涉为畏途，以省事为要决，坐视旅俄华侨如几上肉，生命财产尽被糜烂无余。倘非道尹一面据理抗议，以重国体，一面垂询舆论，以恤商艰。查照九年以前旧案与俄官府磋商，将过江小票变通办理，定为每张大洋二角，外贴印花一分，恐俄人欲如何便如何，其为害且更不堪设想。无如我退一步，俄即进一步，先以狡展，继以残暴，既无故缉拿华侨会长，押狱勒赎，又袒护亡命华匪，供给军火，拨给军队，抢劫我宝兴，焚掠我朝阳，得赃平分，甘冒不韪致我商民损失不下数十万元。今更贪而无厌，奇想天开，公然要挟道尹，将过江小票遽作无效，非由该国驻黑委员发领与加赠票费，即无商量之余地，似此不讲公理，藐视我国家，侮辱我官府，寇仇我商民，夺取我权利，凡有血气，莫不发指，商会代表众商目睹情形，实难容忍，因一再开会讨论对待方法议定：（一）不过江，大票小票即均无所用；（二）不卖货，非将小票取消则始终闭关；（三）不用俄轮装运货物及进我口岸；（四）凡我华商宜不忘辱耻，须知小票关系国权，万难委曲迁就，以上四点在于华岸经济有绝大影响，吾人尤以有耻为第一要义，果能人同此心，心同此理，俄人纵甚蛮横，不与往来，其如我何哉。古有恒言，人而无耻所以无异于禽兽者几。希现在俄官府因大小票向我无理勒索，非但直欲剥蚀我商民，亦无视我国民，无人敢为反对，其可耻孰甚。如此反复筹度，心如刺刃。用特召集全镇绅商各界重开联合大会，征救意见无不愤慨同深，决定始终请求道尹，极力交涉，查照粮服会原案，将临时小票费废除，除侨居工商外，两岸商民仍旧自由过江，互相优待，并由绅商居民仿照粮服会办法，组织一临时对俄团体机关，作官府交涉后盾。定名为黑河道区沿江市民经济联合会，会内共分六部（一）总务；（二）演说；（三）调查；（四）检查；（五）详议；（六）文牍。仍假黑河商会地点为办公处所，并借用黑河商会钤记，用昭郑重。务期以和平抵抗主义唤醒俄政府之觉悟，盖觉由彼启不自我开，倘俄人仍行执迷，我即实行断绝交通，人货一并不准往来，以为双方之对峙。不但此也，查民八（年）以前，俄岸华侨增至数十万，现在该岸居留者不足千分之一，商号以二号票为特希。除两三家外，余皆因危险堪虞，将资本尽归南岸。此外三号营业虽有十数家，均无许多资本。归国又易，其不能归国者，非为俄人佣工、播种罂粟，即勾串俄人，劫财害命。俄政府以其附和共产主义竟认之为社会党。伊等专以献媚外族，诬陷华侨为生财不二法门，所以华人过江小票大票皆令若辈查验，藉故勒赃，不夺不餍，稍与辩论，重则诬为奸细，轻亦指为盗贼，非有巨款不能赎出，甚或活不见人，死不见尸，盈千累万，悉数难终，言之痛心，闻之刺骨。由此以想岂惟伤财贾祸，自寻苦恼，且恐忘耻忍辱，人格亦复何存！嗟呼！嗟呼！凡我绅商士民皆为国民一份子，当此边局正在多事，中央不遑远虑之时，若再复盲人瞎马视俄岸贸然前进，倘一旦遇有变故，即束手无策，往者不谋，来者可追。如但知责难官府交涉无效而不悟祸由自取。即如本年五月中旬，华人在俄岸八杂市作三号票，小本营业，储有现洋二三百元，昼间被俄人窥见，夜间即被俄人剁杀，追贼无踪，诉官不理，身死财伤，此真可为太息痛恨者也。为今日对俄计除非断绝往来，人货一并禁止出口，别无良法，可以制其死命。况俄岸市面疲敝，民不聊生，怨言纷起，酝酿日久且将复有内乱之忧。传曰：危邦不入，乱邦不居。我岸生意虽甚萧条，尚觉胜俄百倍，愿我黑爱国国民为知耻国民，为有识见、有团体之国民，乘此时机出而与俄相抗，本以柔克刚之精神，为合群爱种之作用，一致对俄共策进行。勿贪私图而坏公益，勿逞小智而乱大谋，倘能百折不回，坚持到底，目前纵有些微损失，事后定获异常胜利。彼见我民气充足，寓强健于稳重之中，益以官府出全力交涉。俄政府无论如何横暴，终必就我范围，而不敢一再要挟，果能照此做去，既无暴动之嫌，予人口实，且收良好之效，克告成功，商民之命脉在此，经济之得失在此，即国家之荣辱亦在此。呜呼，国民盍兴乎来，不然亦殆矣。

中华民国十二年六月二十日

黑龙江省黑河道区沿江市民经济联合会办事简章

黑龙江省黑河道区沿江市民经济联合会谨将分部办事简章缮册恭呈
鉴核

计开

总务部应负之责任:

一　关于中外货物进出华俄口岸限制事宜。

一　关于中俄钱币通塞审查事宜。

一　关于中俄交易利弊防范事宜。

一　关于中俄两岸华商损失事宜。

一　关于俄岸虐待华商刑辱拘押勒赎事宜。

一　关于俄岸横征暴敛排斥华商事宜。

一　关于俄岸劫杀焚掠残害华商事宜。

一　关于旅俄华侨生命财产赔偿事宜。

一　关于利权外溢筹划挽回事宜。

一　关于商民过江否认勒增票费事宜。

一　关于农工改良事宜。

一　关于筹备应用出入款目事宜。

一　关于一切杂项事宜。

以上各项皆由总务部担任之。

演说部应负之责任:

一　关于中俄两国现状国体异全政治美恶事宜。

一　关于中俄两国从前各项条约得失利害事宜。

一　关于中俄两国今昔国交比较事宜。

一　关于俄国侵略割据我土地人民事宜。

一　关于俄国驱逐华侨过江毙命,夺我江东六十四屯不肯归还,先后
交涉事宜。

一　关于中俄两国庚子以后,变政以来互相待遇事宜。

一　关于中俄两国航权铁路事宜。

一　关于俄国驻黑龙江领事调炮队限二十四小时驱逐宋督出境之恶作

剧及我政府委屈俯就事宜。

一　关于俄国占据库伦，焚毁杀掠及一立古四克、莫斯科瓦、伯力、庙街等处劫货杀人，华侨惨遭意外，先后交涉事宜。

一　关于俄国炮击我兵舰商轮，蔑弃邦交，违背条约，一味逞蛮，先后交涉事宜。

一　关于俄币失信华人，直接间接损失甚多，如何责令赔偿事宜。

一　关于俄阿穆尔省虐待华侨，横征暴敛，无所不用其极，研究对待事宜。

一　关于俄官府刑拘华侨会会长勒赎不放，庇护华匪，供给军火，抢掠华岸容心陷害，未结事宜。

一　关于唤醒国民，保种爱群，共维利权事宜。

以上各项皆由演说部担任之。

文牍部应负之责任：

一　关于编作演说词稿事宜。

一　关于函信电报事宜。

一　关于记录缮写事宜。

一　关于刷印事宜。

一　关于严守秘密事宜。

一　关于收发文件事宜。

一　关于保存案卷事宜。

以上各项皆由文牍部担任之。

调查部应负之责任：

一　关于中俄商业衰旺事宜。

一　关于中俄商业资本厚薄事宜。

一　关于中俄进出口货物报告事宜。

一　关于中俄交易报告事宜。

一　关于中俄航行报告事宜。

一　关于中俄两岸人民过江报告事宜。

一　关于中俄两岸商民债务报告事宜。

一　关于中俄两岸经济现状报告事宜。

一　关于中俄两岸货物盈缺报告事宜。

一　关于中俄两岸劣商贩运私货禁品偷渡牟利报告事宜。

一　关于侦探秘密奸民私通外人报告事宜。

一　关于违背会规接济俄人货物报告事宜。

一　关于货价低涨农工衰旺事宜。

一　关于私向俄委员会领取过江执照报告事宜。

一　关于偷买偷卖利己害公报告事宜。

一　关于森林秧草粮石（食）燃料输出多少报告事宜。

以上各项皆由调查部担任之。

检查部应负之责任：

一　关于买卖货物账簿事宜。

一　关于到货数目事宜。

一　关于发货数目事宜。

一　关于出入款项账簿事宜。

一　关于川换账簿事宜。

一　关于各项税据俩纸事宜。

一　关于接济外人粮石（食）柴草，妨害国家，贻害地方事宜。

以上各项皆由检查部担任之。

评议部应负之责任：

一　关于商民争执事宜。

一　关于债务纠葛事宜。

一　关于调查报告事宜。

一　关于检查执行事宜。

一　关于和解事宜。

一　关于判断事宜。

一　关于劝赏事宜。

一　关于惩罚事宜。

一　关于开业停业事宜。

一　关于宣告罪状事宜。

一　关于送请官府究治事宜。

以上各项皆由评议部担任之。

再办事职员均系义务，概不支薪，合并声明。

中华民国十二年六月二十日

黑龙江省黑河道区沿江市民经济联合会职员表

正会长：张殿卿

副会长：丁官堂、张景骥、沈贯一、刘兆西

总务部干事长：徐子范

总务部副干事长：高福堂

总务部干事：

马西亭、田秀山、毕鸣山、刘子长、刘子谦、戴云章、王福堂、张嵩菴、王银亭、王子荣、徐翔九、刘善堂、王迎菴、阚镜宇、滕叔平

调查部干事长：殷致中

调查部副干事长：于香九

调查部干事：

刘鹏九、鲍善亭、徐永汉、邹仁亭、郭惠轩、孙汉三、祖世卿、张云程、汪子范、战会五、梁恭臣、冯丹忱、王慎修

检察部干事长：林舒坪

检察部副干事长：张镜清

检察部干事：

顾瑞亭、刘芳枝、周寿三、鲍尊菴、刘耀亭、邵子泉、于升三、于振东、国豫菴、王汇川、孙桓卿

评议部干事长：张云阁

评议部副干事长：曹雪堂

评议部干事：

杨子宾、吴绪臣、徐赞臣、郭浩如、马正卿、苑桂山、于殿卿、张霁堂、李心菴

演说部干事长：温梅生

演说部副干事长：孙慎菴

演说部干事：

刘画舫、于松涛、郑绍虞、杨润如、穆绍长、刘绍闻

文牍部干事长：周葆吉

文牍部副干事长：李守纶
文牍部干事：
刘滋圃、张德璧、姚一亭、崔星五、陈奉岐

黑龙江省议会公函　第二十号
中华民国十二年七月九日

迳启者，顷接黑河道区沿江市民经济联合会电称，吴军长省议会钧鉴，窃俄驻黑委员拟在华岸征收小票贴并加收大票费一案，当经道尹拒绝，市民亦群起公愤不约而同特组经济联合会，禀商道尹人货一并禁止出口，用相当之抵制作交涉之后盾。效日由商会电呈军长，并另交分报各机关在案。旋奉道尹代电俄阿省革开会长来署磋商，过江办法未解决前，中俄人货均暂停止往来，惟两岸各机关办公人员不在此限。业经电省，仰即一体查照办理，并将办理情形随时报查等因。查俄外三省所需各货全恃华商供给，黑阿仅隔一江，人货禁止出口，实行未及半月，据探报称彼岸商民皆反对加收票费，仅有少数无理辩驳，刻已被拘，外强中干，已可概见。惟兹事体大，必群策群力，坚持到底，方可制其死命，就我范围。闻俄在哈购有大宗粮石（食）货物，雇东亚轮船运三江口，转载伯力、庙街，刻未运者，尚有五十余万石，概自俄国政变扣留我货物，劫杀我商民，生命财产损失不计其数，赔偿未知何时。谊属比邻，害同猛兽，屡经交涉迄无效果。近复无故加增票费，横征暴敛，公然施诸华岸黑河，痛受切肤，忍无可忍。虽经道尹与彼议定过江办法，未结以前两岸人货暂停往来，并由绅商居民共组经济联合会，以维对待，终恐气力单微，不能持久。哈埠万货汇集，半销俄境，倘能仿照黑河办理，将俄已购未运各货暂止出口，不俟二月，彼必向我乞怜。不惟大小票费格外加增立可取消，将来收回铁路赔偿羌帖，交还六十四屯，优待华商，挽回航权及直接间接损失均可藉此，不求获最大胜利，千载一时，机不可失，特非联络一气，上下同心，不能有效。再三讨论，舍此别无良策，情形势迫，用敢电陈伏乞恩准电咨孙军长、朱长官密饬哈埠各机关、两商会一体查照办理，以资协助而策成功，如蒙俯允，沿江数千里，商侨数十万，实利赖之。除面禀道尹并分电外，谨此奉闻不胜迫切，以待黑河道区沿江市民经济联合会叩宋，并准黑河商会函送市民经济联合会简章宣言书等件到会。查黑河当中外之孔道，龙江为华俄之界水，商民往来夙称繁盛，在昔俄人占我土地，侵我利权久已，创剧痛深近，自彼国政变影响所及我损害尤难以指数，兹复虐待华侨，苛敛商民。交涉未终，交通中断，以是群情愤激，共谋抵制，以期除彼苛政，挽我利权，情出难堪，事非得已。应请贵公署令行各属查照黑河道尹所拟办法，在交涉未定以前所有商货概停运输，以示抵制，并希转电东三省总司令、吉林督军、省长、哈埠行政长官一致援助，实纫公谊。

此致

省长公署

密　函

迳密复者，顷准

贵会函开，为黑河道区沿江市民组织经济联合会请，令行各属停运商货并电奉吉暨哈埠行政长官一致援助，等因，准此，查此案前据该会迭电到署，当以吉江两省沿边商民屡受俄人蹂躏，此项经济联合会纯出于商民迫不得已。如果哈埠运粮出口于两省利害关系甚大，已据电密函哈尔滨蔡道尹，及本省赴哈会议郝交涉员，就近接洽密商办法，近复接航警处沈处长艳日电，以禁止三江口俄轮联运为目前对俄交涉之第一步，本署亦函复赞同，各等因在案，准函前因相应密复

贵会查照。此致

黑龙江省议会

瑷珲县知事程汝霖呈请

省长钧鉴：敬禀者久违
慈霁景仰时深恭维
勋华彪炳
景福光昭为无量颂，汝霖承乏瑷珲已近一载，托
  公福庇，盗匪业已潜消，地方尚称安静，惟黑瑷两处商业极形停滞，金融日益紧迫，其原因实以邻俄国乱民穷有以致之故。数年前繁华富庶之区，今则顿变为枯涸萧疏之地。俄人近日对于我国颇存得寸进尺之心，今春接济陈东山股匪枪弹，扰乱我边陲，伤害我人民，包藏祸心，言之发指。近日又要求过江入境执照改换大票，每张收手续费大洋七元。我方商民以为非礼要求，全不承认。中俄两岸交通断绝，所有粗细各货一律停止出口，并由地方绅商组织经济联合会以为官府交涉后盾。缘俄人之一衣一食无不仰给我国，如布匹、面粉、高粱、白酒、秧草、木桦等项，统由我国输入彼国。然仅恃黑瑷区区一隅之地与之断绝交通亦属无济于事。向使吉江两省各边县如伯力、绥远、哈尔滨、庙街、满洲里、海拉尔等处一律禁止货物出口。俄虽强悍，而衣无所衣，食无所食，必酿成同类相残，自相鱼肉，不出数月，势不得不俯首帖耳，求和于我国家也。顷经济联合会已电乞我公转饬沿边各县禁止货物出口，将来如能一致进行，不但沿边之幸，诚我国前途之幸也。肃此谨禀。敬颂
  钧祺统祈
  垂察。

瑷珲县知事程汝霖谨肃
七月十三日

黑龙江省督军署为咨行事案准

  省议会函开，迳启者，顷接黑河道区沿江市政民经济联合会电称，吴军长省议会钧鉴，窃俄驻黑委员拟在华岸征收小票贴，并加收大票费一案，当经道尹拒绝，市民亦群体公愤，不约而同特组经济联会，禀商道尹

人货一并禁止出口，用相当之抵制作交涉之后盾。效日由商会电呈军长，并另文分报各机关在案，旋奉道尹代电俄阿省革开会长来署磋商，过江办法未解决前，中俄人货均暂停止往来，惟两岸各机关办公人员不在此限。业经电省仰即一体查照办理，并将办理情形随时报查等因。查俄外三省所需各货全恃华商供给。黑阿仅隔一江，人货禁止出口，实行未及半月，据探报称彼岸商民皆反对加收票费，仅有少数无理辩驳，刻已被拘，外强中干，已可概见。惟兹事体大，必群策群力，坚持到底，方可制其死命，就我范围。闻俄在哈购有大宗粮石（食）货物，雇东亚轮船运三江口，转载伯力、庙街，刻未运者，尚有五十余万石。概自俄国政变扣留我货物，劫杀我商民生命财产，损失不计其数，赔偿未知何时，谊属比邻，害同猛兽，屡经交涉迄无效果。近复无故加赠票费，横征暴敛，公然施诸华岸黑河，痛受切肤，忍无可忍。虽经道尹与彼议定过江办法，未结以前，两岸人货暂停往来，并由绅商居民共组经济联合会，以维持对待，终恐气力单微，不能持久。哈埠万货汇集，半销俄境，倘能仿照黑河办理，将俄已购未运各货暂止出口，不俟二月，彼必向我乞怜。不惟大小票费格外加增立可取消，将来收回铁路、赔偿羌帖、交还六十四屯、优待侨商、挽回航权及直接间接各损失均可藉此，不求获最大胜利，千载一时，机不可失，特非联络一气，上下同心，不能有效。再三讨论，舍此别无良策，情形势迫，用敢电陈伏乞恩准，电咨孙军长、朱长官密饬哈埠各机关、两商会一体查照办理，以资协助而策成功，如蒙俯允，沿江数千里，商侨数十万，实利赖之。除面禀道尹并分电外，谨此奉闻不胜迫切。以待黑河道区沿江市民经济联合会叩宋，并准黑河商会函送市民经济联合会简章宣言书等件到会。查黑河当中外之孔道，龙江为华俄之界水，商民往来夙称繁盛，在昔俄人占我土地，侵我利权，久已创剧痛深。近自彼国政变影响所及我损害尤难以指数，兹复虐待华侨，苛敛商民，交涉未终，交通中断，以是群情愤激，共谋抵制，以期除彼苛政，挽我利权，情出难堪，事非得已。应请贵公署令行各属查照黑河道尹所拟办法，在交涉未定以前所有商货概停运输，以示抵制，并希转电东三省总司令、吉林督军省长、哈埠行政长官一致援助，实纫公谊，此致，等因，准此，查本案向由贵署主政准函前因，相应咨行贵署请烦查照。此咨

省长公署

督军吴俊升

中华民国十二年七月十九日

查此案前准省议会函行到署，当经密复在案，本件付存。

中华民国十二年七月

为黑河商民组设经济联合会据情呈请

核示事，窃据黑河商会会长丁官堂等呈称，窃于六月十日奉黑河道尹面谕，昨准俄驻黑非正式委员面称，奉该政府命令拟加增华人过江小票费，并须由该委员发领，及限定大票每三月一签字等语。均经道尹拒绝并预备办法三项：（一）过江小票两岸一同取消；（二）如不取消，仍照旧收大洋二角；（三）大票以五年为有效，二年一签字。以上三项倘第一项不能办到，即须照第二项办理。如第二项再办不到，只可依该委员所要求，将小票费增至七角五分，由彼发给。至第三项大票办法果能二年一签字，固为甚善，即每年一签字亦尚可行。惟俄委员欲三个月即签字一次，签费若干，麻烦苛扰在在，皆于华人不利，若不设法抵抗，恐一加再加，后将愈难为继。惟黑河沿江上下诸所商号生意衰旺，向视俄岸为转移，听其要求固万无此理，否则彼又不许我船进彼口岸，势须断绝交通，察看情形，恐我岸商民不无滞碍，将来必如何办理方能有利无害，著令本会详加讨论，共谋对待，众商如有相当方法，官府定必力予赞助，等因，奉此，仰见惠商爱民至意感激莫名，遵即通知全体会董到会，将道尹意旨详悉宣示，咸谓中俄谨隔一江，两国商民百里内自由贸易，载在约章。当初本无小票，后因奸民勾串俄官，发生种种刁难，始有小票出现。我官府亦因利乘便，藉图补助，敷衍应允至今为害，迭经请免，迄未能行，直至民国九年，本会因俄政府蔑弃邦交，苛待华众，禀请官府组设粮服会与俄断绝关系，禁止百货出口，过江小票方得免除。此外，并有条件多端俄政府亦半皆承认，有案可查。且过江小票不过为一时权宜，并非作为正款收入。寰球万国除中俄而外实所罕闻，其为当然取销，别无疑义。如照第一项办法决将小票取消，则第二项办法当然不成问题；该俄驻黑非正式委员要求将华人过江小票费加收七角五分，并欲将小票由彼发领之处，喧宾夺主，理应拒绝自不待言；至第三项大票费有效期间与二年一签字办法关系尤为重大。查中俄本为对等敌体，唇齿相依。出国大票既为万国所同，我国所出大票定以五年为有效期间，俄国即或稍有殊异，万无定为三个月一签字一缴费之理，何则领大票者非商即工，与两国商民寻常往来绝不相同，若每三个月签字一次，彼领有大票者势必不敢携而他往，生出无限妨碍，即曰凡有官署地方随处随时皆可签字。试问如此琐碎，不但需费繁多，时期亦未免太促，况俄变政以来，华侨蒙害悉数难终。就黑河一隅而言，昔在俄岸营业者，现在只剩二三十家，而此二三十家又一并无多资本，皆因层层捐税有加无已，欲归不得，欲留不堪。讵俄政府复异想天开，欲以排挤华侨之故，智移而施之南岸华商，既拟于小票加费，更欲于大票缩短签字时期以为要挟，否则即不许华船进彼口岸，似此种种尝试可恨亦复可耻。不知该国现状外强中干，早已无可讳饰，凡百货物悉皆仰给于我。当此上下交困，民不聊生，内乱且难自保之时，不以德报已属太不自谅，乃公然自欺欺人，故作强硬态度，向我无理取闹。我若稍事迁就，彼必愈觉得计，谓我中国官商不过尔尔，倘使元气规复再行提出交涉，恐尾大不掉，更非空文可以力争，转不如乘此商农闲暇无事，仿照前办粮服会妥慎变通，实与断绝交通。彼既作茧自缚，我亦可利用此机，待其返而求我，再与正式交涉。照此办理，一可以壮民气，一可以雪国耻。逆料不出三月，大功定可告成。惟兹事体大，最忌有始无终，得半即止。果能上下同心，共策进行，非徒小票可以取消，大票可以展期，诸凡关于两国种种悬案亦可一并迎刃而解，造福边局。今正其时复于六月十三、十四、十五等日特开全体大会，先后到会者千数百人一致赞成取销过江小票费，决定仿照民国九年所办粮服会变通办理，甘愿与俄经济绝交，以为和平抵制。因组织一对俄团体定名曰黑河道区沿江市民经济联合会，对内可作外交后盾，对外可促彼邦觉悟，此事全出国民爱国挚意之表示，并无他项违法行为。内容共分六部：（一）总务，（二）演说，（三）调查，（四）检查，（五）评议，（六）文牍。每部公推正副干事长各一人，干事员无定额，并公推黑河商会文牍张殿卿为会长；商会会长丁官堂，副会长张景骥、绅士沈贯一、刘兆西四人为副会长，拟即于六月二十日实行。凡事务取稳健，随时与道尹密商，决不稍涉暴动。会所仍假黑河商会地点，以便易于接洽，并借用黑河商会钤记，用昭慎重，一俟俄政府非法要求完全取消即行解散。详审至再佥云，照此办理实有百利而无一害，再此项办法约有六端：（一）停发过江小票与居留大票；（二）禁止百货出口；（三）不用俄船运输货物；（四）调回华侨归国；（五）不准私自过江；（六）不准行使俄币，禁止国币出口。以上各办法实为绅商居民内顾国势，外察俄情，出于万不得已之苦衷，并非好事生风者可比。合并陈明除分呈院、部外，所有组织黑河道区沿江市民经济联合会宣言书、办事章程、职员名册，理合备文一并呈请鉴核恩准备案，并通行知照实为德便，并附呈宣言书、办事简章、职员表、罚则各一份等情，据此除指令仰候呈请核示再行饬遵，惟事关对外，该会仍静候

省令办理，不得稍有轨外行动，切切此令，等因，印发外，理合照抄宣言书等件具文呈请

鉴核训示施行，谨呈

省长吴

计呈送黑河市民经济联合会宣言书、简章、职员表、罚则各一份。

黑龙江实业厅厅长张星榆

中华民国十二年七月二十日

哈尔滨国民对俄外交后援会呈

为呈请事，案查黑河商会因俄人增加华人过江票费交涉无效，迫不得已组织经济联合会，与俄人经济绝交以事抵制，并送宣言书、办事细则、职员表请求协助等因前来。我哈尔滨谊属同舟，自当遥为声援，以资策应。遂由商会召集本埠各界全体开会，讨论一致表决，赞成组织对俄外交后援会，遂于本月九日开成立大会，到会者逾数百人，公推子元为正会长，晓川、蔚堂为副会长。内容共分为六股：一总务、二文牍、三宣传、四交际、五调查、六评议。每股公推正副干事长各一人，干事无定额。此事纯出爱国热诚，并无违法行动。本以柔克刚之精神，为合群爱种之作用，甘愿百折不回，图取最后胜利，雪国耻而伸民气全在此举，并刊刻图记一颗，文曰哈尔滨国民对俄外交后援会，除分函三省各团体协助外，理合检同章程、细则、宣言书、职员表各一份一并呈请

钧署查核备案，实为公便，谨呈

黑龙江省长于

附呈章程、细则、宣言书、职员表各一份

哈尔滨国民对俄外交后援会会长马子元

副会长程晓川、穆蔚堂

中华民国十二年七月二十二日

哈尔滨国民对俄外交后援会宣言书

哈尔滨国民对俄外交后援会宣言

　　中俄国境接壤由新疆伊犁起，越阿尔泰山、唐努乌梁海、乌里雅苏台、东北经黑龙江、外兴安岭至吉林极东之乌苏里江，蜿蜒达二万里之遥，缔约通好，国交成立以后如经济懋迁，侨民往来更越 200 余年，国际间特殊历史，较世界各邦更有一种至深且远之关系。自欧战俄乱暴兴，迄东俄党争，七八年间，吾吉黑沿边间接蹂躏之影响，旅俄华侨直接身家生命之摧残，其损害夷伤本不可以屈指计，吾人之痛苦隐忍，直待东西俄统一并政以还，尚冀其激发尊重人道，眷念邻交之深省，稍形表示携手同情之好意，不谓拘我侨胞，夺其私产，唆使游匪，侵我边防，凡此种种违反人道背弃正义之暴行，无不优为之。近顷两方交换代表，正期披沥诚意，完成国际之形式，乃无端于黑河方面，公然勒收过江票费，并颁发其锁国虐民之苛条，大小票照既昂其手续费七角五分至五六元之多，复限为长短期之签字有效时间，是公然不以世界平等人类待我。吾人唯有以其人之道还治其人之身，略执国际报复之例，藉以膺惩其暴虐无道之行，质直言之，必俟其自为取消票照，正式表白歉意而后已。倘犹悍然无所顾忌，或仍因袭其传统的侵略外交之手腕，则本会亦唯有督促地方政府，始终坚持封锁主义以为抵制。

　　夫一千九百二十一年远东宪法会议，曾寓书与我国人曰："根本刷新从前中俄条约，恢复两国正常商业，并希望与我协议解除两国公共之危险，及防止外力之干涉"，此一事也。又一千九百二十年四月二日，苏俄国民外交委员会对我宣言曰："俄罗斯社会主义联邦苏维埃共和政府，放弃前政府与中国缔结各种条约权利，凡昔日俄帝国及俄资本家夺得之中国土地及租界，均永远无赔偿交还中华民国"，此又一事也。以上重要负有责任之宣言，已于吾人以极深感谢之印象。今踵苏俄暴露举动，不啻自行证明其取消旦旦信誓，食言而肥，此诚本会同仁遗憾痛心之事。兹特集合三省名流宏达，发起国民对俄外交后援会，其唯一宗旨在依据世界和平轨道，人类同情互助精神，并努力废止中俄种种不平等条约，解放相对两大民族自由携手之机会，举赤俄怀抱中之"侵略"、"掠夺"、"强暴"、"专断"之特性，一律彻底纠正，破除一切阶级的现象，更换国际团体之新面目。此外，库恰问题、东路问题、航权林矿问题均需援国际平衡前提，并同时为尊重吾国主权开诚之声明。斯又本会蕲望外交当局努力以赴之者，同人区区之志，愿贤明之邻邦与海内之明达，其共鉴之。

本会全体会员谨启

会址附设傅家甸商会

此案顷准朱总司令皓电，已电饬该道在案，本件拟存。

应用快邮复

驻黑俄劳农统一共和国委员照会黑河道尹

迳启者，兹奉政府命令核准两岸用临时小票过界，谨将此办法转达贵道尹。凡在黑河居住之华人遇过江时需有驻黑俄委员处之过江执照，三日有效，照费二角二分。若常过江者尚可用出境护照经敝委员签字一个月有效，签字费三元三角，惟至敝署起小票时须有出境护照，不经敝署签字，自该项过界章程实行之日起头三个月，若贵署之出境护照不足可用临时执照，由贵署发及令他机关发均可。凡在阿穆尔省居住者，无论华俄人及他国人，遇过江时均须有阿省革命委员会发给过江小票，费用二角二分。惟该小票需有驻阿省中国总领事之签证方为有效。敝委员发给过江小票之样式以驻阿省中国总领事之签证为标准，以上所指各项过界办法系专指布拉果维陈司克一处，其他沿边各村镇暂时断绝交通，敝想不久亦必有相当办法，特照会

贵道尹，务乞速覆为荷，此致

黑河道尹宋

驻黑俄劳农统一共和国委员启

迳覆者，案准

贵委员会第一七六八号大函译悉，查华俄两岸商民过江办法前经本道

尹提出意见三条，并抄同呼伦贝尔新订中俄边民过界办法七条，请为酌核办理在案。究竟赞同何项未见明白答复，兹奉敝国外交部电开，前据呼伦贝尔程督办与俄驻满代表协定中俄边民过界办法七条，业已该代表呈请驻京总代表批准，通饬沿边俄屯官吏遵照。本部现亦核准照办，仰饬沿边所属一体查照，等因到署，查呼伦贝尔新订过界办法，业经敝国外交部与贵国驻京总代表双方批准，于五月十七日实行。黑龙江中俄两岸亦属边界，自应援案办理，俾中俄商民过江问题早日解决，免生误会而敦睦谊，想贵委员当表同情，特此函覆，即希查照规定、协商地点、日期见覆，以便双方接洽磋商，实深翘盼，此致

驻黑俄非正式委员阔托罗夫

——黑龙江省长公署卷，第一科　掌管事件，第一种第二类第二十九乙卷
《关于华工护照暨过江小票费事项》中华民国九年二月

黑龙江省长公署　训令第三一五号
二月二十七日印发

为黑河道电俄岸已允将过江印税及
限制纸币出口两端即取消等因由
令交涉署、铁路交涉总局

案据黑河道尹施绍常鱼电称，日内俄官民有以商人或游历名义赴齐哈等处，由廓米萨尔及俄领发给护照，来请签盖以资保护者，是否仍应照常办理，请示遵等情。当以仍应照常办理，惟俄官民来者过多恐滋流弊，应与廓米萨尔俄领接洽，嘱其稍示限制，如无根底不可发照免涉太滥等。

因于阳日电复去后，兹据该道尹虞电称，阳电均悉云云。过江印花税及限制纸币出口两端即取消，特闻余续陈等情，到署除分行外，合亟令仰该即便知照。此令

省长孙

二月

黑河道尹兼瑷珲交涉员呈黑龙江省长

呈为报请备案事，准俄阿穆尔省新任边界廓米萨尔叶雷根照会内开，查前海滨省总督于一千九百十二年规定征收华人过境印花税二卢布一事，现经临时兵工农协会于本年二月六日议决取消，相应照请查照等因，前来查俄岸征收华人过境印花税事系积年未能完全解决之案，叠经严切交涉，现于本年二月九日实行取消，前已电陈在案。兹准前因，理合具文呈报，伏乞鉴核备案，谨呈

黑龙江省长孙

黑河道尹兼瑷珲交涉员施绍常
中华民国九年二月十六日

黑龙江省公署 指令第一八六九号
令黑河道、交涉署

黑河道呈一件为准俄阿穆尔省新任边界廓
米萨尔叶雷根照会取消华人过境印花税请备案由

如呈备案，仰交涉署知照，呈抄发，此令。

省长孙
三月

黑河道尹兼瑷珲交涉员呈黑龙江省长报请备案事

呈为报请备案事，窃查本署前以俄岸所收华人过江印花税业已实行取

消，我岸过江票可否免收票费，当经电请示遵，旋奉

钧署蒸电核准在案，查此项小票原为俄关查验过江华人来历之用。现在华人过江俄岸既不若从前查验之严，此项小票似可免除以便商民而省靡费，已即日将发票员撤回，停止发放矣。惟深盼我俩岸商侨，此后自知尊重，恪守法律，使彼不敢生侮辱之心，则出入国境不致再发生问题，以仰副

钧座体恤边氓之至意，所有遵电停止发放过江小票情形，理合具文呈请鉴核备案，谨呈

黑龙江省长孙

黑河道尹兼瑷珲交涉员施绍常
中华民国九年二月十六日

黑龙江省公署　指令第一八七一号
令黑河道、财政厅、交涉署

黑河道呈一件为遵电停止发放过江小票情形请备案由

呈悉，既据称免除此项过江小票，为便商民起见，应准备案。仰交涉署知照并仰财政厅知照。呈抄发，此令。

省长孙
三月

呈为准俄阿省兵工协会照送议决取消
华人携款出境暨过境印花税议案

呈为准俄阿省兵工协会照送议决取消华人携款出境暨过境印花税议案报请鉴核事。窃查阿省取消过江印花税一事，前准廓米萨尔照会，业于二

月十四日呈报在案，现准该协会外交处长亚阔夫列夫将取消华人携款出境
暨过境印花税二事议案照送前来，除布告外，理合照录原件具文呈请

鉴核备案，谨呈
黑龙江省长孙
计附抄件。

黑河道尹兼瑷珲交涉员施绍常

中华民国九年三月四日

照录俄兵协会外交处长亚阔夫列夫来照并附议案

为照会事前敝会代表与
贵国诸代表晤谈时所提各问题，当经列入第一号议案议决，相应照录
议案送请
查照须至照会者。
右照会
黑河道尹兼瑷珲交涉员施
附录议案
一千九百二十年二月二十五日第五号
一千九百二十年二月六日，临时兵工农协会众职员开第一号会议，与
议者会长亚阔夫列夫、副会长塔司克业夫、秘书古德尼阔夫提出原案一取
消限制华人携款出境、一取消华人过境印花税，表决通过。

秘书古德尼阔夫核与原议案无异

黑龙江省公署 训令 第五二二号

令黑河道兼瑷珲交涉员、交涉署、铁路交涉总局、呼伦善后督办

瑷珲交涉员呈为俄阿省兵工协会照送俄议决取消华人携款出境暨过境印花税议案请鉴核由

呈悉，候行仰交涉署、铁路交涉局、呼伦善后督办查照
原呈
暨附件均抄发，此令。

省长孙

呈为具报过江短期执照实行日期并送布告等件仰祈

鉴核事，窃查过江小票一案，曾于本月青日电请
核示，旋准董参议筱日江密电开，青电悉。禀奉
帅谕，准暂行试办三月，先由道署印发票据，将来如永久办理另行核
夺，并将开办日期报查请查照等因，到道自应遵照办理。所有此项过江短
期执照，现定于本年四月一日实行，除布告并函俄爱米萨尔查照外，理合
照缮布告公函等稿暨执照式样具文呈报。伏祈
鉴核备案。谨呈
黑龙江省长吴
计呈送布告公函等稿各一件，执照式样一纸。

黑河道尹兼瑷珲交涉员宋文郁
中华民国十一年三月三十日

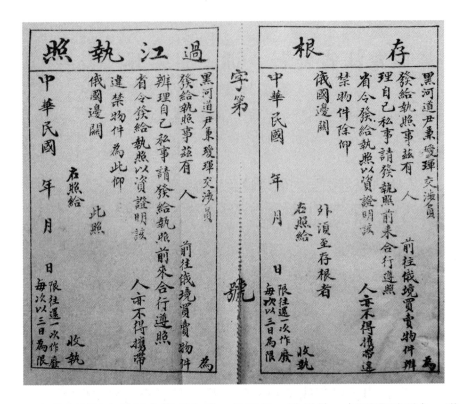

查此案既经宋道尹令据商会议，复商民一致乐输，似可准予照办。谨拟电稿送核。

第一科谨签三月十三日

布　告

为布告事，案查俄岸收征出境人口税票费三角五分一案，前据江北华侨会函请交涉豁免等情到署，当经据情函请俄爱米萨尔取消嗣准，复称此案根据远东政府命令办理，自应普及于各外国人，以期与俄民一致，并请布告周知以免误会等因，准此，查俄岸既系根据远东政府命令征收出口人税，此系该国内政自未便干预，强使取消。凡我商民人等居留俄岸惟有依照该国出入国境章程办理，至由华岸渡江前往俄岸，本可由本署照章按名发给工商出洋护照，以资证明。惟此项护照只得适用于华人，不能普及于各外国人。倘华人渡江，必以护照为凭证，而其他各外国人反可无须凭证，任意渡江。不独漫无稽考，流弊滋多，且按之情理未免不平。如专为外国人另立一种渡江执照，又与华人不能一致，亦复易资口实，况工商出洋护照前奉外交部令自四月一日起另立章程，增加费用，业经本署布告在案，如短期渡江之华人亦必责令遵章具领，未免迹涉烦苛，殊多扰累。而舍此又无变通办法，种种窒碍无法转圜，当经饬令黑河商会召集会议以期折衷。旋据覆请仿照俄岸规定一种短期过江小票，无论华人及各外国人，一律适用等情。本道尹查小票病民，甫经停止，兹又规复，殊非本怀。然国际对待实逼处此，又不能不姑如所请，以便人民。惟此种规复小票纯受俄岸之影响，倘俄岸一旦废除，即当立予取消，以符前案。又俄岸每票征收三角五分，此等重税环顾吾民断不能胜双方之剥削。此项小票费，现经减为每票收费大洋二角一次作法，每次以三日为限，无论中外人民一律适用，业经呈奉省长核准，自应遵照办理，现定于本年四月一日实行，除照会俄爱米萨尔查照，并函黑河华侨两商会外，合行布告仰即一体遵照。毋违此布。

迳启者，案查俄岸征收出境人口税票费三角五分一案。前据江北华侨会函情交涉豁免等情到署，当经据情函请取消在案。嗣准贵爱米萨尔第五〇四号照复内开，此案根据远东政府命令办理，自应普及于各外国人，以期与俄民一致，并请布告周知，以免误会等因，准此。查此项出口人税既系根据远东政府命令征收，未便取消，所有华侨居留俄境，当然依照贵政府所定出入国境章程办理，惟华岸中外商民人等亦时有前往贵岸办事者，自应双方规定一致办法，以便稽核而杜流弊，兹经本道尹呈奉省长核定，短期过江小票一种限往还一次作废，每次以三日为限，无论中外人民一律适用。凡持有该项小票前往俄岸，经过江口税关应请查验放行，如果该人民等返回华岸，持此小票请发出境人票，并请视为与工商出洋护照有同等效力，准予发给以便遄回。现定于本年四月一日实行，除布告外，相应函请贵爱米萨尔查照，迅饬江口税关暨发出境票机关一体遵照，除该项过江小票饬印完竣，再将式样函送备查外，所有俄岸出境人票式样亦请惠给一份，以凭查验。并希见复为盼，此致

俄阿省爱米萨尔

黑龙江省公署　指令第二九三九号
令黑河道尹兼瑷珲交涉员

呈一件为具报过江短期执照实行日期并送布告等件由

呈暨附件均悉。查此案昨据该道尹虞电称，俄官已允华商持有华岸执照往返过俄岸者，不再起俄官五角五分人税票，俄商持有俄官执照来华者，华官亦同等语。是此项渡江执照费已与俄官所定人税票同时取消。仰即将取消日期及已收照费数目呈报查核，附件存。此令。

省长吴
四月十四日送稿
四月十八日印发

呈为声覆过江短期执照并未取消仰祈

鉴核事，窃查前报过江短期执照施行日期并送布告等件一案。兹奉钧署第二九三九号指令内开，呈暨附件均悉。查此案昨据该道尹虞电称，俄官已允华商持有华岸执照往返过俄岸者，不再起俄官五角五分人税票。俄商持有俄官执照来华者华官亦同等语。是此项渡江执照费已与俄官所定人税票同时取消，仰即将取消日期及已收票费数目呈报查核，等因，奉此，查前遵钧令规定，过江短期执照之时凡中外人民由华岸渡江办事者应起华岸执照，计费两角，及办事以后返回华岸，又需起俄国税票计费五角五分，往返一次需费七角五分，由俄岸渡至华岸者所需之费亦同。商民颇以为苦，嗣因俄岸江口拦验华人，谨持短期执照过江者，勒令呈验俄境居留执照，无则不许登岸。一面雇佣韩人数名，各持居留执照在旁招赁，每次索价四五角不等，且过江华人回时仍勒令缴纳人税五角五分。迭据商民报告并经派人调查属实，当派员渡江与俄爱交涉先后四次，而俄岸仍然勒索如故，道尹知俄人狡诈非以事实对待不能有效，乃派员警在江口拦验过江俄人，非有中国领馆签字护照不准登岸。经此一番抵制，俄岸始感痛苦，特派廓米萨尔亲来职署磋商，双方取消拦验居留执照，及华领签字护照办法。道尹知操纵收效，乃乘机请仍照前案双方取消人口税票及过江执照，以便两岸人民。俄廓坚不允行，嗣经让步，凡华商持有华岸过江执照者，准予渡江往返一次，不必再起俄岸五角五分之人税票。俄商持有俄岸税票往来华境者，华岸亦准起短期执照，双方议妥并经正式照会在案，至今通行无阻，虽华岸此项短期过江执照一时仍难取消，然华民前往俄岸办事仍回华岸者，只需领有过江执照毋庸再领俄岸五角五分之人税票，较前担负为轻，似于挽回利权，不无小补也，兹奉前因理合具文详细声覆，伏祈

鉴核施行，谨呈

黑龙江省长吴

黑河道尹兼瑷珲交涉员宋文郁

中华民国十一年五月八日

黑龙江省公署　指令第四一一八号

令黑河道尹兼瑷珲交涉员

呈一件为声复过江短期执照并未取消仰祈鉴核由

呈悉，此令。

省长吴

五月

呈为过江执照试办期满谨将办理情形报请

鉴核事，案查过江执照一案，前经电请奉准试办三月在案，现截至六月底止已满三月，对外对内尚无何等窒碍之处，且于保护人民抵制俄岸两收其效。近来关于驱逐虐待华人之事日渐减少，惟于过江时间必须起票，

似觉有烦苛之嫌，而起票又需纳费，未免感负担之重。无如俄岸既设有出入境人口税，所征较我执照费尤多。我岸如无此项执照而往来华人即须遵纳彼方人口税，舍己从人，烦苛更甚。且此项过江执照费原拟以一半存做公益捐，将来积有成数，无论振兴何项事业，边民胥受其福，轻重相权，究属益多而害少。计兹三月以来，从第一月共用去执照七千九百七十三张，共收票费一千五百九十四元六角；第二月计用去执照八千三百三十三张，共收票费一千六百六十六元六角；第三月共用去执照八千零十四张，共收票费一千六百零二元八角。以上三月共用执照二万四千三百二十张，共收票费现大洋四千八百六十四元，每张外收印花一分均经实收实销，兹未列入票费总收数以内。所有实收票费款数尽照原拟办法，提存公益捐二分，一计现大洋二千四百三十二元，并拟发商生息，其余二分一原拟留作公费。惟查三月以来除开支办理此项执照，用人行政费一千五百三十九元一角八分外，尚余八百九十二元八角二分。查职署经费支绌，当此边局再不敷开支，本应呈请挹注，继思当兹财政困难之际，省库支绌，无异边局，但可支持，自当撙节。此项截余公费，拟即如数咨解财政厅，以裕省库。如职署有必须开支之处，再行随时呈请拨发，以重公款。当经饬科造具收支清册，指日咨解。除将款册咨解财政厅核收见覆外，理合检同各月清册备文报请鉴核，示遵施行。再沿江一带，职道所属各县局卡伦已分令知照，如俄岸有征收人口税等情事，应即施行此项执照，以期一律而资抵制。俟有呈请施行之处，当再另案呈报，合并声明谨呈

黑龙江省长吴
计呈清册三本

黑河道尹宋文郁
中华民国十一年七月十四日

查此案前据宋道尹电呈到署，当以准暂试办三月，将来如永久办理另行核夺等因，电复在案。兹据该道已试办期满，造册呈请核示，前来应否，令其继续办理或令停止之处，理合签请钧示。

第一科谨签七月二十二日

黑河道呈为过江执照试办期满，谨将办理情形报请核示由
请示

准继续办理。

黑河道署造送十一年四月份短期 过江小票费收支各款项四柱清册

黑河道尹宋文郁谨将本年四月份短期过江小票费收支各款项造具四柱清册，恭请
鉴核。

计开
旧管
无
新收
一收四月份过江小票大洋一千五百九十四元六角
一收印花费大洋七十九元七角三分
以上共收票费大洋一千五百九十四元六角，印花费大洋七十九元七角三分。
开除
一除发票员一员月薪大洋五十元；
一除收款员一员月薪大洋五十元；
一除俄文写票员一员月薪大洋六十元；
一除中文写票员一员月薪大洋五十元；
一除验票员二员各月薪大洋四十元；
一除印刷小票工料费大洋六十四元；八千张，每百张八角。
一除赴江北查看边关情形车船小票费大洋一元六角；
一除账簿笔墨费大洋十一元五角；
一除薪碳费大洋十六元八角；
一除印花票费大洋七十九元七角三分；
一除建筑板房二所工料费大洋一百九十五元二角七分；
一除解财政厅大洋二百一十八元一角三分。
以上共除大洋七百九十七元三角，印花费大洋七十九元七角三分

实在

一存大洋七百九十七元三角

说明：查此项短期过江小票本月共发七千九百七十三张，每张收费大洋二角，印花税一分，计共收大洋一千六百七十四元三角三分，以一角存作地方公益之用，其余一角除开支此项人员薪水及办公外，俾数解厅，至印花票费一项实收实销并无盈余，呈奉省令照准在案，合并声明。

黑河道署造送十一年五月份
短期过江小票费收支各款四柱清册

黑河道尹宋文郁谨将本年五月份短期过江小票费收支各款项造具四柱清册，送请

查核。

计开

旧管

一存大洋七百九十七元三角

新收

一收五月份过江小票费大洋一千六百六十六元六角

一收印花票费大洋八十三元三角三分

以上共收票费大洋一千六百六十六元六角，印花费大洋八十三元三角三分。

开除

一除发票员一员月薪大洋五十元；

一除收款员一员月薪大洋五十元；

一除俄文写票员一员大洋六十元；

一除中文写票员一员大洋四十元；

一除验票员二员各月薪大洋四十元；

一除印刷小票工料费大洋三百七十六元（四万七千张，每百张八角）；

一除账簿笔墨费大洋十一元八角五分；

一除印花票费大洋八十三元三角三分；

一除解财政厅大洋一百六十五元四角五分；

以上共除大洋八百三十三元三角，印花费大洋八十三元三角三分。

实在

一存大洋一千六百三十元零六角，此款留作地方公益之用，呈准有案。

黑河道署造送十一年六月份
短期过江小票费收支各款项四柱清册

黑河道尹宋文郁谨本年六月份短期过江小票费收支各款项造具四柱清册，恭请

鉴核。

计开

旧管

一存大洋一千六百三十元零六角

新收

一收六月份过江小票大洋一千六百零二元八角

一收印花费大洋八十元零一角四分

以上共收大洋一千六百零二元八角，印花费大洋八十元零一角四分

开除

一除发票员一员月薪大洋五十元；

一除收款员一员月薪大洋五十元；

一除俄文写票员一员月薪大洋六十元；

一除中文写票员一员月薪大洋四十元；

一除验票员二员各月薪大洋四十元；

一除账簿笔墨费大洋十二元一角六分；

一除印花票费大洋八十元零一角四分；

一除解财政厅大洋五百零九元二角四分

以上共除大洋八百零一元四角，印花票费大洋八十元零一角四分

实在

一存大洋二千四百三十二元，此款留作地方公益之用，呈准有案。

黑龙江省长公署　指令、
训令第二六八二号

黑河道呈过江执照试办期限满谨将办理情形报请核示由
令黑河道尹、财政厅

黑河道尹呈过江执照试办期满谨将办理情形报请鉴核由

呈册均悉，据称过江执照试办三月，于保护人民抵制俄岸两收其效等情，应准继续办理，惟查所收过江执照费，原定以一半留充办公费用，系属暂行办法，此后应如何妥为规定，完事关地方收入。既据将截余之费造册咨解财政厅，仰该会同财政厅查核办理具报，妥议具复以凭核夺，并候令行财政厅遵照册存，此令。

训　令
令财政厅

本年三月九日，据黑河道尹宋文郁青电称，过江小票一事云云。（入一种二类二十九号卷内七号文）以便布告尅日实行等情到署，当以准暂试办三月，先由道署印发票据，将来如永久办理，另行核夺等因电复在案。兹据该道尹呈称，案查过江执照一案云云。合并声明等情前来，除指令呈册均悉云云，此令等因印发外，合行令仰该厅迅速会同议复核夺，此令。

省长吴
八月四日

呈为造送十一年七八九等月份
过江小票费收支各款数目清册事

中华民国十一年十一月七日　到

　　呈为造送十一年七八九等月份过江小票费收支各款数目清册事，案查十一年六月份短期过江小票费收支各款清册业经造送在案。兹将七八九等月过江小票费收支各款四柱清册造缮完竣，除将余款咨送财政厅核收外，理检同清册呈请

　　鉴核施行，谨呈

　　黑龙江省长吴

　　附呈清册三本

黑河道尹宋文郁
中华民国十一年十月三十一日

黑河道署造送十一年七月份
过江小票费收支款数四柱清册

　　黑河道尹宋文郁谨将本年七月份过江小票费收支各款造具四柱清册，恭请

　　鉴核。

　　计开

　　旧管

　　一存大洋二千四百三十二元

　　新收

　　一收七月份过江小票费大洋一千二百四十六元四角

　　以上共收大洋一千二百四十六元四角

　　开除

　　一除发票员一员月薪大洋五十元；

一除收款员一员月薪大洋五十元；

一除俄文写票员一员月薪大洋六十元；

一除中文写票员一员月薪大洋四十元；

一除验票员二员各月薪大洋四十元；

一除账簿笔墨费大洋十二元五角八分；

一除解财政厅大洋三百三十元零六角二分

以上共除大洋六百二十三元二角

实在

一存大洋三千零五十五元二角

此款留作地方公益之用呈准有案

说明：查此项小票贴用印花税票所收款项归本署每月销售印花票报告表

一并报解财政厅合并声明

黑河道署造送十一年八月份
过江小票费收支款数四柱清册

黑河道尹宋文郁谨将本年八月份过江小票费收支各款造具四柱清册，恭请

鉴核。

计开

旧管

一存大洋三千零五十五元二角

新收

一收八月份过江小票费大洋一千三百一十七元八角

以上共收大洋一千三百一十七元八角

开除

一除发票员一员月薪大洋五十元；

一除收款员一员月薪大洋五十元；

一除俄文写票员一员月薪大洋六十元；

一除中文写票员一员月薪大洋四十元；
一除验票员二员各月薪大洋四十元；
一除账簿笔墨费大洋十二元四角三分；
一除解财政厅大洋三百六十六元四角七分。
以上共除大洋六百五十八元九角
实在
一存大洋三千七百一十四元一角

黑河道署造送十一年九月份
过江小票费收支款数四柱清册

黑河道尹宋文郁谨将本年九月份过江小票费收支各款造具四柱清册，
恭请
鉴核。

计开
旧管
一存大洋三千七百一十四元一角
新收
一收九月份过江小票费大洋一千三百零九元四角
以上共收大洋一千三百零九元四角
开除
一除发票员一员月薪大洋五十元；
一除收款员一员月薪大洋五十元；
一除俄文写票员一员月薪大洋六十元；
一除中文写票员一员月薪大洋四十元；
一除验票员二员各月薪大洋四十元；
一除账簿笔墨费大洋十二元一角九分；
一除印刷小票工料费大洋一百六十元（二万张每百张八角）；
一除解财政厅大洋二百零二元五角一分
以上共除大洋六百五十四元七角

实在

一存大洋四千三百六十八元八角

黑龙江省公署　指令第九四二五号

令黑河道、财政厅

黑河道呈一件为造送十一年七八九等月份过江小票费收支各款数目、清册由

呈册均悉，既据将余款咨解财政厅，即仰该厅查核办理具报，呈册抄发。此令。

省长吴

十一月十日

呈为续报漠河、奇克特两属援案

发放过江短期执照仰祈鉴核事

中华民国十一年十一月二十七日　到

呈为续报漠河、奇克特两属援案发放过江短期执照仰祈鉴核事，窃查黑河发放过江短期执照一案，详情前经专文呈报。嗣据萝北、乌云两县局呈请援案发放前项过江执照，并请将收入照费补助警学各款。当以此项照费，请准以一角存储银行留办地方公益，以一角作为办公、刷印等费。该县局拟请补助警学等款核与请准，留办公益之意相符，即经照准，每照截留一角五分，以一角补助警学等款，以五分作为办公，其余五分仍饬按月报解归垫刷印照费等情。于八月间呈复萝北县变通征收船渡捐情形，案内谨附陈明各在案，现复据漠河县暨瑷珲县署、奇克特县佐先后呈称，各该属对岸俄官奉令征收过江华人人口税票费，拟请仿照黑河发放过江短期执照，藉示抵制并拟援照乌萝成案，所有收入照费除将每照刷印费五分按月报解外，其余一角五分截留，分别补助警学等款并作办公费等情，呈请核

示。前来当经查核事属可行，除分别指令准予援案办理并由署印发执照以资应用外，理合具文呈报请

鉴核备案，谨呈

黑龙江省长吴

黑河道尹兼瑷珲交涉员宋文郁

中华民国十一年十一月二十一日

黑龙江省公署　指令第九八二九号
令黑河道尹兼瑷珲交涉员、财政厅

黑河道尹兼瑷珲交涉员呈一件为续报漠河、奇克特两署援案发放过江短期执照仰祈鉴核由

呈悉，仰财政厅知照。

呈抄发，此令。

省长

十一月卅日

绥东设治局设治员呈黑龙江省长
中华民国十二年二月十三日到

呈为呈请事，窃查属邑游击队经费原定由垧捐项下抽收，曾经编列预算呈报有案。以全境熟地八千垧计之，每垧抽洋一元三角，应可招募队兵八十名，只以开办之初枪支子弹服装防所在在均需购备。以故十一年秋间谨得定募五十名之数，不意各区地亩以秋霜春雨失其宜，又因荒火为灾，以至各花户或报地亩抛荒，邀免捐款，或报收成歉薄，请予缓征，因之全年收数不过原额十分之七。当此盗匪充斥，亟应扩充游击队兵额之时，不惟不能进行，且将无以维持现状，非特别设法筹措，安能有济。迭经召集农商各会士绅公同筹议办法，佥谓年前于农收歉薄之外，又以江南大帮胡匪来回串扰，二四等区民户，十室九空。十二年之抛荒地亩或且较十一年

为尤甚，游击队费用之不能照原预算收齐，更不待言。惟环顾民间，如国税及地方警学等捐，担负已重，倘再于各税捐项下附加抽费，轻则无济于用，重则担负维艰。为今之计，惟有于由境赴俄营商之人抽收地方查验捐之一法。查江北俄人之来我境者，其地方官限制甚严，每出境一次需缴费七元有奇，由我境赴俄之人则向无稽考。现值奉令严查赴俄烟匪之时，应即于三间房、韩家凉子各过渡地方，于开江时设卡，严为取缔。其正式商贩已验明准其渡江者，应由官署发给放行执据，交由该商民收执，以便其随时过江查验放行，此项收据每张限于一人，不得借用。其通行效力，期间填明以三个月为限，抽收地方查验捐大洋一元，工本及办公费大洋一角。其请通行六个月者加倍收费，已领收据而过期回国者令其照补，未领收据而私行过江者，查出照三倍处罚。如此办理在官厅既于每年赴俄人数，有可稽考限制，在正式赴俄商人，资本多属雄厚。其往返期间得有官给收据可免时常盘诘之烦，且每三个月仅征收捐洋一元有奇，取之亦不为虐。其在赴俄种烟之各苦力则以过江捐款之重，亦即可无形禁制。而在地方，即以此项捐款完全收为游击队费用，与居民不致增累，似属一举数得等语。建议前来，设治员斟酌再三，当此经费支绌之秋，亦认为除此别无良策以资济用，应即据情呈请

鉴核，准予试办以利进行，如蒙命允，拟即由设治员印制过江查验捐三联收据，以一联发给请领商民，一联汇呈财政厅备案，一联存局备查。至此项捐款费收每岁从开江时起至封江时止，年可收数若干，事前无凭预算，如所收无几，请即以之贴补游击队费用之不足，如所收畅旺，即将游击队兵额随时扩充，以为将来改编防营之预备。是否有当，除分呈外，理合具文呈请核示遵行，谨呈

黑龙江省长吴

绥东设治局设治员吴家骏
中华民国十二年一月二十四日

黑龙江省公署　指令第一四五二号

令绥东设治员、黑河道尹兼
瑷珲交涉员、财政厅、警务处

绥东设治员呈一件为游击队经费不敷拟抽收过江查验捐以资补助由

呈悉，据称属境收成歉薄，游击队经费不敷，自应另筹专款以资补助，惟所拟抽收过江查验捐办法核与黑河道呈准乌云、萝北、漠河、奇克特四署征收过江执照费办法不符，黑河道呈惟原案系每次收洋二角，以一角留县办理地方公益，以五分办公，五分解道充作印刷执照之费，该局事同一律自未便另行规定，仰黑河道迅速查案饬遵具报并仰财政厅、警务处知照。呈抄发，此令。

省长吴

二月二十三日印发

呈为造送十一年十至十二等月份
过江小票费收支各款数目清册

中华民国十二年二月廿四日到

呈为造送十一年十至十二等月份过江小票费收支各款数目清册请鉴核事，案查十一年九月份过江小票费收支清册，业经造送在案，兹将十至十二等月份过江小票费收支各款四柱清册造缮完竣，除将余款咨送财政厅核收外，理合检同清册呈请鉴核施行，谨呈

黑龙江省长吴

计呈清册三本

黑河道尹宋文郁

中华民国十二年二月十四日

黑河道署造送十一年十月份
过江小票收支各款数目四柱清册

黑河道署公署兹将十一年十月份过江小票收支各款数目造具四柱清册，送请

查核。

计开

旧管

一存大洋四千三百六十八元八角

新收

一收十月份过江小票费大洋一千三百三十七元八角

以上共收大洋一千三百三十七元八角

开除

一除发票员一员月薪大洋五十元；

一除收款员一员月薪大洋五十元；

一除俄文写票员一员月薪大洋六十元；

一除中文写票员一员月薪大洋四十元；

一除验票员二员各月薪大洋四十元；

一除账簿笔墨等费大洋十三元二角六分；

一除买逼烈气两个连烟筒共大洋四十八元；

一除买柞木桦三个共大洋十八元；

一除解财政厅大洋三百零九元六角四分。

以上共除大洋六百六十八元九角

实在

一存大洋五千零三十七元七角

黑河道署造送十一年十一月份
过江小票收支各款数目四柱清册

　　黑河道尹宋文郁谨将十一年十一月份过江小票费收支各款数目造具四柱清册，恭请

鉴核。

　　计开

　　旧管

　　一存大洋五千零三十七元七角

　　新收

　　一收十一月份过江小票费大洋一千一百三十一元八角

　　以上共收大洋一千一百三十一元八角

　　开除

　　一除发票员一员月薪大洋五十元；

　　一除收款员一员月薪大洋五十元；

　　一除俄文写票员一员月薪大洋六十元；

　　一除中文写票员一员月薪大洋四十元；

　　一除验票员二员各月薪大洋四十元；

　　一除账簿笔墨等费大洋十五元七角；

　　一除买柞木桦五个共大洋三十元；

　　一除解财政厅大洋二百四十元零二角

　　以上共除大洋五百六十五元九角

　　实在

　　一存大洋五千六百零三元六角

黑河道署造送十一年十二月份
过江小票收支各款数目四柱清册

黑河道尹宋文郁谨将十一年十二月份过江小票收支各款数目造具四柱清册，恭请

鉴核。

计开
旧管
一存大洋五千六百零三元六角
新收
一收十二月份过江小票费大洋一千五百六十四元八角
以上共收大洋一千五百六十四元八角
开除
一除发票员一员月薪大洋五十元；
一除收款员一员月薪大洋五十元；
一除俄文写票员一员月薪大洋六十元；
一除中文写票员一员月薪大洋四十元；
一除验票员二员各月薪大洋四十元；
一除账簿笔墨等费大洋十六元八角；
一除买柞木桦六个共大洋三十六元；
一除买水火壶大洋五元；
一除收拾售票房地板工料大洋二十八元五角
一除解财政厅大洋四百一十六元一角
以上共除大洋七百八十二元四角
实在
一存大洋六千三百八十六元

黑龙江省公署　指令第一三四二号

令黑河道、财政厅

黑河道呈一件为造送十一年十至十二等月份
过江小票费收支各款数目清册由

呈册均悉，既据将余款咨解财政厅，即仰该厅查核办理具报，呈册抄发，此令。

省长吴
二月廿八日

黑龙江财政厅厅长呈暂行试办报请鉴核备案事
中华民国十二年二月廿八日到

呈为绥东设治局呈请抽收过江地方查验捐，贴补游击队经费，拟准暂行试办报请鉴核备案事。本年二月二十三日，据绥东设治局设治员吴家驹呈称，窃查属邑游击队经费原定由坰捐项下抽收，曾经编列预算呈报有案。以全境熟地八千坰计之，每坰抽洋一元三角，应可招募队兵八十名，只以开办之初枪支子弹服装防所在在均需购备，以故十一年秋间仅得定募五十名之数，不意各区地亩以秋霜春雨两失其宜，又因荒火为灾，以至各花户或报地亩抛荒，邀免捐款，或报收成歉薄，请予缓征，因之全年收数不过原额十分之七。当此盗匪充斥，亟应扩充游击队兵额之时，不惟不能进行，且将无以维持现状，非特别设法筹措，安能有济。迭经召集农商各会士绅公同筹议办法，金谓年前于农收歉薄之外，又以江南大帮胡匪来回串扰，二四等区民户，十室九空。十二年之抛荒地亩或且较十一年为尤甚，游击队费用之不能照原预算收齐，更不待言。惟环顾民间，如国税及地方警学等捐，担负已重，倘再于各税捐项下附加抽费，轻则无济于用，重则担负维艰。为今之计，惟有于由境赴俄营商之人，抽收地方查验捐之一法。查江北俄人之来我境者，其地方官限制甚严，每出境一次需缴费七元有奇，由我境赴俄之人则向无稽考。现值奉令严查赴俄烟匪之时，应即于三间房、韩家晾子各过渡地方，于开江时设卡，严为取缔。其正式商贩已验明准其渡江者，应由官署发给放行执据，交由该商民收执，以便其随时过江查验放行，此项收据每张限于一人，不得借用，其通行效力期间填明以三个月为限，抽收地方查验捐大洋一元，工本及办公费大洋一角。其请通行六个月者加倍收费，已领收据而过期回国者，令其照补，未领收据而私行过江者，查出照三倍处罚。如此办理在官厅既于每年赴俄人数，有可稽考限制，在正式赴俄商人资本多属雄厚，其往返期间得有官给收据，可免时常盘诘之繁，且每三个月仅征收捐洋一元有奇，取之亦不为虐。其在赴俄种烟之各苦力则以过江捐款之重，亦即可无形禁制。而在地方，即以此项捐款完全收为游击队费用，与居民不致增累，似属一举数得等语。建议前来，设治员斟酌再三，当此经费支绌之秋，亦认为除此别无良策以资济用。应即据情呈请鉴核，准予试办，以利进行，如蒙俞允，拟即由设治员印制过江查验捐三联收据，以一联发给请领商民，一联汇呈钧署备案，一联存局备查。至此项捐款费收每岁从开江时起至封江时止，年可收数若干，事前无凭预算，如所收无几，请即以之贴补游击队费用之不足，如所收畅旺，即将游击队兵额随时扩充，以为将来改编防营之预备。是否有当，除迳呈省长外，理合具文呈请，核示遵行等情。据此本厅查该局隶在黑河道署，所拟抽收地方查验捐办法，适与现行之过江执照办法相似，本难准行致涉重复，惟念该局游击队经费支绌，筹款维艰，抑且藉此取缔赴俄烟匪亦系急务，拟准特予变通，由厅印发过江查验捐票暂行试办，照原拟捐率，每人领票一张，抽收地方捐现大洋一元，每张附收工本费现大洋三分，按月专文解厅归垫，但抽收斯捐应以中国人过江赴俄境长期营商者为限，俾免与过江执照办法抵触，至该局设卡办公等费即由收入捐款内撙节提支，所请由局印制收据并收办公费之处应毋庸议，其收支捐款数目与票根仍应按月造册报厅查核，余如拟办理，除指令该局遵备正副印领派员来厅请领前项捐票以便照发应用外，理合检同拟订票式具文报请鉴核备案，谨呈

黑龙江省长吴

计呈捐票式一纸

财政厅厅长董召棠

民国十二年二月二十四日

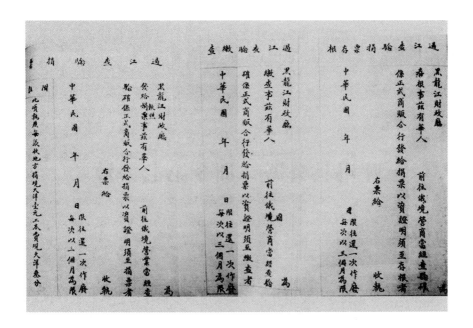

黑龙江公署　指令第一九二七号

财政厅呈绥东设治局呈请抽收过江地方
查验捐贴补游击队经费，拟准暂行试办由
令财政厅、黑河道尹兼瑷珲交涉员、
警务处、绥东设治局

　　财政厅呈一件为绥东设治局呈请抽收过江地方查验捐补贴游击队经费
拟准暂行试办由。

　　呈件均悉，查此案前据绥东设治员迳呈到署，当以所拟抽收过江查验捐办法，与黑河道呈准乌云、萝北、漠河、奇克特四署征收过江执照费办法不符。黑河道呈准原案系每次收洋二角，以一角留县办理地方公益、以五分办公、五分解道充作印刷执照之费。该局事同一律未便另行规定等因，指令黑河道查案饬遵，并分令该厅在案。兹据前情究竟抽收此项执照费应如何规定划一办法，以免分歧之处，仰黑河道迅速会同该厅妥议，具复后核，并仰警务处、绥东设治员知照。呈抄发。此令。

省长吴

三月七日

呼玛县公署　训令第七〇号
令警察所

案奉

道尹兼交涉员鱼日代电内开，兹发去财政厅刷印之三联式过江执照一千张，仰查收，迅即补送印领，并将收到暨发放日期具报备查，所有照费每张收现大洋两角，除由该县每张截留一角五分、以一角补助警学各费、以五分办公外，其余五分须归垫执照工本及邮递各费，应于每月月终造具票款四柱清册，连同缴查一并解缴本署，以凭查核存转。再该县渡口四处系何地名暨对岸俄屯名称来电均未声叙，务于此次来文内详细叙明，并仰遵照。再本署第一六六七号训业已寄发多日，想此时必可收到矣，道尹宋鱼印计发过江执照一千张，等因，奉此，除分行外，合检执照四百张令发该警所即便遵照查收，务于本年三月十五日实行发放，查此项执照每张收费大洋二角，应准各处截留五分拨充警费，其余一角五分每届月终连同缴查一并造册具报，以凭分别解支，毋稍违误。切切，此令。

计发过江执照四百张自二百一号起至六百号止。

知事杨世清

中华民国十二年三月十五日

——呼玛警察所敏字第二十二号《关于渡江小票由》中华民国十二年三月

呼玛县公署 训令第六三号

令警察所

案查实行发放渡江小票一案，前奉

道尹冬电业经分别电饬，在未奉到执照以前暂用临时小票，克日实行，并将奉电及实行日期具报查核在案。兹奉

道尹兼交涉员第一六六七号训令内开，案查发放过江短期执照一案，于上年春间呈奉

省署核准，曾经分令各属查照办理。嗣据漠河、萝北、乌云各县局暨奇克特县佐先后呈请，仿照黑河办理并备具印领执照等情到署，均经指令照准并分别发给执照应用各在案。现在该项过江执照改归财政厅刷印照式三联骑缝盖用厅印，正页仍钤本交涉员印信以免口实。兹准财政厅发到执照五万张，黑埠已定于本年二月一日改用新照，其沿边各属因转折需时均定于三月一日改用新照，所有照费仍收现大洋两角，除照旧由该属每张截留一角五分，补助警学各费暨办公费之用外，其余五分须归垫执照工本及邮递各费，应于每月月终造具票款四柱请册连同缴查一并解缴本署，以凭查核存转，除新照式样已照送俄官请令沿边俄关卡一体查照并分行外，合亟令仰该县即便遵照办理此令等因，奉此。除俟奉到执照分发具领暨分行外，合亟令仰该所即便遵照先令电令事理，克日实行，具报查核并查酌各处情形应用执照张数，迅即备领来署，请领毋稍违延为要，此令。

知事杨世清

中华民国十二年三月十一日

呼玛县警察第二分驻所巡官呈为具报须用过江小票

呈为具报须用过江小票，奉电并实行日期谨请

鉴核备案事，案奉

县署快邮代电内开，案查十一年四月，奉

道尹兼交涉员第五一六号训令，以华俄人往来俄岸须实行过江小票，令即速查向来办法，呈覆核办等因，当经吴前知事以一零五号训令饬查在案，兹于本月三日奉

道尹兼交涉员冬电，前项过江小票现改用财政厅执照，令即克日实行并即查明渡口几处，须领用过江执照若干，电覆以凭发给应用等因，奉此，除电覆并请发执照暨分行外，仰该巡官立即遵照克日实行，至过江执照未发到以前，准暂用临时小票以资应用，仍将奉电及实行日期具报查核为要，等因，奉此，巡官于月之八号奉县署电谕，立即过江会同俄税官暂用临时小票，定于月之九号实行，除呈报监督备查外，理应具文报告

所长鉴核备案施行，谨呈

呼玛县警察所所长何

呼玛县警察第二分驻所巡官杨桂林

中华民国十二年三月十日

呼玛县公署　训令第五七号

令警察所

案奉

道尹冬电内开，据呼玛商会东电称抗议过江小票等情。查过江执照一案，前经本署与俄官商定办法，于上年四月间以五一六号通令该县一律遵办，嗣于本年改用财厅执照复经以一六六七号训令饬遵各在案，迄未据报实行殊属延误。兹据前情该县所属过江渡口共计几处，共应领照若干，仰速明白电覆，以凭发给，克日实行并转商会执照。再外交事项何以听任该会交涉，实属非是，嗣后如因此发生问题，惟该知事是问并仰遵照等因，奉此，除函达商会查照并电覆请发执照外，合亟令仰该所长即便遵照办理，至执照未奉发以前，暂用临时小票以资应用为要，此令。

知事杨世清

中华民国十二年三月三日

呼玛县公署　训令第三八号
令警察所

为呈报俄税官商请互相发给过江小票请核示由

呈悉，查此案，现奉

道尹冬电已另令饬遵仰即遵照克日实行，至过江执照未发到以前，准暂开临时小票以资应用，此令。

知事杨世清

中华民国十二年三月三日

呼玛县警察所呈为俄税官为防务起见，商请对于往来过江行人互相发给小票以杜奸凶

呈为俄税官为防务起见，商请对于往来过江行人互相发给小票以杜奸凶，是否可行谨请鉴核示遵事，案准对岸吾沙果夫俄屯税官来所声称，现以防务起见，对于往来行人双方指定渡口发给过江小票，以杜奸凶，请设法援助于三月三日实施等语。遵查迭奉钧令，设卡侦查渡口，业经遵照办理。此次该俄税官请互发过江小照，在我稽查上不无裨益，是否可行理合具文呈请

鉴核示遵施行，谨呈

呼玛县知事杨

本所长何

中华民国十二年三月三日

为书具钤领事依奉得

钧署发给过江小票四百张，自二百一号起至六百号止，如数领讫，为此书具钤领是实。

本所长何

中华民国十二年三月廿四日

为呈解过江小票款项及缴查存根事案奉

钧署麻日代电内开，案查各处发放过江执照一案，前经令饬每届月终造册具报，连同缴查照费一并呈缴来署，以凭查核汇转在案。现在三月已经终了，本署亟待汇核转报，合亟电催该所迅即遵照前令，克即将三月份发放执照价款连同缴查造册送署核转，勿稍违延，是为至要，等因，奉此，遵查三月共收过江照费七元四角，除照奉截留补助警费一元八角五分外，应缴现大洋五元五角五分，理合核用清册，缴查存根暨照费具文呈送

鉴核汇转施行，谨呈

呼玛县知事杨

计呈送照费大洋五元五角五分，缴查存根三十七张，清册二本。

呼玛县警察所所长苏　封

中华民国十二年四月七日

呼玛县公署 指令第七〇号

令警察所

呈一件为呈解过江小票款项及缴查存根请饬收由

呈暨缴查清册均悉，据解三月份征收过江执照费现大洋五元五角五分如数收讫，仰侯汇核，转报可也。附件存转。此令。

知事杨世清

中华民国十二年四月十三日

呈为报解民国十二年四月份
过江小票款项及缴查存根

缴查谨请鉴核饬收事，案查本所民国十二年三月份过江小票款项及存根缴查业经报解在案，兹将四月份所收过江小票费共计现大洋八元二角，除截留二五警现大洋二元零五分外，计应解现大洋六元一角五分，理合造具票款请册二本，检同应解现大洋六元一角五分，具文呈请

鉴核饬收施行，谨呈

呼玛县监督杨

计呈送民国十二年四月份过江小票款项清册各一本。

所长苏

中华民国十二年五月九日

呼玛县公署　指令第九九号

令警察所

呈为报解过江小票四月份款项及缴查存根请核收由

呈册缴查均悉，据解四月份过江执照费现大洋六元一角五分如数收讫，仰候转报，附件存转，此令。

知事杨世清

中华民国十二年五月十五日

呈为报解民国十二年五月份过江小票款项及缴查存根

呈为报解民国十二年五月份过江小票款项及缴查存根谨请鉴核饬收事，案查本所民国十二年四月份过江小票款项及存根缴查业经报解在案。兹将五月份所收过江小票费共计现大洋八元，除截留二五警费现大洋二元外，计解现大洋六元。理合造具票款清册二本，检同应解现大洋六元，及缴查存根备文呈请

鉴核饬收施行，谨呈

呼玛县监督杨

计呈送民国十二年五月份过江小票清册二本、缴查票四十张、存根票四十张，现大洋六元。

所长苏

中华民国十二年六月廿弍日

呼玛县公署 指令第一九三号
令警察所

呈为报解民国十二年五月份过江小票款项及缴查存根由

呈暨清册缴查均悉，据解照费现大洋六元如数收讫，仰侯汇核报解可也，此令。

知事杨世清

中华民国十二年六月廿七日

迳启者现在已届七月中旬，乃六月份所发过江执照尚未据册报来署，如六月内并未发放过江执照，亦须备文呈请，免予册报，以符手续，望速查明呈报，以凭核转，是为至要，此致

警察所

呼玛县署启

七月十二日

呈为六月份并无开除过江小票谨请

鉴核事，案查五月份过江小票及钱款业经呈报在案，查六月份时，因断决交通并无开除小票，应请免予册报，理合备文呈请

鉴核施行，谨呈

呼玛县监督杨

所长苏

中华民国十二年七月十六日

呼玛县公署　指令第二一二号
令警察所

呈为六月份并无开除过江小票谨请鉴核由

呈悉，此令。

知事杨世清

中华民国十二年七月十六日

呼玛县公署　指令第　号
令警察所

案奉

黑河道尹公署第五零三七号训令内开，查过江执照已停办数月，将来能否续发或更张办理尚不得知。所有以前该各县、局、卡、佐治、各署请领该项执照是否均经发出，所收照费若干，应即具报并克日分别扣解，其未经发出之执照，仰即一并解署，以资结束而便转报。除分行外，合亟令仰该县迅速遵办，勿得迟误，此令，等因，奉此，除分行外，合亟令仰该警所即便遵照，将所收照费若干应即报解，并将未经发出之执照一并解署，以凭汇报，勿稍迟延，是为至要，此令。

知事杨世清

中华民国十二年十月十三日

呈为报解民国十二年三月份所领过江小票及未解款项小票缴查存根呈请

鉴核饬收汇转事，案奉

钧署第二四二号训令内开，案奉

黑河道尹公署第五零三七号训令内开，查过江执照已停办数月，将来能否续发云云，以凭汇报，勿稍迟延，是为至要，此令，等因，奉此，遵查三月份经领过江小票四百张，惟三四五三个月征收票费及缴查存根，业经造册报解在案，兹查未据奉令断决交通之前曾收大洋十五元六角，除截留二五警费现大洋三元九角外，理合将应缴现大洋十一元七角检同缴查存根，及未用过江小票两百零四张造具清册二本备文呈送，覆讫

鉴核汇转施行，谨呈

呼玛县监督杨

附呈送清册二本，现大洋十一元七角，缴查存根七十六张，未用过江小票二百零四张。

所长苏

民国十二年

一除截留二五警费现大洋三元九角；

一除解缴现大洋十壹元七角；

以上共除十五元六角。

实在

无

呼玛县公署　指令第二七七号

令警察所

呈一件为报解本年三月份所领过江小票
及未解款项缴查存根请鉴核饬收事由

呈册均悉，附解现大洋十一元七角，未用过江小票二百零四张，缴查七十八张，均已收讫，仰侯查核汇缴附件存，此令。

知事杨世清

中华民国十二年十一月九日

呼玛县警察所造送三月份过江小票用存数目清册

呼玛县警察所谨将三月份过江小票用存数目造具清册，呈请鉴核。

计开

旧管

无

新收

一收字过江小票四百张自二〇一至六〇〇号，

以上共收小票四百张。

开除

一除收字过江小票卅七张，自二百零一号至二百卅七号，

以上共除小票卅七张。

实在

一存收字过江小票三百六十三张，自二三八至六〇〇号，以上共存小票三百六十三张。

呼玛县警察所造送三月份过江小票款项数目清册

呼玛县警察所谨将三月份所收过江小票款项数目造具清册，呈请
鉴核。

计开
旧管
无
新收
一收过江小票大洋七元四角，
以上共收大洋七元四角。
开除
一除截留五分警费大洋一元八角五分，
一除应缴大洋五元五角五分，
以上共除大洋七元四角。
实在
无

——呼玛县档案 16 卷《民国十二年财政厅刊印过江执照》

呼玛县警察所造送民国十二年
四月份过江小票数目清册

呼玛县警察所谨将民国十二年四月份过江小票用存根数目缮具四柱清册，呈请
鉴核

计开

旧管

一存收字过江小票叁百六十三张，自二三八至六〇〇，以上共存叁百六十三张。

新收

无

开除

一除收字过江小票四十一张，自二三八至二七八，以上共除四十壹张。

实在

一存收字过江小票叁百弍[①]十弍张，自二七九至六〇〇，以上共存叁百弍十弍张。

呼玛县警察所造送五月份过江小票数目清册

呼玛县警察所谨将民国十二年五月份过江小票用存数目缮具四柱清册，呈请

鉴核。

计开

旧管

一存收字过江小票三百二十二张，自二七九至六〇〇，以上共存小票叁百弍十弍张。

新收

无

开除

一除收字过江小票四十张，自二七九至三一八，以上共除小票四十张。

实在

一存收字过江小票弍百八十弍张，自三一九至六〇〇，以上共存小票弍百八十弍张。

----

① 注：弍，贰的异体字，今写作贰，下同。

呼玛县警察所造送五月份过江小票款项清册

呼玛县警察所谨将民国十二年五月份经征过江小票款项数目缮具清册，呈请

鉴核。

计开
旧管
无
新收
一收过江小票现大洋八元，
以上共收现大洋八元。
开除
一除截留警费现大洋弍元，
一除解缴现大洋六元，
以上共除大洋八元。
实在
无

瑷珲县　指令第二百九十九号
令霍尔莫津卡

俄人阻止华人过江由

据呈俄人阻止华人持小票过江等情，查沿江居民往来过江向皆持用小票，该俄员乃谓不是为凭，必以大票为据，似此藉端阻滞未免有违约章，

应如何交涉之处，候据情转请

　　观察使指令，再行饬遵，此令。

瑷珲县知事

中华民国二年七月十三日

——瑷珲县公署外事类 27《俄人阻止华人过江卷》

呼玛县公署　训令第九号
令县警察所

令俄国革军起事须加意严防密

案奉

　　省长效电内开，民密顷闻俄国革命军起事，俄皇逊位，彼国既有内乱，我与彼邻难免宵小乘间滋事，我著警于沿边防沿铁路一带，务须加意严防，以保治安，万勿疏忽，等因，奉此，除分行外，合亟令仰该所即便遵照，率属认真梭巡以防匪类而保治安，切切，此令。

知事孙绳武

中华民国六年三月廿二日

黑龙江全省警务处　训令第六〇五号

令俄设临时政府业经正式承认等因由
令呼玛县警察所

案奉

　　省公署训令第八三二号内开，本年四月一日准外交部卅一电开，俄设临时政府业经本国政府正式承认，希查照等因，除分令知照外，合亟令仰该处即便知照，此令，等因，奉此，除分令外，合行令仰该所即便知照，此令。

处长杨云峰
中华民国六年四月十二日

呼玛县警察第四派出（所）巡官呈

……俄旧党男妇老幼欲投我岸恳求保护事。民国八年二月二十七日，据古玛拉俄总屯长八古罗夫及米格来并结黑你克米果来收金等三人来所声称，今得密报有马伦标拉俄屯，距古玛拉一百余俄里之遥，该处业经聚有乱党一千五百余名，图谋起事，即要将古玛拉所属各屯旧党一并枪杀，推平各情形。该党如来甚速，所有他岸老幼男妇俄人等欲投华境本镇等处居住，恳求保护等情。前来巡官闻报既邻俄乱党，聚众起事决裂，距我岸仅以一江之隔，自应严加防守，当与驻镇陆军排长等会商，协同督兵昼夜严加防范，惟有俄人欲投我岸恳求保护是否可行？事关国际交涉，巡官未敢擅便各缘由，理合具文呈请

所长鉴核指令施行，谨呈

呼玛县警察所所长张

呼玛县警察第四派出（所）巡官王嗣潘
中华民国八年二月二十七日

为禁贩私酒及无票俄人并保有照避难俄民由

呈县署

照覆古玛拉俄屯骑兵总管

训令各派出所

训令分驻所

布告商民

三月二十七日送稿

县警察所长张

呈为接到古玛拉俄屯骑兵总管照会，请严查贩运私酒及无票俄人，并保护避难俄民，具陈仰祈鉴核事，本月二十七日案准，古玛拉俄屯营官照会云云，勿辞却为盼，等因，准此，查禁贩运私酒及无票俄人并相机处置避难俄民，迭经先后奉令办理在案，兹准前因，除照覆并分行，布告外，理合备文呈请监督鉴核施行，谨呈

呼玛县知事李

所长

俄古玛拉总屯长为照会事

挂号黏卷（俄文译文）

古玛拉总屯长为照会事，兹据本屯民人安得力燕阿立邪一斯吉声称，于华历本年二月十九日在华岸金山镇扒犁店内丢失红骐马一匹，中等个头，七年即七口白顶，后两蹄均白，并扒犁一张带全套，套弓以上带有 Я. O. 两字符号，空麻袋二十条一并带去，相应照会

贵所，请烦查照代为寻找，并新见及施行，此照
大中华民国呼玛县警察所

古玛拉总屯长印
俄历一千九百十九年二月二十一日

兹据库玛尔俄屯屯长发给俄民安达里秧、哈拉邪斯克证书一件入我境寻觅遗失马匹。经过本各派出所，验明票件放行，又该俄民二人携带四十四号手枪一支自卫，并仰知照。

呼玛县警察所
二月廿一日

中华民国呼玛县警察所照会 第 号

本月二十七日，案准

贵总管照会第二百二十八号内开，古玛拉俄屯营官骑兵总管照会大中华，云云，勿辞却为盼，等因，准此，查禁贩私酒及无票俄人，并保护避难携照俄民，迭经敝所呈奉县监督转奉黑河道尹兼瑷珲交涉员令饬转行办理在案，兹准前因，自系邦交上可为代尽力量之处，除呈报并分行布告外相应照覆

贵总管请烦查照，此覆

古玛拉骑兵总管什万洛夫

所长

呼玛县警察所 布告、训令第 号
令分驻所警佐、第二、第四派出所

案准古玛拉俄屯骑兵总管照会第二百二十八号内开，古玛拉俄屯骑兵总管照会，云云，勿辞却为盼，等因，准此，查禁贩私酒及无票俄人，并相机处置避难俄民迭经呈奉

县监督令饬转行办理在案，兹准前因，除呈报暨照覆并分行外，合亟布告商民人等一体周知，此布令仰该所即便遵照办理，切切，此令。

所长

古玛拉俄屯骑兵总管照会大中华民国古站警察所长传知所属，嗣后遇有贩运私酒及无票俄人过江严行查获，现闻敝国乱党多有避匿华岸者，请贵国知事通知所属帮同查拿随时扣留，再彼岸若有意外行动，附近俄民定必奔进华岸，务祈妥为保护，万勿辞却为盼。

俄历一千九百十九年三月廿五日第二二八号照会
俄总管什万洛夫具

挂号粘卷（俄文略）

呼玛县警察所　训令第一七三号

为转陈第四派出所拿获随俄
乱党之华人已奉县令转奉道令由
令第四派出所

六月十二日，案奉

县署训令第一四二号内开，案查云云，即便转令遵照此令，等因，奉此，合行令仰该所知照，此令。

所长

呼玛县公署　训令第一四二号
令县警察所

案查，前据该所转呈湖通河镇第四派出所呈报，拿获随从俄党之华人及送交陆军解黑情形到县，业经据请转报在案，兹于本年五月十九日奉

道尹兼交涉员第二三九号指令内开，据呈已悉，仍仰转饬，切实搜查勿任蔓散，余党潜匿华岸，滋生事端，是为至要，此令，等因，奉此，合行令仰该所即便转令遵照，此令。

知事李英麒
中华民国八年六月六日
——呼玛民国档案 76 卷《俄内乱俄人欲投华岸》

黑河观察使为俄人征收华人过江小票等税请转核办由

为呈请事，案查俄国征收华人过江小票印花税羌钱七十五戈比，否则不准过江一案，迭经本署驳诘并迭经呈请咨请

外交部与驻京俄使交涉，以期挽回。当奉电开，转请外部兹准部覆此事，已切催俄使迅电俄政府转饬取消，尊拟办法暂从缓办等因在案，嗣因日久未奉示覆，于上年二月十四日又复呈请转催在案，查该国现仍照旧征收迄未停止，屈计年馀，华人所受损失为数甚钜，从前仅止黑河一处，其他各处虽有此议尚未实行，人民往来尚可通融。适据呼玛设治局呈称，准俄税分关照称，该处不日亦将实行仿照黑河之例办理等情前来查此项税费，该国对于他国人民概不征收，独待中国行此特例，殊非公允。此事既经外交部照会俄使，时下大局已定，亟应赶紧切催以期挽回，否则相沿日久，彼将视为惯例愈难补救，除照会俄廓米萨尔转饬停止并呈请外交部核办外，理合抄粘文稿具文呈请

民政长鉴核施行，谨呈（计呈抄文稿）

黑龙江护军使兼署民政长朱

黑河观察使兼外交部黑龙江爱珲交涉员张寿增

中华民国三年三月十四日

——黑龙江省长公署卷《关于华工护照及小票事项卷》

呼玛设治员孙绳武呈请

为呈请事，本年二月二十六日，案据商会呈称，窃商等近日过江赴乌沙果夫办事，执有大票皆被俄关阻拦不准登岸，详询其故，该云勿论有无大票，过江每人缴纳印花税七十五戈比不日实行，仿照黑河之例办理等云。惟我呼玛地处偏僻，商民事业聊具雏形，非同黑河市面繁兴人烟辏集之可比。商等来呼数年彼此往来感情颇厚，侯以大票渡江初则困难，习而既久尚觉便利。今忽更章，每渡出纳七十五戈比未免施之太重，限制过严，但无紧要事件只以寻常贸易联络恳亲起见即可敷衍不往，然于数年赓

·107·

绩之感情一旦隔离殊为可惜，于是开会计议公同表决，签认恳请县长代达下忱，转请俄官格外原情，体恤商艰，取消此项过江印花税，以重彼此人民之感情，联络恳亲贸易之活动。俟后仍遵旧章，凭执大照过江，并请将此项护照大票发给呼玛行政公署，以便商民随时就便领取，庶免往返黑河多所窒碍，为此恳请鉴核转请等情，据此查沿边上下商民无多过江办事，本属寥寥，较之黑河两岸情形迥殊，不独呼玛一处毋须小票。叠经本局呈请在案，所有华人与俄人交易者无非木桦秧草，俄人与华人交易者无非大麦等物，彼此均系穷民，若照黑河概用小票缴纳印花，在华民不胜担负，势必过江愈少。在俄民所需木桦秧草惟有过江自行购求，雇人运送其大麦销路亦多梗塞，又以华民所完印花，无论花费若干，势必加入于物价之内，实与华俄商民皆有不利。应俟两国地方繁盛、商务发达再行核办，现在仍用大照较为简便，至该商会请将此项大照发给本局，以便就近请领之处，未识能否通融办理，应请与俄廓米萨尔一并嗟（磋）商，迅速核夺，除照会乌沙果夫税关转商伯力总税关外，理合呈请观察使核办施行，谨呈

　　黑河观察使张

呼玛设治员孙绳武

　　为照会事，现据呼玛设治员孙绳武呈称，华人过江现在乌沙果夫俄税关每人索取小票印花税费七十五戈比等情。查呼玛地处偏远，商困民稀，此项税费实与两国交通诸多不便，务希贵廓米萨尔速饬该税关，取消此项税费，以恤商民而笃邦交，相应照会贵廓米萨尔请烦查照见覆施行，须至照会者。

　　右照会
　　大俄国阿穆尔省边界廓米萨尔司

黑龙江省行政公署 指令第三七九三号

指令黑河观察使呈俄国征收华人
过江小票一案候请部核办由
令黑河观察使兼瑷珲交涉员

内务司案呈，据该观察使兼交涉员呈称，俄国征收华人过江小票印花税一案，仍应赶紧交涉，并称已经迳呈外交部核办等情，候再转请核办及分令省城交涉署知照。此令。

署民政长朱

中华民国三年三月三十一日

黑龙江省行政公署 呈第百五十五号、
训令第九百八十四号

黑河观察使呈俄国征收华人过江小票
一案请外交部核办令交涉署知照
令省城交涉署

为呈请事，案据黑河观察使兼瑷珲交涉员张寿增呈称，案查俄国征收华人过江小票印花税云云，抄粘文稿呈请鉴核施行等情，据此查此案于民国二年二月间，据该观察使呈请到署，当经宋前民政长咨准

大部、外交部，覆谓现值中俄重要各案件正在交涉，应俟办有头绪再

当催其取销等因，业经分行知照在案，兹据前情，查此事不惟关系民生，尤且关系国体，积延至今（未能坚拒），而彼遂有推行他处之举，再不催问相逼，愈紧（将何术以善其后）。除指令及分令省城交涉署知照、指令及转请外交部查核外，为此抄录原送文稿，呈请大部查核施行，谨呈

外交部，令仰该署知照，此令。

署民政长朱

内务司长于

中华民国三年三月三十一日

黑河道尹张寿增呈

将军座前敬禀者，窃查俄人加收华人过江小票印花税二十五戈比，每票一元一事，当经本署照会俄廓米萨尔迅速取消，并电陈在案。兹于一月二十三日，道尹又复亲赴俄署与俄巡抚及俄廓米萨尔当面交涉，当以中俄接壤边民贸易准其任便往来本为条约所许，贵国征收过界华人小票印花税既碍交通，且于约章任便往来之意不符，本国始终并未承认，叠次照请取消迄未邀允准之答覆。历来俄人过江往来华岸毫无阻止，而华人前来俄岸则收羌钱七十五戈比，即以邻交而论，已失其平，乃今复又加收二十五戈比，更非两国和好所宜。出若不亟思取消，不独华民力有不逮，实于邦交大有妨碍。俄巡抚等深以为然，惟云此系伯督主持，定必极力转请伯督从轻减收，俟准覆文再行照知云云。默揆其意，此事将来可望挽回，除俟接准照覆之日再行详报外，谨此肃禀敬敏

崇安

黑河道尹张寿增谨禀二月九日

咨外交部据黑河道电为俄人征收过江票费由
黑龙江巡按使公署咨

为咨陈事，据黑河道尹兼交涉员张寿增电称，俄人征收云云，接续与俄使交涉等情。据此查，此案曾于民国元、二年间，先后文电转达

大部核办，嗣于民国二年三月接准

大部通字六二五号咨复，以此事迭经照会俄使电俄政府转饬伯督取销，迄无答复，惟现值中俄重要各案件正在交涉中，应俟各要案稍有头绪再当催其取销等因在案，现事已经年，此案如何情形未准大部示知，兹据电详前情相应咨陈

大部，请烦查照接续交涉，并希将办理情形见复为荷，此咨陈外交部。

巡案使　朱

政务厅长　涂

一月廿日

外交部为咨覆俄关抽收过江小票一案 俟大局稍空再行并案交涉请饬知照由

外交部为咨复事，俄关抽收过江小票一案，前据黑河道尹兼交涉员张寿增电称，俄人现又增收过江小票费廿五戈比，商民难堪，请与俄使并案交涉等因，前来本部当即照会驻京俄使，略谓前因俄官加收过江小票七十五戈比，迭次照请免除，迄未得复。兹又增加廿五戈比，实于彼此商务民情均有窒碍，请其迅达政府将此项票费取消，以苏商困去后准该公使复称奉本国训条应行解明，按交界章程征收七十五戈比印花税之过界小票，系华民特别之利益，与他国人持有本国之护照前往俄境者不同。若于华民之利益再增通融办法，恐有奸人不领小票不纳印花税私进俄境之事，至票费增至一卢布业已询问阿穆尔省总督增加之理由等语。兹复准该公使函称增加过江票费一案，兹据阿穆尔省总督函开，增加票费廿五戈比，实以本国新例，因战时俄境各处印花税均已增加等语，请为查照。前来查俄官抽收过江票费则谓为于我民有特别利益，其现在加增票费又以战事为词强词拒绝，殊非情理。现当中俄他项交涉正在磋商之际，应俟大局稍定再行与之并案交涉，准咨前因相应将本部办理情形先行咨复

贵巡按使查照饬知该交涉员可也，此咨

黑龙江巡按使

外交总长陆征祥

中华民国四年二月二十七日

黑龙江巡按使公署　饬第一〇四八号

外交部为咨覆俄关抽收过江小票一案
俟大局稍定再行并案交涉请饬知照由

为饬知事，案准

外交部咨开，为咨复事俄关抽收过江小票一案，前据黑河道尹兼交涉员张寿增电称云云，饬知该交涉员可也，等因，准此，合亟饬仰该员即便遵照，此饬

巡按使

右饬黑河道尹兼交涉员张寿增，准此。

巡 按 使　朱

政务厅长　涂

三月九日

黑河道尹兼外交部黑龙江爱珲
交涉员为准俄官照覆加收过江票
税碍难取消详请鉴核事

详为准俄官照覆加收过江票税碍难取消详请鉴核事，案查俄人加收华人过江小票印花税二十五戈比一事，迭经本（道）兼交涉员照请俄廓米萨尔取消在案。兹于本月九号接准该俄官照覆内开，案准第十六号照会内开，过江小票税，本城税关增收至一卢布一案，旋于本年正月初八日亲临

面商交换意见。本廓米萨尔曾声明增收此项印花税系新定普通条例行诸俄
国全国，非特为对待华人者。嗣后本廓米萨尔当将此事并据详细情形呈明
本省武巡抚，又经武巡抚转行海滨省总督去后，现奉总督令开，此项增征
税费系于去年十二月初四日尚书会议奉准上谕所定，为推广普通印花税，
碍难取消与变通。此外此项问题中国政府与我国驻京使臣正提出交涉，又
海滨省总督据本省武巡抚之条陈将准过江小票期限以三日展作五日，以减
过江华人担负，并将饬行办理相应照覆查照等因，准此。除分详外，理合
具文详请

巡按使鉴核行，谨详

黑龙江巡按使朱

黑河道尹兼外交部黑龙江爱珲交涉员张寿增

中华民国四年三月十二日

黑龙江省巡按使公署　批第二八四一号

批黑河道详为准俄官照覆加收过
江票税碍难取消情形请鉴核由

详悉，查此案已准

外交部来咨，称现当中俄他项交涉正在磋商之际，应俟大局稍定再行
与之并案交涉等因，业经饬知该员遵照在案，据详前情，自应暂从缓议，
一俟大局稍定，即行陈部提出迅速交涉，以恤商艰可也，此批。

巡按使　朱

政务厅长　涂

三月卅一日

中华驻俄罗斯使馆咨　罗字第二号

　　驻俄罗斯使馆为咨请事，案查民国二年间有多数中国流民络绎赴俄，往往辗转流徙至无以为生时，群来使馆哀求资遣，当经本馆以该项流民人数众多，亟宜妥筹善后之策，曾函请外交部设法取缔。旋准外交部二年八月十九日复称，已由本部通行沿江沿海各省暨东三省民政长严饬所属，如遇有此项流民请领出洋护照时善为劝止，毋再发给，等因在案。数年以来，前项流民几至绝迹，足征各省长官转饬劝止之效。乃日前有湖北流民易修贤等手持哈尔滨黑龙江铁路交涉局四百一十号护照，系民国六年一月十三日所发，前来使馆求请执照，查该流民等衣服褴褛，形同乞丐，且均带有眷属，纤足伶仃，步履艰难，谋生乏术，情形至为困苦。除由本馆姑凭原有护照暂给执照外，深恐该项流民源源而来，则人数众多，办理为难。因此特请

　　贵省长转饬该局，以后遇有前项流民务必遵照部示，并前定缴纳预储金章程办理，以免日后遣归虚糜国帑，此咨

黑龙江省长兼督军毕

驻俄罗斯全权公使刘镜人

民国六年三月

黑龙江省长公署　训令第九〇二号

准驻俄公使咨为停止发给流民赴俄执照
令铁路交涉总局、交涉署、黑河道尹

　　案准

　　驻俄罗斯使馆咨开为咨行事，案查民国二年间有多数中国流民络绎赴

俄，往往辗转流徙至无以为生时，群来使馆哀求资遣云云，因此特请贵省长转饬该局，以后遇有前项流民务必遵照部示，并前定缴纳预储金章程办理，以免日后遣归虚糜国帑此咨，等因，准此，合亟令仰该局即便遵照，嗣后除令铁路交涉局遵照，合亟并行令外，令仰该署、道尹即便一体遵照，此令。

省长毕

中华民国六年四月

——黑龙江省长公署卷《关于华工护照及过江小票卷》

黑河道尹兼爱珲交涉员 训令第六七九号

为令送苏俄现行旅客携带物品钱币入境出境规则请查知照由
令黑河商会

案准

东三省交涉总署函开，案准驻海参崴总领事函开，查苏俄系实行国家贸易之国家，输出输入完全禁止，为防止私货入境出境起见，对于旅客查验甚严。我国商民人等往来俄境者，因不知入境规则，致受苛罚之事时有所闻，亟应晓谕周知，俾免损失。现经本馆将苏俄现行旅客携带物品钱币入境出境规则译成汉文，以备考察，相应备函附送，即请查收等因，准此，查所译该项规则尚属详备，相应抄送贵署查收，以资参考为荷，等因，准此。合亟照抄原件，令仰该会即便知照，此令。

附抄件。

道尹兼交涉员张寿增

中华民国十五年十月二十五日

——黑河商会外事类 829 卷《道尹令送苏俄现行旅客携带物品钱币入境出境规则由》

自民国十五年十月二十六日——一九二六年至民国十六年十一月二十三日，一九二七年

苏联商务部关于修正旅客入境出境规则之通令
旅客入境出境携带物品规则
一九二六年三月十四日第二五九号

莫斯科

一旅客物品之运输入境

苏联商务部会同财政部通告各海关机关查照办理，一九二五年五月七日所批准之旅客入境出境携带物件、钱币、金属及贵重物品放行规则第一条应行修正如左：

第一条：凡旅客随身携带，曾经使用且为旅行所必需之物品，始认为旅客之物品，凡附表内所列举之物品，按照海关章程第二三三条之规定，得克除输入准许执照，豁免关税及销场税，并免除标封手续，随同自国外入境之人一并放行之。

凡各种新物品系为自己应用者，应按照海关章程第二三四条之规定缴纳关税及销场税，免除标封手续，放行入境，惟合计总价额缴纳关税不得超过一百五十卢布以上，并须在上述附表之范围以内，且入境物品之总数额（无论新旧）不得超过附表内所指定之数目，各种专门职业之人（医生、美术家等项）为其业务所必需之应用器具，如按其数目并非预备售卖者得缴纳一五〇卢布以内之关税，自由放行入境，但专项利益之享受必须呈验证明书（护照及其他文件），认明其确系属于该项职业。

自本通令颁布以后，一九二五年五月七日，旅客携带物品规则第一条之附注内，为在国外被派供职人员所规定之特别益利办法（一九二五年八月十八日商务部通令第一六二号）应行废止，又一九二三年九月二十三日商务部第二〇一号之通令（对外贸易杂志第三号附刊第三三页），关于放行入境物品，无分男妇幼童之规定，亦一并废止之。

商务次长　福龙金
税务督办　波企耶夫

附表　　　　　　　　　**旅客入境准许携带之自用物品表**

号数	物品名称	男子每人携带数目	妇女每人携带数目
一	外衣（其中皮袄不得过一件以上）	二件	二件
二	帽子（其中皮帽不得过一顶以上）	二顶	二顶
三	手袖	无	一个
四	宽围巾	无	一条
五	靴鞋	一双	一双
六	家用便鞋	一双	一双
七	男衣	二件	无
八	女衣	无	二件
九	外边便衣	无	二件
一〇	晚用便衣	无	二件
一一	裙子	无	二件
一二	衬衣	六份	六份
一三	毛巾	六条	六条
一四	袜子	六双	六双
一五	手巾	一二条	一二条
一六	头巾	无	一条
一七	男汗衫	三件	无
一八	领子	一二条	无
一九	袖头	六对	无
二〇	领带	六条	六条
二一	被单	三件	三件
二二	枕头	二个	二个
二三	被褥	一件	一件
二四	男绒衬衣	二件	无
二五	手工织造之女便衣	无	二件
二六	手套	二副	二副
二七	套鞋	一双	一双
二八	伞	一把	一把

续表

号数	物品名称	男子每人携带数目	妇女每人携带数目
二九	手杖	一根	一根
三〇	女皮包	无	一个
三一	烟草 纸烟 雪茄烟	一基罗格兰母 二五〇支 五〇支	 二五〇支 五〇支
三二	封口打开之香水	一瓶	一瓶
三三	封口打开之香水精	一瓶	一瓶
三四	封口打开胰皂	二块	二块
三五	封口打开之扑粉	无	一盒
三六	刮脸器具	一份	无
三七	装饰物品（梳子、刷子、旅行妆饰匣等项）以及童子物品衣件及行路需要之食品其数目以路需用之数量为限。		

号数	金银及白金制造品	每人携带之数目	附注
三八			
甲	表附带链子及坠子	一个	
乙	烟盒	一个	
丙	手提匣（只限于银制）	一个	
丁	戒指	二个	
戊	镶石或未镶石之指环	二个	
己	手镯及胸针	每种一个	
庚	耳环	一对	在路上应用之各种装饰品以及手杖得镶制贵重之金属携带入境。
辛	领带别针	一个	
壬	袖扣	一对	
癸	襟扣	四个	
子	十字架及神像	一个附带链子	
丑	金质及白金之项链	一条	
寅	钳子	一个	
卯	眼镜及望远镜框子	每种不过二个	
辰	刀叉匙及碗托	每种一个	
三九	箱笼匣柜、手提箱等项装有旅客物品等。	得不限制数目。	带有青铜及其他装饰品并装有物品之新手提箱，虽其形式类似普通之手提箱、匣子，及其他装置旅客物品之器具，但非于纳税后不准携带入境。

附注：带有铜及其他装饰品并装有物品之新手提箱，虽其形式类似普通之手提箱、匣子，及其他装置旅客物品之器具，但非于纳税后不准携带入境。

第二条：旅客入境准许携带之钱币如左：

苏联境内通行之俄罗斯纸币以及革命前俄罗斯之旧金币无数额之限制。

外国钱币不限数额，但其有本条附注一所规定之例外，且所有运入之外国钱币，应由输运人随身携带之。

附注一：财政部对于各种外国钱币之输入有规定限制之权。

附注二：旅客携带之革命前旧俄罗斯金币应呈缴税关，以便转缴国家钱行，并按照金币最近官价折合偿还呈缴人。

第三条：旅客携带书籍及其他印刷品、图画等类，其内容须认为无妨输入时，方准携带入境。

第四条：国境以外铁路直达通车内之服务人员只应携带必需之衣服（按一年中之四季为标准）及其他为直接执行自己职务，在路上居留数日间所必需应用之物件，车上服务人员所携带之外国钱币，自输入之日起，于二个月期限以内准其自由运输出境，但须遵守本规则第十一条之规定。

旅客物品钱币金属贵重物品出境规则

一九二五年五月七日苏联商务部财政部批准

二、旅客物品之运输出境

第五条：凡按照海关规则禁止运输出境之物品，旅客均不准携出境外。

第六条：每一百基罗格拉姆征税三卢布以上之重税，物品如绒毛等项，准其按照普通办法纳税运输出境，但须由旅客呈验商务部，准许运输此项物品之执照。毛皮衣服（皮袄、皮帽、皮手袖等项）不在本条限制之内得免税并免验准许执照。每一旅客携带一件出境。

第七条：贵重金属之生块及其制造品、宝石、国家银行之纸币、国家之国库券、外国钱币汇款、普通票据、定期债券及支票准许携带出境，但每一持有单独护照之出镜旅客不得超过三百卢布以上，此外其护照中之家属每一人携带此项物品之总额价不得超过一五〇卢。

于上项规定之数额以外，每一人得携带苏俄之银质及铜质之钱币出境，不限数目。人金制或银制之表一个，戒指一个及重量不过〇四基罗格拉姆之银制物品，每种不得过一件以上。（一九二五年八月十日商务部通令第一五八号）

第八条：凡第五、第六、第七各条所未规定之物件，如衣服、头巾、靴鞋、衬衣、台布、被单、枕头、被褥、手巾、零星用品、金属制造品各种器皿、家具、卧床装置、器具（箱笼匣柜、手提箱等项），以及烟草、纸烟、雪茄烟及各种食品等类，准许不限制数目于旅客行李中携带出境，但以下应属特别监查之物品，不论其系何种专门职业，应于运出时呈验左列该管官署之准许执照。

一九一八年以前出版之普通及科学技术书籍、乐器、地毡（机器制造者不在此限）、图书、绘画、铜版书、水彩画、小画片、窗帘神像、教堂用品、青铜磁器、雕刻品及其他美术古董物品，以及家庭之古董物品、旧木器、旧地毡、纺织品及装饰品，古旧衣服、古旧图画及书籍与艺术上有特别关系之古旧及其他乐器（手提琴及风琴不在此限）、手艺应用之古旧器具、各种古钱考古物品，由苏联各共和国之教育部或由各地方全权办理此事之机关准许之，并依海关税则第三十条附注所规定之输送营业，按照各教育部准许执照内所开列之价值征收税额至百分之三五。

一九一八年以前出版之医学书籍由苏联教育部、卫生部或其地方机关准许之。

邮票各种失效之纸币及债券，由全俄农业协助会附属之债券管理局或其地方机关准许之。

第九条：按照本规则第六、第七、第八各条运出苏联境外之物品，如欲豁免关税销场税，并免验输入准许执照，仍行运回境内时，应由旅客呈验海关于运出该项物品时所发之证书，该项证书每次应由旅客自行声请之，无此项证明时，旅客自海外运入家用器具及物件，应按照本规则第一条之规定办理。

第十条：由苏联商务部派遣国外之人员得无特别之许可，随身携带汇款或商务部所要记之款项。

第十一条：自国外入境之人意欲暂时停留苏联境内，携有贵重物品及外国钱币，或由汇兑机关取得者，自入境之日起，于两个月期限以内准其将该项物品及钱币自由携带出境，或由汇兑机关汇出境外，税关机关应发给携带贵重物品及外国钱币人员证明书一纸，载明运入物品之种类及运入钱币之种类与数额，或于护照工作制相当之标记，对于暂时居留苏联境内者汇款之证明书应由经手汇兑之机关发给之。

附注：恢复国籍之人、逃民及其他发遣回国之人携带钱币、贵重物品出境，属于国际协约对于此项问题特别规定之范围者，如该协约所定之数额较高于一九二四年九月十二日苏联国务院中央执行委员会之议决案及一九二四年十二月五日训令所规定之数额时，即按照协约所规定之数额办理之。

　　第十二条：本规则所规定之一切豁免办理应由当地税关负责施行之。

黑河商会为通知事

案于民国十五年十月二十六日奉

黑河道尹兼瑷珲交涉员训令内开，案准

东三省交涉总署函开云云，知照此令，计抄件。等因，奉此，合行刷印，通知各商知照。

计开

苏联商务云云施行之。

会长

黑河道尹兼交涉员　训令第六〇五号

为令遵俄方规定旅客入境出境携带物品规则请转谕商民由
令黑河商会

案奉

　　省署第二一六三号训令内开，本年十月廿一日据吉林滨江道尹兼哈尔滨交涉员呈称，案准驻海参崴总领事馆来函，抄送俄方规定旅客入境出境携带物品规则一份，并声明现派本馆随署领事宗维亮前往贵署面陈一切，以资接洽等因，准此，旋准宗领事面称俄方，对于行旅携带品限制甚严，虽系自人用品，而系新物者，仍应照章纳税，或科罚华商，不明多受损失，请将此件抄报各机关及报馆俾众周知等因，除分呈并公布外，理合照录附件具文呈送鉴核施行等情，据此，除指令并分别咨行外，合行抄件令仰该员即便饬属一体知照，等因，奉此，除分行外，合亟令仰该会转谕商民一体周知，此令。

计抄原件。

道尹张寿增

中华民国十六年十一月十五日

——黑河商会外事类 829 卷《道尹令送苏俄现行旅客携带物品钱币入境出境规则由》一九二七年

义集成等为在江北营业被俄军掳掠货物并拘押柜伙由

黑河商会、诸公先生钧鉴：

敬启者，侨商等经商江北历有年所。忽于去岁十月二十八日各家同时突来俄暗查局军人携带武装强行翻屋，当时因未检得犯禁物品，遂将各家账簿金洋货物等一概掳掠，并将各家柜伙拘押而去，计远东号常茞臣一名，振发东耀清、郭光宗二名，亚西号文远、永富、李正青三名，义集成孟仲源、成发、赵子青三名，共计拘押九名。查商等侨居俄江界多年，从未违犯该国法令，今该官署无端搜翻，既未检出违禁物品，复将商等非法监禁迄今六月有余，既不堂审亦不释放，似此野蛮举动，实属违犯国际公法。商等遭此不白冤屈，一面呈请我国驻俄阿穆尔省领事与之交涉，一面聘请律师依法起诉，讵料该国法庭竟以检查账簿为词，迄今六月有余并未开审。查苏俄现行法律所载，预审至远不得迟过三月，今该法庭对于此案一味非法监禁，实有意摧残世界人道主义。商等自遭此事以来，在狱者受尽精神之苦，几皆生病，大有生命之险，在外者以营业停闭，坐食山空，亦有冻馁之顾。素仰贵会热心公益，爱护商民，当能惠及旅外华侨之困难，为此吁请贵会主持正义，谠发宏论，一致声援，以维侨商而保国本，不特侨民之幸，抑亦国家之福耶。谨此吁请恭颂

公安！

旅俄阿穆尔省华商义集成、黑河远东号记、亚西号、大黑河旅发东谨具

中华民国十五年五月三日

迳启者，案据义集成等帖称，窃侨商等经商江北历有年所，云云，惠及旅外侨商之困难等情，据此查该商等所称各节想系实在，为此函请

贵总领事请烦设法交涉，迅将该等释放为荷，此致

驻俄属黑河总领事陈

会长

十五年五月七日

驻俄属黑河总领事馆函复黑河商会

迳复者，准五月八日

贵会大函敬悉。

贵会对于阿穆尔区华商亚西号等热诚关垂无任钦佩。溯自该商号等搜翻事件发生后，本馆即迳向阿省行政委员会提出交涉，要求释放或速开庭审理并调查此案情形，各方设法进行在案。无如事先各该商号之账簿为俄差搜去，俄官藉口查账，此案因之延缓，又间有未领营业照之家抵触俄律者，且事后雇佣律师又未来馆商洽，迨山穷水尽，始来馆求请设法则已铸成大错。本馆对于此案异常注重，进行未尝稍解，现阿区高等审判厅预审官由本月六日起，已陆续将上述商号被拘之常荩臣等由俄狱提出询问作开庭之准备，日内即将开审。倘俄法庭如再延拖，本馆自当转呈中央请速交涉，以期从速解决此案，相应函复即希

查照为荷，此致

黑河商会

驻俄属黑河总领事馆启

五月十日

为报告事杨子宾有余族祖杨宾楼于十二年阳十二月因事赴江北者，及至新历年后总未返回。访问友人云：竟被俄军事督查处拘押，即至而今亦未访明系因何事被押，该军署又不声明罪状，无故羁押又不准通言信，刻下江南北交通不便，又不能过往探询，恳祈

贵会设法交涉，以免该身受囹圄之灾，早离苦海。余感德无极，该家中老幼亦感大恩大德，恳祈恩准施行，此呈

黑河商会会长诸公鉴

十三年二月十二日

北京分送外交总长中俄会议王督办钧鉴：据商人滕兰升帖称，胞兄兰逵在俄阿省节以斯克街门牌一百八十一号开设二号票滕兰逵杂货生意。去年七月二十一日被俄官府无故查封，搜翻货物钱财共值现大洋一万四千余元，并将滕兰逵及其柜伙如数监禁，诬滕兰逵私运金沙出境，科滕兰逵以十年监禁，黑河道尹总领事交涉无效，恳请电部速予交涉。又据华商杨子宾帖称伊本族杨宾楼于十二年十二月抄，因事赴俄阿省及至新历年后，总未返回。访问友人据云，竟被俄军事督察处拘押，系犯何罪该督察处亦不声明，祈转请交涉各等情，前来查苏俄虐待华侨、没收财产、无故监押此等案件屡出叠见，与之交涉，该俄即诬以贩运金沙出境并无确证，任意判处十年监禁惨无人道，莫此为甚。为此转恳贵总长督办，将此案提交万国公会宣布苏俄种种野蛮行为，以期将滕兰逵、杨宾楼等二人释放，货物发还，为交涉达到目的，非此办法不足以伸国权而维华商，情急事迫，不胜惶惶待命之至。

黑河商会叩旱

会长

十三年二月十四日

黑河商会呈

为据滕兰升称诬捏贩金迫供监押请交涉由

呈为诬捏贩金迫供监押，据情仰恳

鉴核严重交涉以维华侨事，窃据商人滕兰升帖称，窃商之胞兄滕兰逵于民国十二年一月间云云，不胜惶惶待命之至等情。前来查苏俄虐待华侨、没收财产、监押无辜案已数起，一经交涉即诬以贩运金沙出境之罪，并无证据任意苛判，实系有违公法，现在中苏既经协定，恢复邦交力求亲善，则从前虐待华侨种种行为当然提出抗议，要求一律取消方足以伸国权而维华商，兹据前情，理合备文呈请

大部鉴核施行，谨呈
北京外交部

黑河商会会长
副会长
中华民国十三年八月十日

呈为重案久悬商民被累恳请

大帅派员会同查办，严追赃款以便结案，而恤商艰并安边局事。窃查黑河镇商瑞丰号等于十一年阴历七月间在南京轮船被劫一案，已将匪首陆军团部稽查萧海春与通河县保卫团团董崔发及姚焕章并嫌疑犯程亚东及吞赃放匪之通河县游击队队长张景山与通河县警察王区官等先后拿获，刻正在黑龙江督军署严押讯办，并在萧海春家起获金砖一块，重五十七两三钱八分，业经本会派代表崔佐臣领讫各等情均在案。查此案商民损失甚钜，现在被劫各商因款项亏累，势不能支，将行倒闭。本会因商业有连带关系，极力设法维持，倘一家倒闭，牵连十家；十家倒闭，即牵连全镇；全镇不安，不惟黑河商业前途有碍，即黑河边局亦受莫大影响。本会万出无奈，惟有具情再将此案获匪侵赃详细情形为大帅缕细陈之。查军警缉匪搜赃吞没或以多报少，演成惯例，在匪人以无赃为证，或可藉词刁赖，希图减轻罪名，故不肯供出拿伊之人，将其款项搜去，在被劫之家若损失无多，往往一报了事，并不追究款项，以致相缘日久，无人敢言查此案。通河县游击队队长张景山贿放要犯，侵吞赃款，该县知事史致中是否与张景山共同分赃，虽无确证，颇有嫌疑，查该知事于初次呈报，缉获崔发暨嫌疑犯崔四、崔五、崔福、张俊卿、孙洪喜、孙有胜等，文内只云搜获枪支、马匹、衣服等件，并不声明金条钱款等项，以为吞款地步，此可疑者一；崔发供称得财俵分，究竟如何分法，得财若干，亦不叙明，此可疑者二；且只将已获之张俊卿、孙洪喜、孙有胜声明暂准保释，至崔福亭为崔发之父，既未声明拿获，亦不声明开释，仅云崔发之父崔福亭创练堡防云云，此可疑者三；崔发兄弟五人，业将崔四、崔五、崔福拿获到案，并不声明崔三因何未拿或未拿获，此可疑者四；追水上警察于局长查明，张景山于缉获崔发之后，曾带警前往起赃，并将崔发之父崔福亭及其弟崔三拿

· 125 ·

获，私加拷讯，并未逮案，即行释放，去函质问该知事，始则置之不理，继则无可讳饰，仅将张景山看押，并不呈报，亦不解省暨黑龙江督军署，去电追问，始将张景山送省，此可疑者五；嗣令该知事将崔发之父崔福亭及其弟崔三拿获送案，该知事复电声明崔福亭父子枪法甚好，不易生擒，可否击毙，设此死无对证之计，幸黑龙江督军署去电驳饬，谓案情重大，非将该匪生擒到案不足证明，此可疑者六；又张景山回报该知事在崔发家起出空坛一个，上盖锅铁一块，金砖金沙一无所有，尤为卖放崔福亭与崔三及侵吞赃款之明证，查崔发决不能无故将空坛埋地，既有此坛，必有此款，是张景山当私放崔福亭与崔三之时已将此款如数到手，复将崔五逮案，讯据供称金砖金业被其父崔福亭与其兄崔三携走，以为事无对证，作为了案地步。该知事若不与张景山共同分赃，此时何不将张景山严刑讯追，乃竟置之不理，此可疑者七；又该知事声明在崔发家所起之空坛仅径圆五寸，即有金砖亦不能有八十一块之多，该知事已自认有金砖，不过因与姚焕章在哈所供之数不符，无法缴出，容或有之，此可疑者八。该知事既有种种嫌疑，自当在查办之列，此应请速行查办者一也。又查萧海春前在黑龙江督军署供称，伊分得大小金砖各一块、金磅四十五块、大洋五百五十元、江钱三千余吊，得财后恐事犯被获辞差回家，在海伦县被拿。所分的金砖在海伦县首饰楼不记得字号卖了一块，共卖江市钱三万一千余吊，该号无现款交付，开给期条，系阴历八月初五日，时期他初四日即被拿获，所有期条并卖金磅及卖大洋款项江市钱共四万余吊，并未卖之金砖一块均被拿他的人索团长、马弁董魁五在他家搜去云云。复查索团长报称，拿获萧海春时起获金砖一块，重五十七两三钱八分，江市钱三万一千余吊。除将金砖一块随案呈缴外，共江市钱三万一千余吊，除赔补本团部何书记长赴木兰县送接济在南京轮船被匪劫去江小洋一千五百元外，共余充赏拿匪得力兵弁。复查该团长又声明何书记长所报被劫之小洋，据萧海春供称，并未抢有小洋，该匪等既未抢有小洋，该书记长所报是否属实，现正在调查之中云云。查该团长既自己声明何书记长所报被劫之小洋是否属实，现正调查，何竟以萧海春所供卖金之钱赔补，报告被劫不实之款并将所余赃款擅自充赏。似此办法未免不合，况何书记长与萧海春等由通河县一并上船，本系同事素又认识，该书记长若系被劫，定有性命之爱，既未被害必未被劫。况代表调查此案，该书记长若回团部立时密报，该匪等均在通河分赃未走，必能全行擒获无一漏网。奈该书记长匿而不报，以致匪尽远扬。闻索团长现仍将何书记长严押，似此情节令人难解，此应请速行查办者二也。又据姚焕章在黑龙江督军署、钧署供称，伊分得大小金砖各一块、金磅五十块、大洋五百元、官帖三千五百吊，得财后伊即至哈（尔）滨住在王有成衣铺内，希图躲避。不料在大罗新买东西被水上警察拿获，分的金砖卖了一块三十余两，共卖大洋一千三百余元，再加卖金磅并分的大洋共计二千余元，花费了数百元，共余一千数百元均被拿他的警兵搜去了。拿他的时候王有在旁看见，即时回去携妻逃走，未卖的金砖一块放在王有家，被他得了云云。当查该匪所供情节不符，代表即行赴哈明察暗访，姚焕章确在广顺源内寓，确在广顺源被拿，缘姚焕章与广顺源财东执事均系通河县人，隔壁邻居，故在该号内寓。当至水上警察局面见于局长，并调卷查看卷内粘有广顺源报告一件，内称奉局长面嘱，汝邻人姚焕章有不法行为，俟伊到哈千万密报，现在姚焕章正在小号，请即拿获以免牵连云云，该局长并云系伊亲自带警往拿，并未起有赃款等语，旋即返省回报，复将姚焕章提出当堂质讯，始肯供认在广顺源被拿间当初何不说实话，伊云说出实话恐牵连广顺源，问赃款究竟放在何处，供云确被王有拿去，王有系在通河县开成衣铺，小的与其妻有奸，得财后分的金子不敢自己带着，赴哈交给王有之妻带至哈（尔）滨卖了一块金砖，钱未花完即被拿获，身边带有大洋一千数百元均被拿他的警兵搜去，再回刑讯矢口不移。查该局长既亲自带警缉匪并不亲自督察，追出赃款致令大洋一千余元均落警士等手，拿匪无赃，不惟身处嫌疑，且难免失察之咎，应合该局将拿获姚焕章时所带警士逐一严讯，追出原赃，不足之处即令该局长如数包赔，此应请查办者三也。以上各节均有案可查，无一虚言。我大帅爱民如子，嫉恶如仇，现正体察舆情，整顿文武利弊，此等官吏谅亦所不能密隐者也。惟松花江下游水上警察局系吉林管辖非黑龙江督军所能节制，除分呈外，理令具文呈请

大帅恩准派员会问吉黑督军查办此案，将通河县知事史致中与索团长、并松花江东三省保安总司令转行吉林省长查办，并请派员会同办理外，现合具文呈请下游水上警察局于局长对于此案关系嫌疑情形速查明核办，以期水落石出完结。

大帅将通河县史知事与索团长关系此案赃款嫌疑情形速予从严查明核办，追出原此案追还赃款，俾黑河被劫各商早离苦海，则赃以期水落石出完结此案，俾黑河被劫各商早离苦海则恩同再造，世世生生不敢忘也，

谨呈

　　东三省保安总司令张

　　恩同再造，世世生生不敢忘也，谨呈

　　黑龙江督军吴

黑河商会代表崔佐臣

——黑河商会外事类黑河商会《呈道尹为俄岸禁止华人携带
中国国币请交涉卷》自一九二三年起至一九二四年

黑河和盛永经理于香久为俄岸禁止
华人携带中国国币恳请交涉

　　为提议迳过报告

　　启者，敝伙于昨日过江办公返江南时，遇有苦力人带中国现洋票陆元，被俄人查关口者搜出。据云，只准带出口大洋五元，再多即须禁止。如此苦力人即未得过，想俄人禁止现洋出口，只可限其该国钱币，何得滥禁于我国币，俄人若此蛮横于我国之经济不无攸关。为此恳请

　　贵会转请道尹力为交涉，济侨商之困苦，保国权之巩固，是为德便。呈

　　黑河商会公鉴

和盛永经理于香久
民国十二年六月壹日

——黑河商会外事类黑河商会《呈道尹为俄岸禁止华人携带
中国国币请交涉卷》自一九二三年起至一九二四年

　　批：呈悉，仰候提向驻黑俄委员交涉，并函驻俄阿省郑总事提出抗议，以恤侨商可也，此令。

呈为俄岸禁止华人携带中国之币恳请交涉事

　　呈为俄岸禁止华人携带中国之币恳请交涉事，迳启者，六月一号据镇

商和盛永经理于香久报称，敝伙于昨日过江云云，是为德便等情，当经提会公议。咸谓查俄国国币，惟生金不准出口，他如金银卢布皆不在禁止出口以内，况中俄通商条约，虽届期满，而两国商民仍照旧贸易。今乃对于华人挟有中国现洋归国者，竟任意限制，超过五元以上即不准带回，似此暴戾恣睢，毫无顾忌，不惟华侨不胜其害，其为对待我官府亦后成何事体。尤可异者，近闻侨商返回南岸，若带有行李者，每行李一件即勒交中国大洋廿五元，否则即为扣留，若非请由官府据理交涉，恐积久愈甚，彼且视为当然矣。除分函驻阿领事、呈报道尹外，理合备文呈请，相应函请

道尹鉴核，恩准交涉，贵总领事烦为查照交涉，实为功德无量，谨呈

黑河道尹宋

此致

驻俄属黑河总领事

民国十二年六月五日

黑河道尹兼爱珲交涉员
指令第二一六六号
令黑河商会

呈一件为俄岸禁止华人携带中国国币恳请交涉由

呈悉，仰候提向驻黑俄委员交涉，并函驻俄阿省郑总领事提出抗议，以恤侨商可也，此令。

道尹兼交涉员宋文郁

中华民国十二年六月八日

驻俄属黑河总领事馆公函

为前函云俄关不准携带物五元以上
过江并征收行李税已准函复请查照由

逕启者，准第一五零八号函开，各节备悉。据函向阿省革命委员会交涉去后兹准覆称，布拉果威臣斯克海关不准携带五元以上钱币过江，系根据劳农俄国之现行法令。至对于携运过江行李，每件征税二十五卢布一节，俄国长官并无何种命令，且亦未闻有此类征税情事，如查明确有对于每件行李征税二十五卢布之事实，即请贵总领事将此种事实通知本革命委员会，以便按律惩办违法之人。等因相应函覆即希

查照为荷。此致

黑河商会会长丁

中华民国十二年六月三十日

黑河道尹兼爱珲交涉员
训令第二二七〇号

为前呈俄岸限制华人带国币归国等情函准电覆请查照由
令黑河商会

前据该会呈称，俄岸限制华人携带中国国币归国，并勒收行李费请交涉等情，当经提向驻黑俄委员交涉，并函驻俄阿省郑总领事就近抗议以恤侨商在案。兹准俄委员处开准函当经行查，兹据阿省革命委员会函称，每人不准携带大洋过五元之数出境，此乃系我劳农政府之命令，所有关系每件行李须纳捐二十五元并无此事，以后遇有索取行李捐者一定严惩。等因

照覆前来，合行令仰该会即便知照可也，此令。

道尹兼交涉员宋文郁

中华民国十二年七月三日

黑河道尹兼爱珲交涉员
训令第二七八一号
令黑河商会

为俄委员函称每人过江准带二百元
全家过江准带一百元由

　　案准驻黑俄非正式委员第二四四七号函称，前贵道尹为劳农政府限制纸币出境，屡向本委员交涉，终未能解决。兹定每人准带二百元出境，若全家出境，每人只准携带一百元，惟沿边各城镇在未奉到该项命令以前，仍照旧例行之，等因请查照，到署查此，案前据该会呈报，迭经提向俄官严重交涉并报省在案。兹准前因系呈报外，合亟令仰该会即便传谕各商一体知照可也，此令。

道尹兼交涉员宋文郁

中华民国十二年十月廿三日

为俄官准华人携带纸票二百元出境仍难承认请交涉由

　　呈为遵令声覆俄官府准华人携带纸币二百元出境仍难承认，再恳严重交涉事。窃于本年十月廿四日奉

　　道尹第二七八一号训令内开，案准驻黑俄非正式委员第二四四七号函称云云，此令，等因，奉此，查华人之在俄境者非商即工，商人之钱以货物易来，工人之钱以佣工而得，均系应得之钱。若必限以定数，诸多窒

· 131 ·

碍，比如有人卖货钱一千元，只带二百元出境，其余八百元将何以安置。况俄国在中国地方并无银行，亦无处汇兑，此难承认者一；又查华人在俄所得钱既以货工易来，彼若不用华货，不用华工，华人自然无款携带出境。彼既用华货、华工，当然无限制带款出境之理由，此不能承认者二；又查生金银禁止出口，此系各国通例，银元纸币限制出口，万无此理，此不能承认者三。又查华人在俄以货工所易之款，非仅中国纸币一项，即俄金卢布、现银元亦所在皆有。此次该俄非正式委员函称，每人准带二百元出境，若全家出境，每人只准携带一百元，是否无论中国银元或俄国现银元及金卢布均准带二百元，或准各带二百元，函内并未叙明，施行必多刁赖，此难承认者四。以上四端是否有当，理合备文呈请

道尹鉴核施行。谨呈

黑河道尹兼瑷珲交涉员宋

民国十二年十月三十一日

黑河道尹兼爱珲交涉员　指令第 2340 号

呈一件为俄官府准华人携带纸币
二百元仍难承认恳再交涉由
令黑河商会

呈悉，候再提向俄官交涉可也，此令。

道尹兼交涉员宋文郁
中华民国十二年十一月五日

黑河道尹兼爱珲交涉员
训令第四二〇号

为准俄函称禁止多数款项出口地方
无解决权已转呈中央请知照由
令黑河商会

案准驻黑俄非正式委员第二〇九号函开，准函译悉。查禁止多数款项出口，乃系全俄法律之规定，地方无解决该问题权能。今已将贵署来函原文转呈中央以便解决该问题，特此照复，等因，准此，查此案前据该会十二年六月五日来呈，迭经提出交涉在案，兹准前因，合亟令仰该会知照可也，此令。

道尹兼交涉员宋文郁
中华民国十三年三月十四日
——黑河商会外事类黑河商会《呈道尹为俄岸禁止华人携带中国国币请交涉卷》自一九二三年起至一九二四年

黑河商会为据庆升恒称金元瑞
之妻拟赴伯力转请扣留以备算账由
呈字一一一五号

迳启者，顷据庆升恒帖称，为恳请咨行警察扣留韩人金元瑞之妻金安喜氏一案，内开，窃查云云，是为公便。等情据此，相应函请

贵所请烦饬传该金安喜氏暂勿远行，听候结账，以免日后蟊辖，实为

公便。

　　此致

　　黑河警察

民国十一年五月十八日

——商会外事类《函伯力商会为庆升恒往庙街运货被俄扣留，

兹派人前往请办理》，自一九二一年至一九二二年

庆升恒金店说帖

　　具说帖庆升恒为恳请咨行警察扣留韩人金元瑞之妻金安喜氏事。窃查前广生公司执事人金元瑞于去岁行商乘船赴往伯力途中被劫，迄未下落，以致广生公司歇业曾经呈报有案。惟查该公司与各处龃龉未清之处甚多，所有各事该执事人金元瑞之妻尽知底蕴。兹闻该金安喜氏拟欲乘船赴往伯力，即时起程，自应阻止前往，以便将该公司事宜料理清楚，惟有恳请

大会咨行警察将该金安喜扣留，是为公便，谨呈

黑河商会公鉴

中华民国十一年五月十八号

庆升恒金店具

　　批：应准予飞函警厅将该女人拦阻，事未清理以前，不得别往，令其讨保。

黑河道尹兼爱珲交涉员公函
字第五六一号

为前呈庆升恒称俄船勾通俄军劫货
缚人俟传讯俄船副手发杰拉再交涉由

　　函转，据镇商庆升恒帖称，俄船勾通俄军劫货缚人，再恳严重交涉，

等因到署，查此案前据该商号呈，同前由当以本署迭经严重交涉，奈俄爱米萨尔始终否认俄军所为，若无确实证据，徒以空言交涉仍难达到目的。前据该商号呈控装货俄船古别次有与俄军串通抢劫情事，业令瑷珲县传讯，该船被抢时中俄原被两造当时在场，证人对质有案，应俟该县将该俄船副手发杰拉票传到案讯明，如果确有串通俄军抢劫情事，再行据以交涉，等因批示在案，兹准前因相应覆请查照。

此致

黑河商会
中华民国十一年四月十二日

黑河商会呈为据庆升恒称俄船沟通俄军劫货缚人请交涉并备案由

为据情呈请事，三月廿八日，据镇商庆升恒贴称，俄船勾通俄军劫货缚人，再恳呈请严重交涉暨被掳柜伙性命不保并乞备案等情一案，内开，窃商号与金元瑞云云，实为功德无量。等情据此，查俄廓来照既称准第二军总司令部及驻东海滨省爱米萨尔复电，允将货物归还事主已遵照办理等语，即当然将劫去人货一并发交庆升恒在伯力承领，似未便容其一再延缓，亦据前情理合备交呈请

道尹鉴核，恩准严重催追并乞指示施行。谨呈
黑河道尹兼交涉员宋

民国十一年四月四日

黑河商号庆升恒说贴

具说帖商号庆升恒为俄船通匪劫货缚人再恳严重交涉，被掳柜伙性命不保并乞备案事，窃商号与金元瑞、金德恒、杨伊万等合资开设广生公司，于上年由黑河雇俄船古别次装载牛只杂货运往庙街，行至伯力下游信达站被劫一案，曾经迭次帖请大会转报

道尹交涉，旋于十月十六日，大会单开奉

道尹公署日字第一九二号函开，来牍以镇商广生公司搭俄船古别次运货前往庙街被俄军官将人货一并扣留，请交涉发还等因，到署当经提出抗议，致函俄爱米萨尔，请其电饬该处俄官迅将所扣人货克日发还，并先函复在案。兹准照复内开，准函当即电询第二军总司令部及驻东海滨省爱米萨尔，顷接复电云，此次所发生之交涉归还事主货物，已遵照办理矣。等因，希即查照行知该商可也，等因传知前来奉闻之下，仰见

道尹保护至意感激莫名，自应静候，何敢烦渎。惟事阅五月，货物迄未发还，被掳人等亦无下落，谨杨景溥一人于年前逃回，不知该爱米萨尔所谓归还事主货物者货物安在？归还何处？何以月复一月仍无确定办法，似此任意延宕，显系不讲公理，非但于商号损失难堪，亦实于我国国体加侮甚大。俄官惯技向来恃强凌弱，我若稍一让步，彼且相逼而来，若不严重催追，深恐为日既久，过问无人，愈足滋其诡计，况所扣货物俄官已认承归还，既认承交还，其为自知无理，自不待言。彼曲我直，当然照数发还，如不足原数，并应责全赔偿，以伸公理而保商权。至被掳人等父母妻子皆恃所得薪资以为生活，现在存亡既不可知，关系尤为重要。乃俄官于货物则承认发还事主，而于掳去之人则不提一字，实属狡猾已极，亦应请一并据理严重交涉，勿任诿卸。庶生者可伸愤恨，而死者不至冤沉海底矣，再被掳之牟继颜、金元瑞、张锡鸿、闫骙等四人事出意外，商号前已帖请大会转报

镇守使、道尹准予备案，惟分投寻访迄今仍无下落，能否生还，殊难悬揣。除通知各该家属以免将来发生别情外，合再声明所有商号人货被劫各缘由，除迳呈

道尹外，为此帖请

大会鉴核，准予转请，赐速催追，勿任拖延，实为功德无量，谨陈
商会公鉴

商号黑河庆升恒记谨具

中华民国十一年三月二十八日

商号黑河庆升恒、广生公司说帖

具说帖商号庆升恒、广生公司为前随古别次船被俄军队缚去商民四

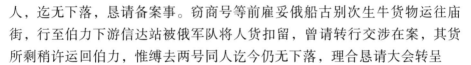

人，迄无下落，恳请备案事。窃商号等前雇妥俄船古别次生牛货物运往庙街，行至伯力下游信达站被俄军队将人货扣留，曾请转行交涉在案，其货所剩稍许运回伯力，惟缚去两号同人迄今仍无下落，理合恳请大会转呈

道尹饬令瑷珲县公署备案，此请

黑河商会

附呈被缚人姓名、年岁、籍贯清单一纸。

商号黑河庆升恒、广生公司谨具
民国十年十月廿六日

谨将庆升恒、广生公司被缚人姓名、年岁、籍贯开单呈阅。

计开

牟继颜，年二十八岁，系山东福山县人；

金元瑞，年四十五岁，系朝鲜人；

张锡鸿，年三十二岁，系直隶丰润县人；

闫　骎，年二十二岁，系山西清源县人。

十年十月廿六日
黑河庆升恒记、广生公司谨具

批：请速呈转为荷。

中华民国十年十月二十七日

黑河商会呈为庆升恒、广牲公司被俄军缚去人数请饬令备案由

呈为呈请备案事，窃据商号庆升恒、广牲公司帖称，为前随古别次船云云，备案。等情据此，理合备文呈请

道尹鉴核，准予转饬备案，实为公便。谨呈

护理黑河道尹兼交涉员孙

计单一纸。

中华民国十年十月二十八日

· 137 ·

黑河镇守使署公函　字第三八号

为广生公司人货被俄扣留俟道尹交涉再行计议由

中华民国十月十八日　到

迳覆者，案准

贵会第九一八号公函。为本镇商号广生公司于九月十七日由黑随俄船古别次装往庙街货物，行至伯力下游俄官卡信大地方被俄官府将人并货一并扣留，请严重交涉以保商权。除分报道尹外，函请查照办理见覆等因，准此，查此案既经

贵会分报道尹请向俄官提出交涉，应俟回答如何，再行从长计议办理可也，相应函复查照。此致

黑河商会

镇守使巴英额

黑河道尹兼爱珲交涉员公函
日字第一九二号

为俄人扣留广生公司货物准函归还事主货物照办由

迳启者，前准

来牍以镇商广生公司搭俄船古别次运货前往庙街，被俄军官将人货一并扣留，请交涉发还，等因到署，当经提出抗议，致函俄爱米萨尔请其电

饬该处俄官迅将所扣人货克日发还，并先函覆在案。兹准俄爱照覆内开，准函当即电询第二军总司令部及驻东海滨省爱米萨尔，顷接覆电云，此次所发生之交涉，归还事主货物业已遵照办理矣。等因，照覆，前来相应函达即希

查照，行知该公司可也，此致

黑河商会

护理道尹孙蓉图
中华民国十年十月十五日

驻俄属黑河总领事馆函
尔字第六五二号

迳启者，黑河镇商号广生公司货物被俄军队无端扣留，行同抢劫，殊属违法。前准来函当经设法向俄官交涉，惟扣货地点系在伯利下游，不属阿省辖境，阿省俄官既立于不负责之地位，似不如迳电驻伯利领馆，就地交涉较为直捷。前据伯力领馆电称，闻被扣货物系属广生公司，而载纸则由高丽人奇穆出名，请详询等语，当经本馆函请黑河道尹详查，迄未见复。除再函催黑河道尹并电伯利领事设法交涉外，相应函覆即希查照为荷。此致

黑河商会

驻俄属黑河总领事馆启
十月十五日

批：查照道尹之公函并转知该公司可也。

黑河商会函

迳启署，案照本镇商号广生公司、庆升恒等随俄船古别次运货庙街，

行至伯力下游兴大站地方，人货全数被扣，当经据情函请

贵领事赐速据理交涉见复在案，现复据该商等到会询问大有不得了之势，查此案生命财产关系紧急，封江在即未便久延，伯力办理如何？不知

贵署曾否接有确信及贵署已对此案现在办理如何地步，均切殷盼，兹特备函遣差特呈

贵署，请烦将办理情形饬交去差带回，以径转知实纫公谊。此致
驻俄属黑河总领事程

丁、穆会长公启
十月十五

黑河道尹兼爱珲交涉员
公函日字第一七七号

为前呈广生公司随俄船往伯力运货被扣已据理向俄交涉由

迳复者，准函以镇商广生公司随俄船古别次运货前往庙街，无故被俄官将人货一并扣留，请交涉发还，等因到署。现已提出严重抗议，致函俄爱米萨尔请其电饬该处俄官，迅将所扣人货克日发还，且声明如有损失要求照数赔偿，并一面电请驻伯力权领事就近据理交涉暨呈报

省署矣。除俟俄爱复到再行函达外，相应复请查照。此致
黑河商会

护理道尹孙蓉图
中华民国十年十月七日

批：转知该公司可也

黑河商令函

据称并无违禁货物，亦无非法行动，该俄人对于华商率意蹂躏一至如

此，实属蔑弃邦交，无礼已极。经开紧急会议，准予据情转请严查交涉，查令将人货限日发还，如有损失并须要求赔偿，以保商权，而重国体。除函请分报镇守使、道尹外，理合备文呈请道尹监核恩准照呈旋行谨呈贵署烦为查照办理，见复为荷；为此函请贵领事烦为查赐，速据理交涉，并将交涉情形见复为荷。此致

　　护理黑河道兼交涉员孙

　　黑　河　镇　守　使　巴

　　驻俄署　黑河总领事　程

　　附抄俄电报一纸

民国十年十月四日

说　帖

　　具说帖商号广生公司前九月十七日电呈，随俄船古别次装往庙街货物等，其船行至伯力下游俄里一百二十里之遥俄官卡信大地点，被该俄官府将人货一并扣留。接有俄人转来急电内开，布拉果为申斯克云云，办理等语可为证明。查敝公司确系商务性质，所去之货一切手续、所有关税无不遵章，不悉因何扣留，望大会设法转请

　　道尹一面严重交涉，一面迳电驻伯力领事就便质问，询该俄人果据何理由扣人留货，电费若干，由商号担任，惟距村江太近，生命财产种种损失关碍甚大，不胜惶恐，恳请黑河商会长钧鉴。

　　附俄人来电底一纸。

急　电

　　布拉果月申斯克木拉尧夫至乙夫本月廿五日约十五点钟时经过信大站，被带军械之军人将轮船及两拖船一并扣下，拖船上装牛匹及他货，并有七人随带行李，于廿六日该船军人机关处令将轮船及未装牛货之拖船暂回玻力，听候办理。

　　批：急办为要，该说帖此称不详不尽，坐办详核增删加语，准予速转

道尹、镇守使、江北领事。

黑河商会　呈字九一七号

为广升恒往庙街运货被俄关扣兹派人前往请办理由

　　迳启者，顷据本镇商号广升恒报称，随俄古别次轮船运货前往庙街，于九月廿五日路过伯力行至伯力以下信达站（俄国名）地方被俄官府将人货全行扣留，该号今派黄锡三、于怀卿二人前往伯力办理此事，深恐人地生疏，无法着手，恳请本会转请

　　尊处格外分神，俟黄锡三、于怀卿等到时千万特别关照，鼎力玉成，务将人货尽数要出，以伸公理而免欺侮等情。查该号在本镇名誉素著，向无不正当行为，今运货前往庙街，路过伯力，竟被俄官府人货扣留，非惟藐视我华商，亦轻漫我国体，素仰

　　大会主持公道，办事认真，久为中外所钦佩。既据该号恳请前来，自应准于转请照办，为此并函交给黄、于两人，特往走谒左右，万望勿却，实纫公谊。此致

　　伯力总商会

中华民国十年十月三日
——商会外事类《函伯力商会为庆升恒往庙街运货被俄扣留，
兹派人前往请办理》自一九二一年至一九二二年

旅俄阿穆尔省华侨总会公函
华字第一百六十六号

为呈前运往一尔古次克之货经过斯达列金斯克
被俄军扣留现发送赤塔请转各货主前领由

逐启者，案准赤塔华侨联合总会公函内开，奉驻赤塔领事公函准斯达列金斯克华侨会电称，客崴侨商运往依尔库次克布匹货物经过斯达列金斯克，嗣因交通断绝此项货物即存于该埠运货公司，本年八月间被俄军将此项布匹货物扣留，现在此项布匹业蒙领事交涉发还，运送到赤，经敝会代为领出保存。惟货主现不在赤，敝会为慎重保护起见，业派会差妥为看护，除分函斯达列金斯克华侨会通知外，相应函请贵会查照，就近设法通知该货主，迅将一切单据检齐备具，该号证明书再由贵会加发保证来赤具领等因，准此。查在斯达列金斯克所扣之货难免无黑河商号所发者，今既交涉发还，自应前往祗领。除函覆并通告外，相应函请

贵会请烦查照通知各该货主，按照手续前往祗领可也。此致
黑河商务会

会长杨鸿遇

中华民国九年十月二十六

批：存卷　权会

——黑河商会外事类，《阿省华侨会为出崴经四大列金斯克货物被俄扣留现发送赤塔请转货主前领卷》，一九二〇年

黑河商会为俄军在四达列金四克扣留
货物有无面粉请将转存货种类赐知公函

逐启者，顷准旅俄阿穆尔省华侨总会函转贵会函开，奉驻赤塔领事公

函云云，来赤具领。等因，准此，足见

贵会关怀同胞、顾念侨商之至意，惟事隔一年，各货未必完全，又未悉有无面粉在内，如贸然前往，适逢其货已失，岂非空费川资，且现以道路不通未能即时前往

贵会既代领保存，妥为看护，则货系何种物属，谁家自不能无底簿可查，想

贵会热心公益，必不惮烦，相应函请

贵会烦为查照，将存货物种类名号开单赐知，实纫公谊。此致
赤塔华侨联合总会

中华民国九年十一月十五日

黑河商会为拟推代表赴赤塔领货
如荷同意请联合公同办理公函

迳启者，顷准函开迳启者案准赤塔华侨联合总会公函云云，前往祇领可也，等因，准此，本会传知去后，兹据各商报告者不过数家，又以交通间隔未能即行前往。现经公议函询赤塔总会请查明可有货物赐覆，一俟道路通顺，拟公推一二人代表前往领取未责

贵会如何办理如荷同意，庶可联合公同办理相应函请

查照为荷，此致
旅俄阿穆尔省华侨总会

中华民国九年十一月十五日

黑河商会

黑河商会为布告事。现准本会白会长来函内称哈（尔）滨商会布告云：华商运往伊尔古斯克布匹货物道经四大列今四克，在运货公司存放被俄军扣留者，业蒙领事交涉发还运送赤塔，在华侨总会保存候领等因，为此，通告各商人等如有此项被扣货物，限三日内务必开单来会报告，以便

汇齐妥议，往领切切，莫误此布。

中华民国九年十月二十八日

——黑河商会外事类，《阿省华侨会为出崴经四大列金斯克货物
被俄扣留现发送赤塔请转货主前领卷》，一九二〇年

黑河道尹兼爱珲交涉员　训令第一〇三四号
令黑河商会

为横江摆渡华人过江今明两日即与
俄岸商定持有过江小票照旧放行由

查关于横江摆渡华人过江一事，现经本署与俄领交涉，据称：今明两日因迁移在华岸之俄民，遇以两日即与俄岸商订华人持有华官所给过江小票，仍应照旧放行等语。除届时再行通知外，合亟令仰该会即便知照，此令。

道尹张寿增
中华民国七年九月廿一日

黑河道尹兼爱珲交涉员
训令第一〇三五号
令黑河商会

为准俄函华人过江定于九月廿三日放行由

案准俄领事官第七五八四号照令内开，昨准贵道尹一百八十七号来

照，业经译悉。今据阿穆尔省俄官署声称，华人过江定于九月二十三日
（星期一日）放行，所有中国所发之过江小票，业经本领事送往俄官署查
核，相应照会贵道尹请烦查照办理可也。等因，准此，除令县照奉发放过
江小票外，合亟令仰该会即便知照，此令。

道尹张寿增

中华民国七年九月廿二日

——黑河商会外事类《道尹为横江摆渡华人过江今明两日照旧放行卷》，1918 年。

漠河县公署为具报漠属对岸依哥
拿斯俄屯停止断绝华人交通日期由

呈黑河道尹兼交涉员

呈为具报漠属对岸依哥拿斯俄屯停止断绝华人交通日期谨请鉴核事
案。查漠属对岸依哥拿斯俄屯于民国十二年五月廿一日实行断绝华人交
通，不准往来俄境，业经电呈在案。兹于六月廿五日据潘泽、曹连城面
称，潘泽于今日早八钟会见依哥拿斯俄警二名，道及依哥拿斯于今日开
关，准华人往来俄境，停止断绝华人交通，惟对于华货仍不准予输入。等
情据此，知事复查属实，理合等新即漠属对岸依哥拿斯俄屯停止断绝华人
交通日期及情势备文呈请

钧署鉴核施行谨呈

黑河道尹兼瑷珲交涉员宋

知事陶六月廿六日

中华民国十二年六月

——呼玛县档案馆：民国档案 348 卷《民国十二年漠河对岸不准华人过境》

黑河道尹兼瑷珲交涉员
指令第二三四七号
令漠河县

呈一件为报漠属对岸依哥那什
俄屯停止断绝华人交通案由

呈一件为报漠属对岸依哥那什俄屯停止断绝华人交通日期中，呈悉，仰仍派探侦查俄岸举动，随时呈报为要，此令。

为过江办法协商未解决前
中俄人货暂行停止往来由

东三省陆军第十一旅二十团第一营
漠　河　县　公　署　　布告　第一四号

为会衔布告事，案奉

黑河镇守使、道尹公署训令内开，案查俄岸六月一日不准持过江小票华人登岸，要求改发出洋护照一案，于月之十四日俄阿省革命会长偕驻黑俄委员前来磋商两岸商民过江办法，未经商妥当，经双方约定，在过江办法协商未解决前，中俄人货均暂停止往来，惟两岸各机关办公人员不在此例。业将协商未解情形电省在案，黑河现已实行停止人货往来。除分行外，合亟令仰该营县遵照办理，此令。等因，奉此，合照布告阖县商民人等一体知悉，在过江办法协商未解决以前，中俄人货均暂停止往来，仍敢贩运，一经查出，人货均按照黑河办法即日施行。此布。

营长　伞振扬　七月十日

知事　陶　　　七月九日

中华民国十二年七月十日

——呼玛县档案馆：民国档案 348 卷《民国十二年漠河对岸不准华人过境》

漠河县公署训令　第九七号

令卡警

为过江办法协商未解决前中俄人货均暂停止往来由

案奉

黑河道尹公署训令内开，案查俄岸六月一日不准持过江小票华人登岸，要求改发出洋护照一案，于月之十四日俄阿省革命会长偕驻黑俄委员前来磋商两岸商民过江办法未经商妥当。经双方约定，在过江办法协商未解决前，中俄人货均暂停止往来，惟两岸各机关办公人员不在此例。业将协商未解情形电省在案，黑河现已实行停止人货往来。除分行外，合亟令仰该县遵照办理，此令。等因，奉此，除分行外，合亟令仰该卡所遵照办理，此令。

附黑河暂行办法一份。

知事陶七月九日

中华民国十二年七月

——呼玛县档案馆：民国档案 348 卷《民国十二年漠河对岸不准华人过境》

乌苏里卡卡官呈为具报俄岸闭关之疑由

为呈报事，窃于本年五月二十八日本卡住户于洋过江办理自己私事，旋回报称：该七力别为俄税官转语，"明日闭关，不准往来。"是日下午，卡官偕通事前往询其理由，该俄关税官租博夫四刻一云："奉武队长官面谕，明日闭关，并无期限"。内中情形不得而知，伊云约系因与英人开伙等语。该俄税官即不言因何断绝交通，诚恐内中必有隐情。卡官率通事返驶，旋卡昼夜设卫轮流监视，而免有意外之虞。一俟何日开关抑或有何举动，再行随时具报，理合具文呈报

钧署鉴核备案施行，谨呈

漠河县知事陶

乌苏里卡卡官潘源

中华民国十二年六月一日

——呼玛县档案馆：民国档案 348 卷《民国十二年漠河对岸不准华人过境》

为过江办法协商未解决前
中俄人货暂行停止往来由

东三省陆军第十一旅二十团第一营 漠 河 县 公 署	照 会 第 号

为照会事，案奉

黑河镇守使，道尹公署训令内开，案查俄岸六月一日不准持过江小票华人登岸，要求改发出洋护照一案，于月之十四日俄阿省革命会长偕驻黑俄委员前来磋商两岸商民过江办法未经商妥当。经双方约定，在过江办法协商未解决前，中俄人货均暂停止往来，惟两岸各机关办公人员不在此例。业将协商未解情形电省在案，现在黑河已实行停止人货往来。除分行外，合亟令仰该营、县遵照办理，此令。等因，奉此，除布告周县商民周知暨饬属遵办外，相应照会

贵会长、稽查查照在过（江）办法协商未解决以前，中俄人货均暂停止往来，此致

依哥拿斯县会会长、社会稽查

营长伞

知事陶

中华民国十二年七月

——呼玛县档案馆：民国档案 348 卷《民国十二年漠河对岸不准华人过境》

黑河道尹兼瑷珲交涉员
训令第一二八八号
令漠河县

呈一件为具报俄岸虐待华侨暨压迫国人情形由

呈悉，查此案前据阿穆尔卡萧卡官报告到署，业经函请郑总领事就近提出交涉并报省在案，仰即知照，此令。

道尹兼交涉员宋文郁

中华民国十三年七月十九日

——呼玛县档案馆：民国档案 348 卷《民国十二年漠河对岸不准华人过境》

为报告俄岸虐待华侨苛罚芦河华商情形由

阿穆尔卡官兼连崟巡官萧庆先为报告事。相俄岸虐待华侨苛罚芦河华商鸿庆祥、万盛永两号，并将石仲等解送阿省核办等情，曾于上年七月十三、二十两日先后呈报在案。兹惟鸿庆祥以罚款逾期，旋加倍勒缴大洋八百三十八元，业已照缴完案；万盛永当日罚洋六百八十五元，嗣经审查铅弹无讹布匹发还罚款免缴。是以鸿庆祥因此歇业，万盛永尚勉强支持。石仲、张永坡解赴阿省，后经审判罚石仲大洋三百八十元、张永坡大洋四百五十六元，比以无款缴纳，恳求再三，始将该二人发回至林达就近措缴。

现二人仍在至林达小本经营藉资糊口，惟两袖清风，款仍未缴，官亦未追，将来作何究竟尚难推测。抑更有陈者俄岸官厅跋扈非常，不特对于华侨任意鱼肉，即对于俄民亦异常蹂躏，凡百有捐攫括无遗，即民间房舍附属之门窗亦须按件纳捐，此诚万古罕闻，中外特例。向来俄民私藏武器甚多，近年没收入官，如有违犯即以私通白党论罪。种种惨酷极乖人道，至林达屯原驻营长一员，兵士三四十名。前以伯力有警纷纷调赴前敌，并新征民兵。凡年在十五岁以下者，即应征入伍遣往应战。刻下至林达兵士仅止八名，本不足以资镇慑，无如居民处于淫威之下，手无兵刃敢怒而不敢言。惟据深知俄情者言，俄官压迫专制武断，横行民间，男妇老幼早已恨深切齿，即此次中俄经济绝交更为民间所反对。俄官至此实为怨府，若不改变治民政策，早晚官民必有分裂之日云云。卡官博采俄人舆论大概情形，相同理合报告。谨报

漠河县县长陶

阿穆尔卡官兼连鉴巡官萧庆先
中华民国十三年十一月二十八日

批：转报

——呼玛县档案馆：民国档案 348 卷《民国十二年漠河对岸不准华人过境》

为对俄经济断交请一改进事由
中华民国十二年七月三十日

迳启者，本年七月四日奉
黑河道尹兼瑷珲交涉员训令第二二七七号内开，案奉
东路特别区行政长官电开，宋道尹鉴并转经济联合会电悉，贵处对俄经济绝交具见民气激昂，爱国热忱良用，钦佩。敝处为航路交涉与驻哈俄代表严重抗议，已将新旧俄船及东亚等在三江口联运办法电由江防毛司令阻断适与黑河断……

——呼玛县档案馆：民国档案 348 卷《民国十二年漠河对岸不准华人过境》

漠河县公署　训令第三七号

令各卡（除阿穆尔暨连崟乡警所）

为查明对岸俄税关有无禁止华货入口情形具报由

案据阿穆尔卡官兼连崟乡警所巡官萧庆先禀称，为报告事：昨午至林达税关宣言"云云"，伏乞指示机宜暨以资应付。等情据此，除指令暨呈报外，理合亟令仰该卡即便遵照，迅速查明对岸俄税关有无禁止华商入口情形，具报核夺，切切，此令。

知事陶

中华民国十二年三月十九日

——呼玛县档案馆：民国档案 348 卷《民国十二年漠河对岸不准华人过境》

黑河商会公函

迳启者，本年六月十日奉

黑河道尹面拒非准俄国驻黑非正式委员面称，奉俄政府命令欲加增华人过江小票费，并须由该委员发领及限定大票每三月一签字等语，均经道尹拒绝并预备办法三项：（一）过江小票两岸一同取消；（二）如不取消，仍照旧收大洋二角；（三）大票以五年为有效，二年一签字。以上三项倘第一项不能办到，即照第二项办理；如第二项再办不到，只可依该委员所要求将小票费增至七角五分，由彼发给；至第三项大票办法果能二年一签字固为甚善，即每年一签字亦尚可行，然该委员必欲三个月即签字一次，签费若干，麻烦苛扰在在，皆于华人不利。若不设法抵抗，恐一加再加，后将愈发为难，惟黑河沿江上下诸所商号生意衰旺向视俄岸为转移。虽其要求固为无此理，否则彼又不许我船进彼口岸，务须断绝交通。查看情形，恐我岸商民不无滞碍，将来必如何办理方能有利无害，著令本会详加讨论，共谋对待，众断如有相当办法，官府定必力予赞助。等因，奉此，仰见惠商爱民至意，感激莫名，遵即通知全体会董到会，将道尹意旨详悉宣示。感喟中俄仅隔一江，两国商民百里内自由贸易，载在约章。当初本无小票，后因奸民钩串俄官，发生种种刁难，始有小票出现。我官府亦因利乘便藉图补助敷衍应允至今为害，迭经请免迄未能行。直至民国九年本会因俄政府蔑弃邦交，苛待华众，禀请官府组设粮服会与俄断绝关系，禁止百货出口，过江小票方得免除。此外并有条件多端，俄政府亦半皆承认，有案可查。且过江小票不过为一时权宜，并非作为正款收入。环球万国除中俄而外，实所罕闻，其为当然取消别无疑义。如照第一条办法决将小票取消，则第二项办法当然不成问题。该俄驻黑非正式委员要求将华人过江小票费加收七角五分，并欲将小票由彼发领之处，喧宾夺主，理应拒绝自不待言。至第三项大票费有效期间与二年一签字办法关系尤为重大。查中俄本为对等政体，唇齿相依，出国大票既为万国所同，我国所出大票定以五年为有效，期间俄国即或稍有殊异，万无定为三个月一签字一缴费之理。何则领大票者非商即工，与两国国民寻常往来绝不相同。若每三个月签字一次，彼领大票者势必不敢擅而他往，生出无限防碍。即曰凡有官署地方，随处随时皆可签字，试问如此琐碎，不但需费繁多，时期亦未免太促。俄变政以来，华商蒙害悉数转移，就黑河一隅而论，昔在俄岸营业者现在只剩二三十家，而此二三十家又一并无多资本，皆因层层税捐有加无已，欲归不得，欲留不堪。钜俄政府复异想天开，欲以排挤华侨之故，智移而施之两岸华商，既拟于小票加费更欲于大票缩短签字时期以为要挟，否则即不许华船进彼口岸。似此种种尝试可恨，亦复可耻。不知该国现状外强中干，早已无可讳饰，凡百货物悉皆仰给于我。当此上下交困，民不聊生，内乱且难自保之时，不以德报已属太不自谅，乃公然自欺欺人，故作强硬态度，向我无理取闹。我若少事迁就，彼必愈觉得计，谓我中国官商不过尔尔。倘使元气规复再行提出交涉，恐尾大不掉，更非空文可以力争，转不如乘此商农闲暇无事，仿照前办粮服会妥慎变通，实与断绝交通。彼既作茧自缚，我亦可利用此机，待其返而求我，再与正式交涉。照此办理一可以壮民气，一可以雪国耻。逆料不出三月大功定可告成。惟兹事体大，最忌有始无终，得半即止。果能上下同心，共策进行，非徒小票可以取消，大票可以展期，诸凡关于两国种种悬案，一并亦可迎刃而解。造福边局，今正其时。复于六月十三、十四、十五等日，特开全体大会，先后到会者千数百人，一致赞同取消过江小票费，决定仿照民国九年所办粮服会变通办理，甘愿与俄经济绝交以为和平抵制。因组织一对俄团体，定名曰："黑河道区沿江市民经济联合会"，对内可作外交后盾，对外可促彼邦觉悟。此事全出国民爱国挚意之表示，并无他项违法行为内容。共分六部：（一）总务；（二）演说；（三）调查；（四）检查；（五）评议；（六）文牍。每部公推正副干事长各一人，干事员无定额，并公推黑河商会文牍张殿卿为会长，商会会长丁官堂、副会长张景骥、绅士沈贯一、刘兆西四人为副会长，拟即于六月二十日实行。凡事务取稳健，随时与道尹密商，决不稍涉暴动。会所仍假黑河商会地点，以便易于接洽，并借用黑河商会钤记，用昭慎重，一俟俄政府非法要求完全取消，即行解散。详审至再，金云：照此办理，实有百利而无一害。再此项办法约有六端：（一）停发过江小票与居留大票；（二）禁止百货出口；（三）不用俄船运输货物；（四）调回华侨归国；（五）不准私自过江；（六）不准行使俄币，禁止国币出口。以上各办法实为绅商居民，内愿国势，外察俄情，出于万不得已之苦衷，并非好事生风者可比。合并陈明除分呈部省外，所有组织黑河道区沿江市民经济联合会宣言书、办事章程、职员名册，相应备函一并送请贵署，烦为查照办理，密为协助，实纫公谊。此致

漠河县公署

计送经济联合会办事规则、宣言书、职员名册、限制交易罚办规则各一份。

黑河商会会长丁官堂

副会长张景骥

中华民国十二年六月二十日

——呼玛县档案馆：民国档案 348 卷《民国十二年漠河对岸不准华人过境》

漠河县公署 训令第一四七号

令卡警

案奉

黑河道尹公署江代电开，案查中俄过江交涉一案云云，一体遵照为

要。等因，奉此，除分行外，合亟令仰该卡、所即便遵照为要，此令。

知事陶

中华民国十二年八月三日

——呼玛县档案馆：民国档案 348 卷《民国十二年漠河对岸不准华人过境》

漠河县公署训令第一四八号
令卡警

为中俄断绝经济惟外人不受限制仍
发给出境护照按章收费仰查照由

案奉

黑河道尹公署鱼代电开，案查前奉省长七月卅电，业经分行遵照云云，即便饬属一体知照。等因，奉此，除分行外，合亟令仰该卡、所即便知照，此令。

知事陶

中华民国十二年八月三日

——呼玛县档案馆：民国档案 348 卷《民国十二年漠河对岸不准华人过境》

为具报办理暂停中俄人货往来情形请鉴核由
漠河县公署稿

黑河道尹兼交涉员

呈为具报办理漠属暂停中俄人货往来情形谨请鉴核事。案奉钧署俭日快邮代电内开，案查俄岸六月一日不准持过江小票华人登岸，要求改发出洋护照一案，于月之十四日俄阿省革命会长偕驻黑俄委员来署云云，并将办理情形随时具报查核。等因，奉此，遵即会同驻漠陆军伞营长振扬出具

会衔布告，停止中俄人货往来，并令行所属各卡伦一律遵照办理。奉令前因，理合备文呈请

钧署鉴核施行，谨呈

黑河道尹兼瑷珲交涉员宋

知事陶七月七日

中华民国十二年八月

——呼玛县档案馆：民国档案 348 卷《民国十二年漠河对岸不准华人过境》

为过江办法未经解决前两岸人暂停止
往来并奉钧通电代请查照由

迳启者，六月二十八日奉

道尹函开，已通知海关在小票未经解决以前，不准人货往来，并通令各属照办，本日案奉

道尹代电内开，案查俄岸六月一日不准持过江小票华人登岸，要求改发出洋护照一案，于月之十四日俄阿省革命会长偕驻黑俄委员来署，与本道尹磋商两岸商民过江办法未经商妥当，经双方约定，在过江办法协商未解决前，中俄人货均暂停止往来，惟两岸各机关办公人员不在此例。业将协商未解情形电省在案。黑河现已实行停止人货往来，且电令该会仰即一体查照办理，并将办理情形随时具报查核。等因，奉此，除布告周知外，相应连全本会陷月代电并宋日电报各警卡一体知照。

阅请烦查照为荷，此致

漠河县署

启七月八日

——呼玛县档案馆：民国档案 348 卷《民国十二年漠河对岸不准华人过境》

漠河县公署为俄岸虐待华侨暨压迫国人情形请鉴核由

呈黑河道尹

呈为具报俄岸虐待华侨暨压迫国人情形谨请鉴核事。案据连崟乡警所

巡官萧庆先呈称，窃俄岸虐待华侨苛罚芦河华商鸿庆祥、万盛永两号，并将石仲等解送阿省。兹闻鸿庆祥以罚款逾期旋加倍勒缴大洋八百卅八元，业已照缴完案云云。卡官博采俄人舆论，大概情形相同，理合报请鉴核施行。等情据此，除指令外，理合备文呈请鉴核施行。谨呈

黑河道尹宋

知事陶

中华民国十三年六月

——呼玛县档案馆：民国档案 348 卷《民国十二年漠河对岸不准华人过境》

漠河县商会公函第一三号

迳启者，案因暂时与俄岸断绝交通人货暂禁止出口。值此边商转运货物时间，正宜设法取缔，以昭实在。昨特开会议定，凡在本地商家购运货物出境者，必须觅保证明，由会发给执照，藉资经过关卡查验放行。倘有偷运俄岸情事，一经查觉，听送官府惩治。相应抄录暂时发行执照备函陈请

查照备案实行，此致

县公署

计抄执照

漠河县商会为发给执照事，兹据　　　　报买后开

货物运往　　　　售卖，并不输入俄岸，为此觅保证明。如虚甘受惩罚，等情当经查明属实，合行发给执照，以资经过关卡查验放行须至执照者。

计开

右照给　收执

中华民国十二年　月　日

会长仲跻宏

中华民国十二年七月十二日

——呼玛县档案馆：民国档案 348 卷《民国十二年漠河对岸不准华人过境》

黑河道区沿江市民经济联合会公函

为中俄断绝经济所有协议取消合同字据并致损失情形由

径启者，窃于本月九日准商会移奉

黑河道尹第二二九三号令开，案准驻黑俄非正式委员第一七五九号函开，准函译悉："查于六月十四日会议并无结果，当时贵道尹声明，在临时过江小票问题未解决以前应行闭关。敝委员等以实行闭关，与我长官之命令相反，不能表示赞同。此次，贵道尹来函表示愿欲闭关人货均不准出境。为此，敝委员不能不抗议并声明若因闭关致发生如下各节，如取消各合同及其他各种字据，而中国人民因之受损失，其过应归中国官宪。"特此复请查照。等因，准此，查六月一日以前两岸中俄商民有无订立购货合同字据情事。如果取消合同字据于我商民究竟有无损失？如有损失有无救济方法？合亟令仰该会迅即核议具复，以凭核办勿延为要等因，遵此，查暂行闭关禁止人货出口问题难由俄发，并由该委员先行提议向我要求案卷俱在，岂得食言。此姑不论，谨就愚见所及略陈于次，仰乞钧裁。一查华商在俄营业与劳动工人自俄政变所受损失生命财产盈千累万，悉数难终，此不能因暂时闭关取消者一；又查自本年一月起至六月十四日止，俄商在华岸存货甚少，华商在俄岸存货较多。不过两方暂禁人货出口，俟交涉解决，无论有无合同字据，当然各归原主，此不能因闭关取消者二；又查俄国商民在华岸居留者人人受我官府保护，财产货物均不失所有权。华商居留俄岸者财产货物人人受该官府侵夺，欲加之害不患无词，轻者将货物充公，重则送狱囚禁，甚至活不见人殁不见尸，事实俱在，惨不忍言，诸待索偿不一而足，此不能因闭关而取消者三。不但此也，从前过江小票俄实违约，乃我故示宽大，力予怀柔，彼不德报已属负恩，又复相逼而来侵我主权勒收票费，勒收不得，更进而要求闭关，诡计万端，呴（恫）喝百出，种种伎俩令我难堪。迨我承认暂行闭关，又料我方不能持久，所以彼虽恐惧，外仍恃强。现在既实行人货禁止出口，彼始觉悟。及我认真办理，官民同心，彼益返悔，又以作茧自缚，不得不假带面具以示让步，好为别循径途，是以小票落至二角二分，我若承允固为得计，我不承允彼亦无失。是以又谓实行闭关与彼长官之命令相反，不能表示赞同，故意抗议，明知抗议无效，故复假藉取消各种合同字据，谓中国人民因此所受之损失，其过应归中国官宪，计穷智索，自呈遁词，于此益见。殊不知我岸上下数千里所有商民屡受苛虐，早已痛定思痛，忍无可忍。即彼岸商民因百物昂贵，价涨倍蓰，对于该官府亦皆有食其肉而寝其皮之心。由今而言，我若真能闭关两月，诸货不准出口，与哈埠始终一致进行，逆料俄岸即不发生内乱，亦必因山穷水尽向我乞怜，此固势所必至，理有固然者。以上情形经开全体大会一再讨论，决定与俄经济绝交，不达到取消小票费不止，即达到取消小票费而铁路航权之交涉，如无圆满之结果，仍当联络沿江上下与哈埠取同一行动，以尽国民之义务，而雪国家之奇耻，虽荡产破家亦所不惜。除呈复

黑河道尹，暨呈报

哈尔滨朱长官、奉天张总司令、黑龙江军长、吉林军长

并分函哈尔滨商会、黑河沿江各机关、各商会外，所有核议取消合同字据并无损失情形相应函请

查照为荷，此致

漠河县公署

黑河道区沿江市民经济联合会会长　张殿卿

副会长丁官堂

张景骥

沈贯一

刘兆西

中华民国十二年七月二十二日

——呼玛县档案馆：民国档案348卷《民国十二年漠河对岸不准华人过境》

黑河道尹兼瑷珲交涉员
指令第一五八四号
令漠河县

呈一件具报办理所属停止中俄人货往来情形由

呈悉，查停运货物前往俄岸一案，仍仰遵照省长七月卅电办理，勿贻外人口实为要，此令。

道尹兼交涉员宋文郁
中华民国十二年八月廿日
——呼玛县档案馆：民国档案 348 卷《民国十二年漠河对岸不准华人过境》

漠河县公署为具报漠属连釜对岸俄屯林
达税关禁止华商货物入口请交涉由

呈道尹兼交涉员

呈为具报漠属连釜对岸俄屯至林达税关宣言禁止华商货物入口情形谨请鉴核事，案据阿穆尔卡官兼连釜巡官萧庆先禀称，于三月十二日对岸至林达税关宣言，谓奉赤塔政府命令，凡运华货入口者云云，伏祈指示机宜，以资应付等情。查俄境近年来极为穷困，所需食品多半取给我国，今竟禁止华货入口，其中不无用意。除密派侦探，在俄境严密彻查，随时具报暨指令该兼巡官向至林达税关交涉外，理合备文呈请

钧署鉴核示遵施行。谨呈

黑河道道尹兼瑷珲交涉员宋

知事陶
中华民国十二年三月十九日
——呼玛县档案馆：民国档案 348 卷《民国十二年漠河对岸不准华人过境》

　　为报告事。昨午至林达税关宣言谓奉赤塔政府命令，凡运华货入口者，须有赤塔政府印照（闻起印照一纸须大洋贰佰元）方准放行，否则一律禁止输入等因，并于昨午实行断绝。华商闻之互相惊讶。查俄属异常贫瘠，民不聊生，年来一切食料物品靡不仰给于华岸。今忽骤行闭关主义，其中纵无他项野心，亦必别有用意。非然者，俄人虽愚，决不施此自杀政策，惟事关国际秘密侦悉，无从用是。据情报告伏祈指示机宜，以资应付，在取缔华人过江小票一事前，已具呈请示未义指令现又迭次催促，意在必行，究应如何办理之处统祈俯赐鉴核，并案示遵，实为德便，谨呈

　　漠河县县长陶

阿穆尔卡官兼连崟巡官萧庆先谨呈
——呼玛县档案馆：民国档案 348 卷《民国十二年漠河对岸不准华人过境》

漠河县公署　指令第二八号
令阿穆尔卡官兼连崟乡警所巡官萧

　　据呈对岸至林达俄税关禁止华货入口，等情。当已呈报道尹交涉员，新面过江执照即发，仰即知照，此令。

——呼玛县档案馆：民国档案 348 卷《民国十二年漠河对岸不准华人过境》

黑河道尹兼瑷珲交涉员
指令第二〇五〇号
令漠河县知事

呈一件为具报县属连釜对岸俄屯至林达
税关宣言禁止华商货物入口情形由

呈悉，查俄岸加重华商进口货税，不免重累边商。惟中俄两国未协订通商条约以前，未便提出抗议，至其中是否别有用意，仰仍派员过江密侦，随时具报查核为要，此令。

道尹兼交涉员宋文郁
中华民国十二年五月九日

——呼玛县档案馆：民国档案 348 卷《民国十二年漠河对岸不准华人过境》

黑河道尹兼瑷珲交涉员
训令第二四四九号

为依西肯杨卡官请查照局批买算商木桴以资补救由
令漠河县

案据依西肯卡官杨蔚禀函内称，人货与俄停止来往我境早已实行，二十日前被拒绝装桴，停止我岸之拖船三只，已于今日由俄船带往上游装载。俄岸木桴矣惟我境，经此交通断绝木桴不准售于俄人，各桴厂之困难达于极点。值此鄂伦春叛变之际，胡匪纷扰之时，前途实堪殷忧。适于日，昨有黑河英商杂古榜思比得前来上游，用戊通拖船装运现买，此次赴上游经济联合会调查员刘寿亭之木桦一千八百沙申至哈尔滨出售。当经卡官询问于、刘两调查员，本境人民是否可以援例批卖，于调查员答谓，刘调查员所卖之桦已经联合会许可，不妨照此进行。故我境由小铺协泰昌出名，应卖该英商木桦一千沙申，由各桦厂公摊以维现状。因恐传间失实，故特具禀声明，除分函黑河经济联合会备案，以免误会外，当此具禀。等情据此，当经覆以来禀关，悉据称英商前往上游收买木桦运哈出售，该卡官以中俄经济绝交各桦厂困难达于极点，又值鄂伦春叛乱胡匪纷扰之际，前途堪忧，拟援照经济会刘调查员成例，准由卡境协泰昌小铺出名，亦卖给该英商木桦一千沙申，由各桦厂公摊，似此办理，询可维持现状，足征该卡官注重边局殊堪嘉许。除令各卡一体查照办理以资补救外，即知照等因去讫，除速令各卡外，合亟令仰该县即便知照，此令。

道尹兼交涉员宋文郁
中华民国十二年八月六日

——呼玛县档案馆：民国档案348卷《民国十二年漠河对岸不准华人过境》

照会俄官

漠河县商会公函第一五号

迳启者，案据永兴昌执事季晋昌帖称，于本年三月三日商将存在漠属上下江岸之木桦二千五百沙申，批与俄国阿穆尔省新官宪船行，言明每沙申金洋二元二角五分，四期交钱，木桦陆续装运，如至期钱交不上，即作为无效。上述各情均载明合同，木桦并向对岸俄人取有保证。该俄船行随将第一期钱如数交过，其木桦亦听其随时装运，共计装去百余沙申。讵六月一日已届第二交钱之期，而应交之数迄今仍未交付，迭向该船行催讨，漫无着落，因令看桦人不让该船装桦。今早看桦人来号称，该俄船昨日泊岸装桦，出为拦阻，转被武力恐吓，未敢与较竟强装去木桦六十沙申等语。似此强横不遵合同，理应据情帖恳贵会主持公道。据转县署做主，转报交涉，照会俄官署饬令该船停止装桦，以昭公理，不胜盼祷。等情前来，查季晋昌帖称各节委属实在，当批桦之初订定合同双方遵守照据履行，既注明至期钱交不上作为无效，则该俄船自应停止装桦以践约信。乃逾期月余，以看桦人孤，强行装运殊于公理有背，非革新国所宜出此也。且现俱断绝交通，尤不合越境交易，矧其恃众凌弱，悍然甘冒强取之名耶。据帖前因，理合备文呈请钧署鉴核转报交涉施行，照会该俄官署，饬令该船行遵守合同，以后勿得再泊我岸装桦。倘该官府无正当圆满之答复，即乞电请道尹照会该国驻黑非正式委员饬行该船行遵照，实为德便。此致

县公署

会长仲跻宏

中华民国十二年七月十三日。

——呼玛县档案馆：民国档案 348 卷《民国十二年漠河对岸不准华人过境》

漠河县公署为具报俄阿穆尔省新官宪批买商民木桦至期未交钱款擅自装运由

呈黑河道尹兼交涉员

呈为具报俄阿穆尔省新官宪船行批买漠街商民木桦，到期未交钱款擅复装运谨请鉴核事。案据县属商会呈称，案据季晋昌帖称，于本年三月三日商将存在漠属上下江岸之木桦二千五百沙申云云。理合备文呈请鉴核转报交涉施行等情据此，除指令外，理合备文呈请钧署鉴核施行，谨呈

黑河道尹兼瑷珲交涉员宋

中华民国十二年七月二十四日送稿

——呼玛县档案馆：民国档案 348 卷《民国十二年漠河对岸不准华人过境》

黑河道尹兼瑷珲交涉员
训令第二四六三号
令漠河县

呈一件为呈报俄阿穆尔省新官宪船行批买
漠街商民木桦到期不交钱款擅复装运由

呈悉，查中俄过江交涉未经解决以前，两岸人货均暂停止往来，于六月十四日经双方约定，业已通行一体遵照在案。各桦厂无论已否与俄订立合同交付钱款，在经解决该问题以前，如有私准俄人装运木桦情事，倘经经济联合会查觉扣留处罚，官厅应遵照省长卅电概不干涉。仰该县密谕各桦厂一体知悉，毋违，至俄船强装季晋昌木桦六十沙申一节，应将该商与俄船行所立批卖木桦合同转送到署，再行核办，仰即遵照，此令。

道尹兼交涉员宋文郁

中华民国十二年八月七日

——呼玛县档案馆：民国档案 348 卷《民国十二年漠河对岸不准华人过境》

漠河县公署　训令第　号
令商会

为速将季晋昌与俄船行所立批卖木桦合同送署以凭转报由

案查本署呈报俄阿省新官宪船行批买漠街商民桦，到期不交钱款擅复装运一案。兹奉黑河道尹兼瑗珲交涉员第二四六三号指令内开，呈悉云云，此令等因，奉此。合亟令仰该商会即便遵照迅将该商与俄船行所立批卖木桦合同呈送贵署，以凭转报，此令。

知事陶九月十五日

中华民国十二年九月

——呼玛县档案馆：民国档案 348 卷《民国十二年漠河对岸不准华人过境》

黑河道尹兼瑗珲交涉员
训令第二九二九号
令漠河县

为华军袭击俄境侮辱俄民有无其事令查照呈报由

案奉

军署第三二七号训令内开，准

外交部咨开，准驻京劳农代表节略开，俄边界华军屡次袭击俄境尼布楚县等村落，侮辱俄民并中国地方官强行迁移婆耳特维卡村界牌。此种举动殊于中俄邦交有碍，请迅饬查明犯罪人员，严加惩处；变更界线即予更正。为免去两国纷纠起见，更望避免将来再发生类此事件等语，究竟有无其事，相应将节略原文及译文抄送查照，即希迅饬查明实情见覆，如俄人在边境有此类情事，并希并案见示，以资反驳为荷，此咨。等因，计附件准此，除分别咨令外，合亟照抄节略，令仰迅即饬属查明呈再覆，以凭转咨。等因，奉此，除分行外，合亟照抄原件令仰该县遵即从速查明，覆候转呈，勿延为要，此令。

计抄件。

道尹交涉员宋文郁

中华民国十二年十一月卅日

——呼玛县档案馆：民国档案 348 卷《民国十二年漠河对岸不准华人过境》

漠河县公署为具报漠属军队并未
袭击俄村落官吏亦无迁移界牌事由

呈黑河道尹交涉员

呈为具报漠属军队并未袭击俄境村落，官吏亦未迁移界牌谨请鉴核事。案奉

钧署第二九二九号训令内开，案奉

钧署第三二七号训令内开，准

外交部咨开云云。此令，计抄件。等因，奉此，遵查漠属驻在军队向守范围并无袭击俄境村落情事，所辖各卡官亦无迁移界牌行为。奉令前因，理合备文呈请

钧署鉴核施行。谨呈

黑河道尹兼交涉员

知事陶一月二十四日

中华民国十三年一月

——呼玛县档案馆：民国档案 348 卷《民国十二年漠河对岸不准华人过境》

为报并无白党首领米皆列夫带同阿思特拉沃茨夫等
由新立屯骑马渡过沃思克列先挠夫俄屯情事由

转报

呈为，遵令查明并无白党首领米皆列夫带同阿思特拉沃茨夫等由新立屯骑马渡过尼沃思克列先挠夫克俄屯情事，请

鉴核转报事，案奉

钧署第二五八号训令内开，案奉黑河道尹兼瑷珲交涉员第二九七号训令内开，案准驻黑俄非正式委员指令第一四零号函开，据报告沃思克列先挠夫克俄屯突来白党数名，首领米皆列夫骑呼玛县警察所长之马，同伙者系阿斯特拉汗次夫、思乔果列夫、其思大果夫及其他二名。又据于太平沟地方有俄逃犯一百五十名，其中有全武装者八十名。据云已蒙中国官署允

·167·

许在该处金厂做工。并以俄人沙博田泥果夫克该沟警察副所长饬属监视该党行动。等因，准此，查沃思克列先挠夫克屯，在漠河县所属新立屯对岸，其太平沟在萝北县所属地方，究竟有无前项情事，应由漠河、呼玛、萝北各县迅即查明，呈覆以凭核办转达。除分行外，合亟令仰该县遵照，此令。等因，奉此，合亟令仰该鱼巡官即便遵照迅即查明，呈覆以凭转呈，此令。等因，奉此，当即派警前往调查，去讫适前驻新立屯巡长韩得胜由漠因公来连，询据声称自上年断绝交通以后，双方防范颇严，并无白党首领米皆列夫等骑马过江情事。嗣据去警回称，遍询该屯商民金谓交通既断私渡极难，不但无白党过江之事，即众商民也亦未见米皆列夫等踪影等情。查新立屯商民不多，稽查较易，如有白党首领由此渡江，断无不知之理，况沃思克列先屯住户廿有余，家里岂容数名白党到彼破坏，其过江意欲何为？该委员报告内亦无切实声叙。俄人狡诈成性，难免非该委员故意捏造。兹奉前因，谨将查明并无白党首领米皆列夫等由新立屯骑马过江情形，备文呈覆，伏请

鉴核转报施行。谨呈
漠河县县长陶

驻连阿穆尔卡官鱼巡官萧庆先
中华民国十三年五月二十四日
——呼玛县档案馆：民国档案 348 卷《民国十二年漠河对岸不准华人过境》

译苏俄全权代表团节略
一九二三年十二月十六日

据俄地方官吏报告，最近中国官吏常侵害俄国疆界，并对于沿边居民加以难堪及野蛮之暴行，此类事实已达极为可恨之性质也。本年六月二日边地第二区尼布楚（此处外文地名略，下同）称拉哥维士可村之居民华西里、邱色夫（此处外文人名略，下同）、伊米士他维力特塞夫三人突被捉获，并遭凶殴，且将华西里悬挂门上逾两小时之久，复因该村会会长再三请求，始行释放。

又八月二十三日中国团练攻击马西维士卡耶站，所辖八甲纳材地方之边防军向俄军开枪射击，后经防军还击，彼辈即向满洲里站退去。

又八月二十六日中国之巡逻马队约七人以上，侵入俄国边境二俄里许，在马西维士卡耶站所辖地方攻击两名割草之俄国兵士，劫夺其车马而遁。又中国官吏为自利计，任意变更国界，在婆耳特维卡村将所立界据向东移一俄里半，如斯之中国文武官吏之举动实有蓄意为非之性质，故军队攻掠俄境，且任意变更国界。上述诸事实乃最残酷者，本全权代表团前曾举此暨相类似之违法行为及事实，再三向贵总长提及，并请求禁阻于将来，不幸迄今毫无结果，中国沿边地方官吏及军官曾不稍改其敌视政策，如此终必发生不友谊之关系于中俄两国间也。因此，本全权代表团不得不请求贵总长对于此种不法情事加以严重之注意。并希望此时贵部对上述事件为有效的查办，立将所破坏之国界恢复原报，并惩罚犯罪之人。为欲避免可能之纠纷起见，本全权代表团坚持中国当局须用严厉办法，使此类残酷事件不再发生。本代表团启乞贵部迅将所拟办法示知。

——呼玛县档案馆：民国档案 348 卷《民国十二年漠河对岸不准华人过境》

黑河道尹兼瑷珲交涉员　训令第四五八号
令漠河县

为修正远东共和国边界条例由

案奉

省长第一五四四号训令内开，案准督军公署咨开，案准外交部阳电开，准签送黑龙江省与远东共和国开通边界条例件并通车条件详加披阅，与院部前次电复核定修改各节尚多不符。边界条件第十二条华民入俄境持中国官厅护照须经俄官吏签证尤欠妥协，赤塔政府未经承认何能派员在华签证护照。昨优林来部面称，赤塔政府对于条件第六条税关邮局等规定不甚满意未予批准等语。彼既未批准我自应趁此缓予实行，要求修改以免流弊。希转饬该督办遵照呈覆。等因，准此，查此项条件前已分别咨送，并据呼伦善后督办兼交涉员呈为俄远东国外交代表，函达货物出口收税办法，俄政府为实行起见，已颁发紧急命令。等情，业经分咨查照各在案，并准前因关于边界条件第十二条既欠妥协，彼方对于第六条已未满意，自应趁此尚未批准时间要求修正。除饬该督办查照办理暂缓实行，暨电外部将不符之点一并摘出，免失时机。并分咨外，相应咨行贵公署请烦查照，饬属一体查照施行。等因，准此，查本省与远东共和国订立开通边界条件暨东赤两路开通车辆条件前，准督军署咨送，业经检同原件各一份于第一二二零号令行该道知照在案。嗣据呼伦善后督办并交涉员呈，据俄远东共和国外交代表函称，本国政府以与黑龙江省所订条件行将批准，为施行起见已颁发货物出口收税办法紧急命令，请转知晓谕商民等情，复经本署第一二六一号指令并分行亦在案。兹准前因，除分行外，合亟令仰该道即便转行所属知照。等因，奉此，查此案前奉省令到署当经抄件分行遵照在案。兹奉前因，除分行外，合行令仰该县即便饬属知照并转辖境各商会查照，此令。

道尹张寿增

中华民国十年六月十七日

——呼玛县档案馆：民国档案 349 卷《民国十二年在远东共和国侨居的华人法令》

黑河道尹兼瑷珲交涉员　训令第八九号
令漠河县

为发阿穆尔省远东政府共和国
爱米萨尔布告仰传谕境内俄侨由

案准，俄爱米萨尔第一零八号照称，兹有敝公署五月卅一日第九十二号布告五份，请贵道尹饬令警察将该布告张贴于俄人侨居华界之间为荷。等因，准此，当经译阅布告系招安侨居华岸俄民回国之事。除分行外，合亟检阅原布告暨译文各一份，令仰该县传谕境内居住俄侨一体周知，此令。

附原布告并译文。

道尹兼交涉员宋文郁

中华民国十一年六月廿三日

——呼玛县档案馆：民国档案 349 卷

《民国十二年在远东共和国侨居的华人法令》

阿穆尔省远东共和国爱米萨尔布告

当远东共和国成立之际，除刑事犯及白党逃往外国外，尚有多数人民未犯何等罪过，因视被害者甚多，亦因之生惧，故同时逃往外国境内，以求保护身家性命。察此等人民近来财产荡尽，又无营业可以糊口，恐将来难免冻饿之累累。敝高等官厅有鉴于此，故饬令此等人民准从前未反对革命军及扰乱政治者，均准其回国，所有各人之私产他人不得侵犯，凡我国所有各机关及有职务人员一体知照。

——呼玛县档案馆：民国档案 349 卷

《民国十二年在远东共和国侨居的华人法令》

为令知远东共和国在外国
侨居之人民丧失民权法令由

黑龙江 省长 督军 公署 训令第一〇八四号

令漠河县

案据驻中东铁路界内远东共和代表处第一千五百三十五号公文称，兹准本国政府颁布，在外国侨居人民丧失民权法令数条，相应备文通知贵督军兼省长请烦查照须至公文者。等情据此，除分行外，合亟抄译该法令，仰该县即便知照，此令。

·171·

附抄译法令一份。

中华民国十一年五月十一日

督军兼省长吴俊升

——呼玛县档案馆：民国档案 349 卷

《民国十二年在远东共和国侨居的华人法令》

黑河道尹兼瑷珲交涉员
训令第二四八一号
令漠河县

为发最近十年中俄之交涉一册由

兹准哈埠远东外交研究会函送最近十年中俄之交涉廿册，请察收分派，等因，到署，除分行外，合亟检同该书一册令发该县，仰即查收可也，此令。

计发最近十年中俄之交涉一册。

道尹兼交涉员宋文郁

中华民国十二年八月十一日

——呼玛县档案馆：民国档案 349 卷《民国十二年在远东共和国侨居的华人法令》

远东共和国在外国侨居之人民丧失民权法令

第一条：是凡远东共和国民，自本法令各条公布后擅自出境侨居者，丧失民权；

第一项：于一九二一年二月三日法令上认为人民仇敌者，经一九二一年四月二十一日远东政府成立所特赦之人民而不回国者；

第二项：情愿充当民兵反对远东共和及劳农政府者，再加入反对革命政治各机关者；

第三项：一九一七年十一月七日及一九二零年四月六日以后在俄远东共和国内并未得远东政府或劳农政府地方官宪许可擅自出境者，并已出境迄今尚未得远东政府驻外国代表所发相当出境护照者，自本年（即一九二三年）六月十五日以前，是凡侨居外国人民，不声请远东驻外代表请发护照（即人票）及执照者；

第四项：在外国侨居五年以上而不遵照本法令第三项所指期限办理者；

第五项：违背以上各款及不遵照第三项所指期限办理者；

第二条：在未设远东共和国代表地方，本法令第三项所指期限应展至代表成立时为限，在本法令第一条第三、四、五各项所指之人民如在本年六月十五日以后，由未驻远东共和国代表地方还至远东共和国代表驻在地方时，以一个月为限，应将本法令所指各项遵照办理完结。

付款本第二条所指之期限于本法令公布后，潜自出境逃往无远东共和国代表地方者，不适用之；

第三条：凡丧失民权备案，归行法裁判所办理，并违背一九二一年二月三日法令及充当反对革命各机关各军队职差人民等将其财产充公；

第四条：是凡已丧失民权各人民，得在居住地远东代表处递文呈请远东政府恢复民权；

第五条：本法令得施于劳农政府人民并远东政府人民，及在中东铁路界内特别区域者；

第六条：本法令以电报公布之。

远东共和国总理施罗夫

一九二二年二月八日

赤塔发

——呼玛县档案馆：民国档案 349 卷

《民国十二年在远东共和国侨居的华人法令》

漠河县公署　训令第　号
令卡警

为驻黑俄国委员改为驻黑苏俄联邦共和国领事仰知照由

案奉

黑河道尹兼瑷珲交涉员第一九三六号训令内开，案查前准驻黑俄委员函称云云，此令。等因，奉此，除分行外，合亟令仰该卡、所即便知照，此令。

知事陶

中华民国十二年十二月

——呼玛县档案馆：民国档案 349 卷

《民国十二年在远东共和国侨居的华人法令》

黑河道尹兼瑷珲交涉员
训令第一九三一号

为驻黑俄国委员改为驻黑苏俄联邦共和国领事仰知照由
令漠河县

案查前准驻黑俄委员函称，奉敝长官命令将驻黑俄国委员改为驻黑苏俄联邦共和国领事，等因当经电请省示在案。兹奉省长庚电开，东代电悉，应即承认仰遵照，等因，奉此，除分行外，合亟令仰该县一体知照，此令。

道尹兼交涉员宋文郁

中华民国十三年十月十六日

——呼玛县档案馆：民国档案 349 卷《民国十二年在远东共和国侨居的华人法令》

漠河商务分所　呈第十三号

为漠河商务分所商民过江往返俄人索纳
小票钱两次不贴印花税请转详由

为呈请事，窃查漠河地处极边，于俄仅隔一江，华俄商民往来交易，俄人至华岸则任意行走，华人至俄界则受其挟制。乃值此国势危弱之际，纵欲与之理论，诚恐酿起交涉，只得受俄人之欺凌作忍让之思想。讵意俄人得寸进寸，得尺进尺，见我忍让，则彼恃强，又设欺凌之方。于今年开江后，大凡华人过江办事，每人须纳小票钱七百五十文，事竣回返又索纳小票钱七百五十文。该俄税官于小票上亦不给粘贴印花税票。然处此有强权无公理之世界，各商民亦不得不忍受之。第查黑河华人过江至俄界则花小票钱七百五十文，尚与小票上粘贴印花税票为证。而且过江只花一次，事竣回返不花分文。何以漠河商民过江至俄岸往返索纳小票钱两次，又不给贴印花税票。乃以一国疆界岂有两样条约，一国国民亦不能两般对待。况漠河为设治之区商民萃聚，若不与该俄人据理交涉，各商民闻之多有裹足者，将来地面何以兴通，商业亦难期发达，是以据情呈请转详

黑河观察使与俄驻黑国（廓）米萨尔交涉以维疆圉，而恤边氓，为此谨呈

漠河设治局赵

漠河商务分所

中华民国三年六月十七日

为据情转详事，民国三年六月十八日。案据漠河商务分所呈称，窃查漠河云云。为此谨呈，等情前来，理合据情呈请

鉴核施行，谨呈

黑河观察使兼瑷珲交涉员张

黑河观察使公署　指令第二三七号

观察使令为该员呈请俄税关对于过江
华人往返皆索票费俟照覆再令遵照由
令漠河设治局委员赵春芳

案据该设治局第十号呈称，各节均悉。查该处俄税关对于过江华人往返皆索票费，殊属不合，已照会俄署严行查禁，俟接准照覆再令行遵照，此令。

观察使兼交涉员张寿增

中华民国三年七月二日

——呼玛县档案馆：民国档案 450 卷《民国三年漠河华民往返俄索要两次印花税》

黑河道尹公署　训令第二五三号
令漠河县

道署训令为华侨回者地方官切实保护由

案奉

省长第二二七号训令开，准

农商部咨开，准总统府秘书厅函送

大总统发下全国商会联合会会长吕达先等，请饬农商部咨行各省长官，嗣后侨商回国应饬地方官认真保护呈文一件，内开，按山口洋华商总会会长唐文材函称，前清华侨回国各侨埠商会所给护照公文投递地方官禀请保护等认真办理。乃近年以来各侨商回国地方官不加保护，即令领有商会护照，亦直视若具文殊非奖励海外侨民之道。贵会为商会领袖，用敢备函恳请转呈

大总统谕令农商部通告各省军民长官，嗣后对于各侨埠商会介绍侨商回国，应饬地方官切实保护。等情前来，查海外侨商不忘祖国远道归来，既经侨埠商会给发护照，地方官理自应尽保护之责任。该商会函称，各节实具爱国之忱，理合按请转呈，伏乞

大总统谕令农商部咨行各省军长官，嗣后各侨埠商会给发护照介绍侨商回国，应饬地方官认真保护以示体恤而广招徕。等情奉批，交农商部，等因送请贵部查照办理，等因到部，除分咨外，相应咨请查照办理可也。等因，准此，除分行外，合令该道尹查照转行所属遵照办理，此令。等因，奉此，除分令外，合令该知事即便遵照，此令。

道尹王杜

中华民国六年一月二十九日

为呈照准布告暨收费规则随令发给仰即遵照办理
此令第一六三号

呈为包办摆渡款项补助警费，请拟每次渡人摆货规章布告事。于本年五月三十一号据高蔼如、李华亭等呈称，鉴于每年春间开江以来，南北过江不便利，有摆渡以利交通。惟本年开江至今，并无包办摆渡之人，滞塞不通，各商而受影响非浅。身等有见于此，极力包办摆渡而利交通，恳请案准由阳历六月一号起至封江止，包办价值羌洋六百元整。身等深愿与公出力而尽苦工，自接办以前先缴羌洋三百元，其余至八月一号如数缴清。惟有所摆过江之人与货物等件照章收费。如有异外生枝等情，由保据人担任，恳请案下恩准施行前来巡官。惟闻沿江摆渡上下城镇各处均包有专摆之人以利交通，而便稽查，加以地面萧条，警款支绌，亦便筹款补助警费。溯查本镇街市现下虽系商民无多，亦常有往来交易者。前拟以摆渡费自开江以至封江，一季价值羌洋一千元以为公允。再查上年摆渡系经脚行

鱼摆，并未缴费。既本年摆渡出包先傅脚行头目黄国棠来所，已将本年摆渡出包价值情形谕知，该脚行头目声称回家商量伙计，后报亦未称价值过多或能减少，破称不包，意中情形容心抗违，照上年免缴包价之行为，巡官见其情形，即着人赴各处招包能摆船者日久未有，以致于本年五月三十一号始有高蔼如等来包。查开江以过月余，故已减价作羌洋六百元包妥当，具呈取保存案。详查沿江摆渡情形，横江非兼俄人来华岸买货或稍住，上下数里运送可能摆出食用，如尽横江尚难足食，此系实在情形。兹将摆渡业经包出，将来查处该脚行如有暗中串通商家干涉脚行包揽运送上下之零货，此系抵制摆渡，抗违公令等情，再行送究，以儆刁风。惟摆渡既已包出，所有渡人摆货价值应请拟定规章，布告人民知悉所有包办摆渡各情形，理合声明具文呈请

所长鉴核布告施行。谨呈

呼玛县警察所所长张

呼玛县警察第四派出巡官王嗣湑

中华民国八年六月初一日

——呼玛县档案馆 465 卷，《为华侨两岸过江规章》

政字第六十三号，中华民国七年十月

呼玛县警察所布告

案城摆渡业招人承办，金山镇责成商会办理，据湖通河镇第四派出所呈称，该镇摆渡现已招人承办议订羌洋六百元，为补助警费之用，应即照准所有该镇摆渡收费自应与本城及金山镇一律办法，以免分歧。为此，布告该镇商民人等一体知悉。无论何人渡江均应遵章缴纳渡费。倘敢故违，严拿究办，切切，此布。

湖通河设渡收费规则

（甲）渡人一名收费羌洋三元，随带行李减收半费；

（乙）渡运牛马驴骡每头收费羌洋三元，猪羊减半，鸡鸭等类每只收

费三角；

（丙）渡运油酒杂货，每甫（合华秤三十斤）收费羌洋八角，

（丁）渡运菜蔬瓜果等类，每甫收费羌洋五角。

所长×××

实贴湖通河镇勿损

修订金山镇设渡简章

一、金山镇设渡由县责成商会办理，以利济交通及检查匪人为宗旨；

二、渡口专设渡船一艘，雇用船夫三人，专伺来往摆渡；

三、不拘何人往来渡江须有渡江小票，定为二联式，以一联缴警所存查，一联发给渡江者收执为凭。

拟定票式如下：

渡江小票

呼玛县警察所发给渡江小票事，今据章缴纳渡费，除查外，为此给票是实。

过江渡费羌洋一元整。
行李渡费羌洋五角整，
牛马头，渡费羌洋　元　角整。
菜　甫，渡费羌洋　元　角整。

计开

报称因事过江并随带物件均已遵

中华民国　年　月　日。

过时作废

船夫私自需索准许本人扭控

渡字第（盖用钤记）　　号

渡江小票

呼玛县警察所发给渡江小票事，今据章缴纳渡费，除发票外，为此存查。

过江渡费羌洋一元整。
行李渡费羌洋五角整，
牛马头，渡费羌洋　元　角整。
菜　甫，渡费羌洋　元　角整。

计开

报称因事过江并随带物件均已遵

中华民国　年　月　日。

过时作废

四、渡江小票以一人为限，不得二人合用一票；

五、渡江小票由警所制备编号，盖用钤记，发交商会经管，应于渡口通宜之处，酌设发票所或由商会转托妥实商号，代仕发票及收存渡费之

责，以便渡口人等就近领票缴纳渡费，惟票费概不另收；

六、渡运人畜及杂物酌收渡费如左，将来羌价提涨再行核减；

（甲）渡人一名收费羌洋一元，随带行李减半收费；

（乙）渡运牛马驴骡每头收费羌洋三元，猪羊减半，鸡鸭等类每只收费三角；

（丙）渡运油面杂货，每甫（合华秤三十斤）收费羌洋八角；

（丁）渡运菜蔬瓜果等类，每甫收费羌洋五角；

七、所收各种渡费应开列票内以杜弊混；

八、印刷渡江小票所需纸张工本及雇用船夫等工资费用均由收入渡费开支，仍须报县备查；

九、所收渡费专为补助本县警费之用，除第八条用款外，按月应由商会查核连同票根渡费一并汇缴警所核收出给收据，报明县署备查；

十、渡口应由警所派遣干警随时巡查监视，如有私带枪械或违禁物件，应即扣留惩办，不准过江。如船夫等有例外需索情弊亦许本人扭控以信撤换；

十一、渡运人畜杂物不得贪多满载，以免危险；

十二、渡口人等如遇拥挤时，应以先到先渡不得争执；

十三、自此次设渡之后，从前私设摆渡需索多费应即禁绝，以免匪人任意过江有所凭藉，违者由商会知会警察罚办以昭炯戒；

十四、每属开江闹江开始摆渡停渡日期，应由商会报明警所，转报县署备查；

十五、商会办理设渡如无成效，得由县署督率警所接续办理或另找妥人承办；

十六、商会办理设渡纯尽义务，惟对于办理此项义务人员得由警所于每届闹江停渡时总核收入渡费数目之多寡，斟酌警费之现状，呈明县署酌给津贴；

十七、本简章如有未尽事宜，随时声请修改公布。

——呼玛县档案馆465卷，《为华侨两岸过江规章》

政字第六十三号，中华民国七年十月

呼玛县公署　训令第一六三号

令县警察所

　　本年四月二十四日案，案据金山镇警察第三派出所呈称，为转报商会代办渡口请鉴核事，案准商会函开，迳启者，窃查金山镇尚由散户自备船只专营此业。船价亦无限制，任意索取，商民均受其害，公家一无所得。值此市面萧条，警款支绌，亟应设法筹画（划），兹经县长责成将该渡口归蔽会代办，所收款项预备补助警款。兹将办理渡口情形拟订章程，相应函请贵所烦为转报备案，实纫公谊，此致。附章程一份，渡江票式一份。等情准此，复查该会所拟章程及票式尚属可行，兹准前因，理合具文呈请钧署鉴核，指令施行，谨呈。等情据此，查县属金山镇与俄屯乌沙果夫对峙，所有华俄人等因事渡江向由民间私设摆渡任意索费，漫无限制。而匪人恃若负嵎，往来过江尤为防不胜防，并查本县警费困难已达极点，既须弥补前亏，又须维持现状，欲求双方兼顾，实属棘手，当经本县到镇召集各商面议救济办法，定以金山镇摆渡一项责成商会办理，酌收渡费专作补助警费之用。如此警费既多一份之收入，即商民少一份之负担，而利济交通，检查匪人于地方应不无裨益。曾令该会拟送简章，以凭核转。兹按该派出所转呈，前来详查所拟章程殊欠妥协，另由本县拟具简章十七条抄发转行，并公布渡口咸使闻知。除分报财政厅警务处暨黑河道尹核转备案外，合亟照抄简章一份，令仰该所即信查照办理，此令。

　　计发简章一份。

知事李英麒

中华民国八年五月十五日

——呼玛县档案馆 465 卷，《为华侨两岸过江规章》

政字第六十三号，中华民国七年十月

呼玛县警察所布告第　号

本月十四日奉

监督谕准俄阿力邪夫骑兵屯照会二二四号内开，大中国云云，定行扣留。俄国一千九百十九年七月七日屯长毛拉郭夫盖印，等因，准此，合行检同照会交该所核办。等因，奉此，查华俄两岸均设有摆渡，华岸摆渡承用人左兴旺认纳警捐，由本所准其收渡江人费货费，无论何人不得违抗在案。俄岸亦系同一办法，凡无论俄华人民过江均应交纳渡费，由华船载运俄岸摆渡，无论华俄人民过江均应交纳渡费。由俄船载运历经办理在案，兹准俄屯长此次照会，是我国人民未能通晓两岸摆渡规则，合亟布告商民人等知悉，凡由我岸过江由华船载运，从彼岸过江应由俄船载运，无论人畜货物，均需交纳渡费，以期恪守规章，毋得希图牟利私用围膄摆运，自贻伊戚，切切，此布。

所长×××

中华民国八年七月十日

阿力邪夫骑兵屯照会二三四号

大中国呼玛县县长：

阿力邪夫民刀岁古拉克到会报告，即有华人私自摆运货物与摆渡定章不合，再有私自摆渡货物牛马尽行扣留，请

贵国县长布告商民勿论购买货物牛马等项，必先由卖主出一字据，由屯长签字，由官渡渡江，如有私自摆运定行扣留。

俄国一千九百十八年七月七日

屯长毛拉郭夫签押盖印

——呼玛县档案馆 465 卷，《为华侨两岸过江规章》

政字第六十三号，中华民国七年十月

省长令为上年收抚降蒙所编两营蒙骑训练无效解令两旗沿途经过地方验照放行即遵照由

黑龙江　省长　公署　训令第七四二号
　　　　督军

令漠河县

　　案查本省上年收抚降蒙当经随时资遣并择其精壮编为蒙骑两营，藉资羁縻。惟各该队言语不通，习惯殊异，对于训练困难万分，入伍数月毫无实效。现在蒙疆告靖，匪氛已平，各该队具有家属，自应妥为解散，俾令回旗以安生业。查两营现有四百二十四人，业经一律缴械发给护照及一个月恩饷，并按路程远近酌给川资，派员分别护送起程，该队沿途经过地方应由各该地方官暨军队官长验照放行，促令出境，不准逗留。倘有藉端骚扰及一切不法行为，立即逮捕从严惩办，勿稍宽纵。除分行外，合亟抄单令仰该县即便遵照，此令。

　　计抄单。

中华民国七年四月十六日
督军兼省长鲍贵卿

清单

瞻榆县

| 吉特图尔乌贵 | 毫吉嘎尔 | 姜嘎 | 色楞 | 赛吉毕立克 |
| 布克图 | 包德胜 | 包平 | 包璞 | 巴彦胡克图 |

□泉县

| 柴福兴 | 石二工 | 乌拉吉巴雅尔 | 敖萨尔 |
| 额尔敖巴雅尔 | 于德启 | | |

辽源县

赵海长	包玉山	叶凤山	白文德	李宝山
和毕元旦	巴苏台	布林巴雅尔	额穆尔凌贵	齐郎
阿勒嘛斯				

林西县

包海胜	柴永波	杨玉楼	宝山	林沁
毕立克图	□门	拉克巴札布	若勒格尔札布	阿西札布
札布彦	扎木彦	阿迪雅	齐鲁	
额尔敦巴塔尔		曾宁	乌勒吉	林沁
札木四楞札布		额尔敦朝克图	阿育布	札木苏
包金龙				

白林旗

关莫西楞	丁伙加卜	计得胜

洮南县

张桂林	包玉喜	白海风	刘柱	白玉山	张喜
包玉才	常文卜	包全胜	张桂明	王德胜	金宝山
白玉	郑国云	包德胜	韩福太	韩德宝

开鲁县

西伯	白贵	赛拉他	力八	赵连成	卜和
林沁	巴勒珠尔	乌拉吉	额尔坦格尔勒	
兆拉特巴扎布		文齐	巴雅尔	包德海	王德胜
李宝				

镇东县

桑节加卜	桑伯音	孙才	格拉苍	乌勒图	干珠
诺伦富勒	陈永海	赵金山	色楞	隋永升

康平县

包金山	蔡金川	孟德胜	王云五	戴明德	包金才
五德申	吴进德	魏福山	包绍卜	邹宽三	张得胜
白德胜	李宝三	陶克祺	包福德	太极白	敖德三

海城县

庞德山	海静波

沈阳县

林凤岐　　　叶海山　　　王德胜　　　常福德

辽阳县

郭明杨　　　刘金宝

海龙县

盖文宝　　　韩玉亭　　　韩宝

辽中县

张仲魁

山东省

陆俊盈　　　王德威　　　王广武　　　王金声　　　张鸿林　　　程德顺

西安县

潘既田

新民县

包祯祥

以上十一处计五十九名均送至奉天

长岭县

王章　　　王赞生

长寿县

王长胜

吉林县

张顺　　　李凤祥　　　张凤山

昌图县

鄂龙　　　诺尔布　　　边都

以上四处计九名均送往长春

梨树县

刘恩贵

怀德县

张荣

以上二处计二名均送至郭家店

伊通县

邵杜木头　　　希里巴拉

以上一处计二名均送至公主岭

西丰县

包荣升　　于得水

开原县

水宝山

以上二处计三名送至开原县

建平县

罗汉清	罗汉东	包金荣	金泰和	赵永顺	达拉尔吉
德龙贵	巴塔尔	扎木彦	布和	那逊	嘎达
胡宁嘎	高升嘎	额木尔萨那	孟和	宝和	七十九
那逊巴图	恭诺春	额勒坦希尔福		马会清	刘德才
陶克桃	布彦图	额尔巴拉斯	棍宝扎布	元旦扎布	
额尔含巴雅尔		双喜		陶克桃子	拉布珠尔	乌克布彦
图布新	齐木特色楞		阿尔德尼	宝迪扎布	多尔济
二喇嘛	和什克	小侯		和什克达赉		宝乐
阿克达春	德勒登	魏振川	珠龙嘎	巴达嘛桑	
那逊乌勒吉		德格都		乌勒吉	布彦加什克
阿勒吉希乌贵		索诺赉		明干巴雅尔高福	
乌勒吉巴雅尔		包金才		宝木白	

朝阳县

白文宝	包晋祥	吴宝山	包德胜	边喜	韩振余
白长顺	长胜	王德才	包长清	胡宝	张林布
海宝金	包金祥	王海楼	韩喜	白得胜	白荫昌
白福	杨宝玉	何金山	包得才	张云富	白玉清
孙福胜	包永山	司得胜	陈德胜	敖金山	韩福星
陆得才	陈福山	何海风	陈福才	王庆山	郭福春
王金龙	田文章	吴宝山	白得胜	白祯祥	刘占梦
佟德名	邰玉山	包金阿	白玉亭	赵金宝	金万喜
王宝通	蔡宝山	包福龙	张玉	王进春	张才
戴宝山	韩秀	海龙	巴图桑	额尔敦	嘎尔地
额尔敦巴雅尔		满常	朱尔汉	包得胜	常发
白山	洽斯敖齐尔		哈斯包勒特		恩和桃特呼
布林特古斯		佟玉宝	吴常宝	阿尔毕吉胡	

丹毕扎木苏　　　　　保勒朝鲁　额尔含巴图　　　　　阿育巴萨尔

色楞　　　僧格嘎尔布　　　罗布桑　闯哈尔　囊吉特

刚赉　　　乌恳巴雅尔　　　哈斯　　马尼洲　浩尔乐

张凤起　　铁刚

赤峰县

达立扎布　　　阿尔毕吉呼　　　萨尔敖狼　　　阿尔毕吉呼　　　包贤

包山

阜新县

蔡宝山　　　王希文　　　　吴金宝　　　毛齐

建城县

郭云峰　　　于振江　　　　吴宝玉　　　卜连喜　　　白混才

金堂　　　　徐得发

承德县

陈善　　　　赵锡彤

锦县

李桂　　　　刘镜清　　　　刘凤山

兴城县

包海峰

绥中县

张振海

京兆

石吉海　　　刘子厚　　　　包得胜

河间县

刘玉山

东光县

王有

直隶

白凤鸣　　宋来　　　张凯亭　　　邬德才　　　朱少卿　　　包金才

包山　　　包金山　　吴海山　　　谢海山　　　包金龙

祥符县

黄子平

山西

牛德福

以上二十八处计二百一十三名均送至锦州

龙江县

李景海	郭海亭	□惠福	吴德福	山连玉	郭福
孟全保	金宝山	吴双庆	包连升	宗元	必力格图
郭凤山	金宝喜	包金山	王成九	金德山	李永海
孟福德	康宝	吴殿臣	应生宝	高德	德胜
吴德胜	何玉	杜庆升	崔德福	吴寿亭	胡富贵
王有					

绥化县

樊德胜

海拉尔

芬达尔

哈拉哈

齐宝和

库仑

富陆额

景星镇

富金韬

肇东县

包海

布西　冯升福

郭尔罗斯前旗

包玉

杜尔伯特旗

关宝

以上九处计四十名均就地遣散

——呼玛档案馆：民国档案 507 卷《民国六年大总统
令华商回国保护、华工回国章程名单》

安置回国华工章程

第一条：本章程所称华工，指欧战前后曾在外国各工厂或农场工作具有相当之技艺者而言；

第二条：华工在外国各工厂或农场做工者，于被雇之前应由本人或请由侨工委员代向各工厂或农场领取证明书，载明该工人所能做之技艺及其成绩；

第三条：华工回国时侨工委员应按照下列各项分期册报侨工事务局以备查核

一、华工回国之人数；

二、工作之种类；

三、在外国之年限；

四、回国所乘船名；

五、所往口岸；

六、工人原籍住址及年龄。

第四条：每属华工抵岸时，该处侨工事务分局局长或海关监督交涉员，应查点人数详细呈报侨工事务分局查核；

第五条：回国华工如愿入厂工作者，应于抵岸后陈明就近侨工事务分局局长或向监督交涉员分别工作种类介绍于各工厂；

第六条：遇有大批华工回国所操技艺又属相类者，得由侨工委员先期电知侨工事务局酌筹安置办法；

第七条：国内兴办大宗工程或创办工厂需用专门技艺时，应由侨工事务局就回国华工中酌量介绍，俾尽其长；

第八条：回国华工曾在外国公私各厂制造军械船只者，应由侨工事务局将其人数及姓名分别咨报陆海军部，后交兵工制造、造船各厂宽予录用；

第九条：回国华工曾在外国矿地工厂或农场学习工作者，应由侨工事务局将其人数及姓名咨送农商部，酌量发交各矿厂宽予录用；

第十条：回国华工如愿继续前往外国工作者，应自行声明听候遣送，自愿往中西美洲各国者，应以已有家室能携眷同行者为合格；

第十一条：其在外国工作成绩不良或品行不正者不得再行出洋，亦不为之介绍职业；

第十二条：本章程自批准日施行。

黑河道尹公署　训令第一二四四号
令漠河县

道尹令为拟定安置华工华侨章程十二条仰遵照由

案奉

省属第一三八六号训令内开，案准

国务院侨工事务局咨开，案奉

大总统发下前交通次长叶恭绰函呈《考察欧美近日情形关于待遇华工华侨管见》文一件，当往本局将原文内安置回国华工一节详加讨论，拟具章程十二条呈请

国务总理核示，兹奉

捐令呈点，准如所拟办理，此令。等因相应抄录章程，咨请查照，希即转饬所属一体遵照等因，抄录章程，令即饬属遵照到署。除分令外，合行照刷原件，令仰该县即便遵照。此令。

计刷件。

道尹施绍常

中华民国八年九月六日

——呼玛档案馆：民国档案 507 卷《民国六年大总统

令华商回国保护、华工回国章程名单》

黑龙江省长督军署　训令第三三号

令漠河县

为设立侨务局即知照由

承准

国务院啸电开，前以我国侨民旅外既多，其陆续回国经营实业者亦颇不少，保护劳来均关重要，爰采纳华侨代表之签请，特设侨务局专理其事，并奉大总统明令督促进行各在案。现在侨务局业经成立，嗣后各省区凡有关于办理侨务事项，如侨民在外之保护，回国之安置等均属该局职掌，应随时分咨该局核办，以专责成而利推行，希饬属一体遵照，等因，承准此，除分行外，合亟令仰该县遵照，此令。

中华民国十一年三月二日

督军兼省长吴俊升

——呼玛档案馆：民国档案 507 卷《民国六年大总统

令华商回国保护、华工回国章程名单》

黑河道尹兼瑷珲交涉员
训令第一〇六一号

令漠河县

为令对于回国侨民张立清等四十五名随时注意以保治安由

案奉

省署第一六七零号训令内开，准

外交部代电开，据驻赤塔王总领事呈报，曾被迫充红党兵士华侨张立

·**191**·

清等四十五名，业于本月十三日发给免费回国护照，除满洲里交涉署查照外，缮单呈请核办等情。查近来留俄华人回国甚多，其间良莠不齐，自应严加防范。希转饬各地方官查照本部十五日代电，随时注意为荷。原单另录附阅等因，抄同名单令行到道。除分行外，合亟令仰该县遵即饬属对于各该回国侨民随时注意，以保治安，切切，此令。

计抄原单。

道尹兼交涉员　宋文郁

计抄回国侨民名单一份

张立清，五十六岁，山东即墨县人；

王和，四十二岁，同上；

李金合，廿一岁，同上；

李金明，三十岁，同上；

成岁安，廿八岁，同上；

林成宝，三十岁，同上；

马仪，卅八岁，同上；

杨同山，廿九岁，同上，又女一人；

杨德，卅四岁，同上；

潘贵林，卅七岁，同上；

金秀和，卅五岁，山东劳灵县人；

张九仁，四十二岁，天津人；

管子元，卅四岁，奉天人；

石玉隆，廿五岁，奉天绥中县人；

刘贵，卅五岁，北京顺天府人；

毛金山，卅五岁，山西人；

邹长安，廿八岁，天津盐山县人；

官玉盛，五十一岁，山东潍县人；

白明，廿五岁，奉民新民县人；

崔仪，卅九岁，保定府定兴县人；

马来发，廿六岁，永平府乐亭县人；

王兆海，卅四岁，山东会民县人；

刘顺，四十岁，天津人；

刘才，廿四岁，济南府人；

王关洁，四十一岁，长春本街人，又女一人，子二人；

王玉学，卅一岁，同上，又女一人，子二人；

雷金山，廿七岁，山东文登县人；

于德，卅五岁，青州府诸城县人；

陈才，四十六岁，长兴人；

高海山，廿九岁，山东平都县人；

白红滨，廿八岁，山东平都县人；

王太和，廿七岁，山东海阳县人；

刘臣成，卅岁，山东周村人；

刘生，卅五岁，山东昌邑县人；

王拉万，卅二岁，山东高密县人；

孙发，二十五岁，山东人；

李子清，三十岁，同上；

李言曾，四十七岁，山东东平州本州人。

黑龙江实业厅 训令第卅一号
令漠河县

令将华侨回国所办实业迅即查报由

省长公署第四七七号训令内开，准

侨务局函开，迳启者，查在外华侨回国兴办实业，所在多有本局成立伊始，亟拟详析调查籍册，进行相应拟定表式随函送上。希即查照饬由实业厅按照表列各项详细填列，迅送本局以备查考。附调查一览表一纸等因，准此，合行照抄表式，令仰该厅迅即查照办理，迳送并分呈本署备查，此令。附调查一览表一纸，等因，奉此，除分行外，合亟照印表式，令仰该县迅即查报，此令。

附表式。

庭长张星榆

中华民国十一年三月三日

调查华侨已办实业一览表

种类	资本数目	驻在地	创办年月	创办人姓氏及籍贯	侨居国名	回国年月	备考
说明							

为请免填列侨民已办实业一览表由

漠河县公署

呈为具报县属并无在外华侨请免填列华侨已办实业一览表谨请

鉴核事，案奉

钧厅第卅一号训令内开，案奉

省长公署第四七七号训令内开云云，迅即查报，此令。附表式，等因，奉此，遵查县属地居极边，人民星稀，并无在外华侨，所有调查华侨已办实业一览表应请免于填列。奉令前因，理合备文呈请

钧厅鉴核施行，谨呈

黑龙江实业厅厅长张

知事陶五月七日

黑河道尹兼瑷珲交涉员
训令第九二一号
令漠河县

为令对于侨俄当兵回国者八十八名
饬属严加注意以维治安由

案奉

省署第一四一五号训令内开，准

外交部邮代电开，称驻赤塔王总领事呈称，现有被胁当兵之华侨李福顺等八十八名自西俄来赤，业经发给回国总护照一纸，俾便回华。惟其中恐有甘为俄红党利用，扰乱本国治安者，抄录该侨等名单请电东三省各省长饬属对于该回国侨民等特别注意等语。查留俄华人往往传染急激之义，为俄红党所利用，返国后作种种不法行为，殊于治安大有妨碍，自应严加注意，以免贻害地方，相应抄录原呈名单，电请查照酌慎办理。等因抄录名单转令到道。除分行外，合亟令仰该县遵即饬属对于该回国侨民等务须严加注意，以维治安，毋忽为要，此令。

计抄原名单。

道尹兼交涉员宋文郁

中华民国十一年七月十二日

计抄侨俄当兵回国者八十八名单

李福顺，系直隶省顺天府中华县人，年三十岁；

曹广文，系直隶省顺天府玉田县人，年二十五岁；

侯永海，系直隶省河间府河间县人，年三十一岁；

史春望，系山西省立原府平完州人，年三十五岁；

方永田，系天津静海县人，年四十三岁；

方青，系山东省泗州北刘周庙人，年三十岁；

张克书，系直隶省河间府河间县人，年三十岁；

贾福，系山东省莱州府叶县人，年二十七岁；

余岐凤，系山东省登州府海阳县人，年三十四岁；

张祥，直隶省卫魁府人，年二十七岁；

徐雅亭，系直隶保定府清苑县人，年三十二岁；

刘文汉，系直隶保定府新安县人，年三十一岁；

杜文荣，系直隶滦县人，年二十六岁；

王受吉，系天津县人，年二十五岁；

张德胜，系天津县人，年二十七岁；

耿德胜，系济南府人，年二十八岁；

吕述合，系直隶唐山人，年二十七岁；

杜京孝，系兖州府文昌县人，年二十八岁；

邵元才，系奉天人，年二十九岁；

冯君，系顺天府人，年三十岁；

苏德义，系山西平原府人，年二十七岁；

侯长望，系山东济南府人，年二十五岁；

田东，系直隶河间县人，年二十七岁；

朱泰宗，奉天海城人，年二十六岁；

桑景生，奉天铁岭人，年二十九岁；

吕述义，山东泰安府人，年一十八岁；

吴玉言，山东登州府文登县人，年六十岁；

崔长来，承德府人，年三十二岁；

刘森，直隶顺天府丰润县人，年三十二岁；

侯立成，河间府河间县人，年二十九岁；

苏永泉，直隶保定府人，年三十岁；

张公亭，奉天法库县人，年三十五岁；

方素合，天津县人，年二十八岁；

王新海，山东盖州人，年二十四岁；

郭秉儒，顺天府武清县人，年三十岁；

贾广禄，北京人，年三十岁；

周文平，澄州府人，年三十三岁；

刘春财，河间府焦河县人，年三十四岁；

刘作臣，澄州府蓬莱县人，年三十岁；

方长仁，永平府滦县人，年三十二岁；
贾振升，顺天府丰润县人，年三十二岁；
王立英，天津静海县人，年三十岁；
罗永会，奉天沈阳人，年四十九岁；
詹振林，山东东昌府人，年三十二岁；
刘福荣，保定府恒水县人，年五十岁；
张吉林，大名府众县人，年四十一岁；
郭友济，顺天府通州人，年四十一岁；
侯同茂，系直隶河间县人，年二十六岁；
王清春，系山东济南府人，年三十七岁；
韩玉合，系直隶保定府人，年三十五岁；
王长林，系保定府人，年三十岁；
王长全，系顺天府梁湖县人，年五十八岁；
狄子芳，系奉天锦州人，年三十二岁；
祁殿旺，系直隶永平府福宁县人，年三十八；
孟献海，系顺天府玉田县人，年三十岁；
张清和，系直隶河间府人，年二十六岁；
刘长有，系直隶企州人，年二十六岁；
孟兆海，系奉天古城子人，年二十七岁。
高德海，系直隶平府滦县人，年二十六岁。
刘景锐，系奉天铁岭人，年三十四岁；
苏金城，系山东青州府守广县，年三十岁；
方金喜，系奉天三座塔人，年二十九岁；
孟献凯，系山东东昌府宛县人，年三十岁；
马连友，山东省济南府常山县人，年三十二岁；
元万山，山东省澄州府文登县人，年二十五岁；
方连仲，直隶省锦州县人，年三十四岁；
赵友贵，直隶省天津县人，年二十四岁；
孟庆升，直隶省保定府人，年三十二岁；
钱德海，直隶顺天府中华县人，年三十岁；
徐复春，奉田盖州人，年二十八岁；
舒继承，奉天海城县人，年二十四岁；

管长福，保定府淮县人，年三十一岁；
常芝望，顺天府玉田县人，年二十九岁；
刘德缘，济南府林清州人，年三十二岁；
于景原，顺天府宁河县人，年四十三岁；
孙贵，直隶永平府人，年三十四岁；
韩玉合，直隶永平府人，年三十岁；
王叶春，承德府建隶县人，年四十岁；
钱元，山东武定县人，年三十六岁；
张德，山东青源县人，年四十岁；
杜玉公，济南府平原县人，年二十五岁；
韩占卿，天津县人，年三十四岁；
王玉发，清南府清河县人，年二十八岁；
王德利，山东莱阳县人，年二十八岁；
唐玉贵，天津县人，年三十岁；
贾继财，山东胶州府海阳县人，年三十九岁；
张山，山东东昌府人，年二十八岁；
王御梦，山东济南府淄川县人，年三十岁；

——民国呼玛县档案 507 卷《民国六年大总统
令华商回国保护、华工回国章程名单》

黑河道尹公署　训令第二一三七号
令漠河县

为对于回国侨民特别注意由

案奉
省长令开，案准
外交部七月二十二日代电内开，选据赤塔王总领事呈，被胁充俄兵之华侨回国名单，兹经本部电请转饬注意在案。兹又据该总领事呈报，红党兵役华人王振武等二十七人由西俄回国等语，并附送名单一纸。前示相应抄录原单，送请查照前案转饬注意为荷，等因，准此，除分行外，合亟抄录名单令仰该道尹迅即饬属对于各该回国侨民特别注意，以维治安，切切，此令。等因，奉此。除分行外，合亟抄单令仰该县即便遵照，特别注意，以维治安，此令。

计抄单。

道尹宋文郁

中华民国十一年九月三日

计拟回国华侨名单一纸。

王振武，奉天人，三十四岁；

赵相九，山东人，二十六岁；

李德臣，山东人，二十八岁；

孙子昌，山东人，二十八岁；

李玉，天津人，三十岁；

刘成民，直隶人，二十八岁；

纪德喜，山东人，二十二岁；

刘万山，山东人，二十四岁；

李福山，山东人，二十九岁；

纪德山，山东人，二十九岁；

车发福，河南人，二十九岁；

陈阳福，山东人，四十岁；

李长怿，辽阳人，二十八岁；

吴纪福，山东人，二十岁；

胡山，奉天人，三十二岁；

李珀廷，天津人，二十八岁；

刘福山，直隶人，四十岁；

刘国涛，山东人，二十五岁；

孙付臣，奉天人，二十九岁；

富山，吉林人，三十岁；

李玉三，吉林人，二十八岁；

吴福甲，山东人，四十岁；

李锡治，直隶人，三十三岁；

宋玉，奉天人，二十五岁；

国德阳，直隶人，二十五岁；

孙玉如，山东人，二十九岁；

吉哥，山东人二十三岁。

漠河县公署　训令第八一九号
令卡警

为查拿奸徒贩卖人口出洋由

案奉

黑河道尹兼瑷珲交涉员第六零六号训令内开，案奉

省署第七五六号训令内开，准

侨务局兹开云云。合亟令仰该县遵照饬属随时查拿严办，勿稍疏忽，切切，此令。等因，奉此，除分行外，合亟令仰该卡、所即便遵照，如有奸徒诱卖人口出洋，严行查拿，勿稍疏忽，切切，此令。

知事陶六月廿日

中华民国十一年六月三日

——民国呼玛县档案 507 卷《民国六年大总统

令华商回国保护、华工回国章程名单》

为修正出洋工作条例并严禁
拐骗人口出洋以维人道由
黑河道尹兼瑷珲交涉员 训令第六五六号
令漠河县

案奉

省署第七五八号训令内开，准

侨务局咨开，查近年以来，我国人民纷纷出洋工作，其中经政府核准发给执照者为数无几，而为奸徒诱惑贩卖图利者在所不免，似此拐骗行为实属大背人道主义，叠经前侨工事务局通行禁止在案。本局成立伊始函应重申前案，从严取缔。除工人出洋条例暨招工承揽人取缔规则分别修订另文通行外，相应咨请贵省长查照，希即先转饬所属地方官随时检查，如有奸徒诱卖人口出洋即行严密查拿，尽法惩办，是为至盼等因。令行到道，除分行外，合亟令仰该县遵即饬属随时查拿严办，勿稍疏忽，切切，此令。

道尹兼交涉员

中华民国十一年四月廿日

——民国呼玛县档案 507 卷《民国六年大总统

令华商回国保护、华工回国章程名单》

为俄国遣回难民应妥为照料由
黑河道尹公署 训令
令漠河县

案于十一年十二月二十八日奉

省长公署第三零——号训令内开，十一年十二月十一日，准外交部函开，据驻赤塔王总领事呈称，前由上乌金斯克来赤难民七十余名，来求资遣回国等情，经向赤政府交涉，车辆遣送业已办妥。惟仅先允送六十七名回国，余俟下次再行设法，兹缮具名册，请转行东三省地方官，于该难民等到境时设法遣散等因，除分函外，相应抄录名单函请贵省长查照转饬各该地方官于该难民到后妥为遣散，以免逗留滋事并希见复可也等因，准此。查旅俄侨民被难回国自应妥为照料，设法遣散。除分令各属遵照办理并分别函咨外，合亟照抄原单令仰该道尹饬属遵照，此令。计抄单同日复奉第三三四号训令内开，案查，旅俄侨民回国一案，前准

外交部函行到署当经令行各属妥为照料，设法遣散并咨请

督军署查照暨函复在案，兹于本年十二月十二日复准外交部函开，前由赤塔遣回难民六十七人，业经函请转饬遣散在案。兹又据驻赤塔总领事呈报难民一百三十八名，已商妥远东委员会备车遣回。缮具名册请为转咨。等因，前来相应抄录名单函请贵省长查照转饬各地方官于该难民到后分别妥为遣散为荷。等因，准此，除仍分令各属遵照办理并分别函咨外，合亟照抄原单令仰该道尹饬属遵照，此令。计抄单等因，奉此，除分行外，合亟照抄原单令仰该县即便遵照妥慎办理为要，此令。

计抄单二件。

道尹宋文郁
中华民国十二年一月二日

计开

冯嘈福	张 平	马德公	梁 顺	王 珍	朱 明	宋万宽
冀世国	摄 有	董世怀	韩五魁	陈 柱	李世樊	郭满堂
胡满山	张进有	张希成	金永贵	杜真禄	孟双国	宋福科
张 和	郭起富	张堂恺				
高文秀	梁朝相	郭 善	陈 玉	杨 谢	郭子夺	杨 维
李 富	张 科	杨 庆	支永胜	贾奎元	曲 旺	贾 全
刘玉河	魏德玉	刘 美	牟殿臻	宋 连	王 玉	张广和
史玉山	任 富	张文仪	杨占元	刘 珍	王伯棠	赵 英
赵 山	孙明凤					
张德祥	□ 旺	史洪云	武德仁	文 林	王洪书	孙桂发

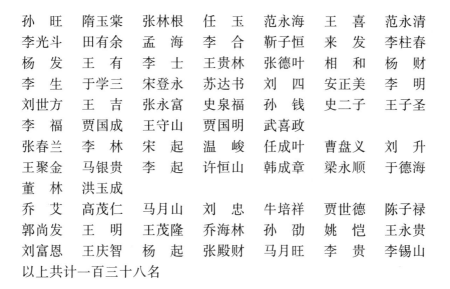

孙 旺	隋玉棠	张林根	任 玉	范永海	王 喜	范永清
李光斗	田有余	孟 海	李 合	靳子恒	来 发	李柱春
杨 发	王 有	李 士	王贵林	张德叶	相 和	杨 财
李 生	于学三	宋登永	苏达书	刘 四	安正美	李 明
刘世方	王 吉	张永富	史泉福	孙 钱	史二子	王子圣
李 福	贾国成	王守山	贾国明	武喜政		
张春兰	李 林	宋 起	温 峻	任成叶	曹盘义	刘 升
王聚金	马银贵	李 起	许恒山	韩成章	梁永顺	于德海
董 林	洪玉成					
乔 艾	高茂仁	马月山	刘 忠	牛培祥	贾世德	陈子禄
郭尚发	王 明	王茂隆	乔海林	孙 劼	姚 恺	王永贵
刘富恩	王庆智	杨 起	张殿财	马月旺	李 贵	李锡山

以上共计一百三十八名

黑河道尹公署 训令第三三五〇号
令漠河县

为俄国散回难民如到境时妥为遣散由

案奉

省长公署训令内开，案查旅俄侨民回国一案迭准

外交部函行到署，历经令行各属妥为照料，设法遣散并咨请督军署查照及函复在案。兹于十一年十二月二十三日复准外交部咨开，前由赤塔遣回之难民节经咨请遣散在案。兹又据驻赤塔王总领事呈报，难民一百九十二名业已商妥赤塔远东委员会备车送回，缮具名册请转咨。等因，相应抄录名单咨请贵省长查照转饬各该地方官遵照上两次办法妥慎办理可也。等因，准此，除分令各属遵照办理并分别函咨外，合亟照抄原单令仰该道尹饬属遵照，此令。计抄单。等因，奉此，查旅俄侨民回国一案迭奉省令，均经本署随时通令各属遵办在案，兹奉前因除分行外，合亟抄同原件令仰

该县即便遵照办理,此令。

计抄单。

道尹宋文郁

中华民国十二年二月八日

(名单略)

黑河道尹公署　训令第三三七六号

令漠河县

为赤塔俄官府遣回难民回国时到境妥为遣散由

案奉

省长公署训令内开,案准

外交部函开,据驻赤塔总领事呈报兹有难民六十名,已商妥远东委员会备车遣回,缮具名单请饬咨,等因相应抄录原单函请贵省长查照,饬咨各地方官于该难民等到境后分别妥为遣散等因,准此,除分令各署、办并函复外,合亟抄单令仰该道尹饬属遵照此令计抄单。等因,奉此,除分行外,合亟抄单令仰该县即便遵照办理,此令。

计抄单。

道尹宋文郁

中华民国十二年二月八日

——民国呼玛县档案 507 卷《民国六年大总统

令华商回国保护、华工回国章程名单》

呼玛县警察所造送民国十二年四月份过江小票数目清册

呼玛县警察所谨将民国十二年四月份过江小票用存数目款项数目缮具

四柱清册，呈请

鉴核。

计开

旧　管

一　存收字过江小票　三百六十三张　自二百三十八号至六百号

以上共存过江小票三百六十三张

新　收

无

开　除

——呼玛县民国档案 550 卷《民国十二年过江小票用存数目款项数目清册》

呼玛县警察所谨将民国十二年四月份经征过江小票款项数目缮具四柱

清册，呈请

鉴核。

计开

旧　管

无

新　收

一　收过江小票费　现大洋　八元二角

以上共收现大洋八元二角

开　除

一　除扣留警所　五分　现大洋　二元零五分

一　除　解缴　现大洋　六元一角五分

以上共除现大洋　八元二角

实　在

无

指令第一○○号

呈册缴查均悉，据解四月份过江执照费现大洋一元三角五分，如数收

讫，仰应汇核转报，附件存转，此令。

十五发

呈为报解四月份发放过江执照费款造具清册连同缴查送请

鉴核转报事，案查前奉

钧署第七十号训令，以奉

道尹电饬发放过江执照一案，并每届月终造具清册呈报核转等因，巡官遵将三月份征收照款清册呈解在案。兹查四月份计发出过江执照九张，共征收照费大洋一元八角，除遵令每张截留五分办公费外，统共应解照费大洋一元三角五分。理合检同照费暨缴查并分别造具照款清册二本具文呈请

鉴核汇报施行，谨呈

呼玛县知事杨

计呈送执照费大洋一元三角五分，清册二本，缴查九张。

呼玛县警察第一分驻所巡官曹永通

中华民国十二年四月三十日

呼玛县警察第一分驻所过江执照四柱清册

呼玛县警察第一分驻所谨将发放过江执照已未用数目造具四柱清册，呈请

鉴核。

计开

旧管

一　存过江执照五十五张　八百四十六至九百号

新收

无

开除

一　除过江执照九张　八百四十六至八百五十四号

实在

一　存过江小票四十六张　八百五十五至九百号

以上共存过江执照四十六张

中华民国十二年四月三十日

黑河道尹兼瑷珲交涉员
指令第二〇二〇号
令呼玛县

呈一件为送三月份发放过江执照缴查并造具
款册连同应收工本邮费请存转由

呈册暨缴查并大洋五元八角均照收悉，此令。

道尹兼交涉员宋文郁

中华民国十二年五月二日

黑河道尹兼瑷珲交涉员
指令第二〇一九号
令呼玛县

呈一件为请领过江执照二千张谨具即领请饬发由

呈领均悉，兹随文发去过江执照两千张，仰即查收备用可也。即领存，此令。

计发过江执照两千张。

道尹兼交涉员宋文郁

中华民国十二年五月二日

指令第一〇四号

呈册及照费缴查收悉，惟所造册式者多不合，应分造款照四柱册各一本，合抄册式二份令发，此后，兹仰遵照办理，毋忽，此令。

附件存转册式，附发。

五月十八发

呈为遵将民国十二年四月份所收过江执照费报解请

鉴核查收事，窃职卡四月份发过江执照共四张，该大洋八角，内除按每张提留办公邮递费大洋五分，共该大洋二角外，净应缴大洋六角，造具清册一本连同存根缴查四张一并报解，理合备文呈请

鉴核查收施行。谨呈

县长杨

计附票款大洋六角，

存根缴查四张，

清册一本。

安干卡卡官赵玉璞

中华民国十二年五月二日

安干卡经将民国十二年四月份所收过江执照费数目造具清册呈请

鉴核。

计开

一　收四月份过江执照费大洋八角，内除按每张提办公邮递费大洋五分，共该大洋二角外，应缴大洋六角。

自 931 起至 934 止。

中华民国十二年五月二日

呼玛县训令一四九号

令国民学校

案查，本县发放过江执照一案，呈奉令准每张收费现大洋二角，内提五分用补助各处截留经费，以五分为学费，以五分为解缴工本邮费，以五

分为办公，等因在案，兹查本年三月份应提学费现大洋五元八角，又四月应提学费现大洋六元。发执照二百三十六张，以每张五分计算应拨发共计现大洋十一元八角。合亟如数拨发以资补助，仰即查收具报为荷，此令。

计拨发学费现大洋十一元八角。

知事杨

民国十二年五月十五日

呼玛县呈第一二一号

呈为呈送本年四月份发放过江执照缴查，并造具照费清册连同应缴工本邮费，仰乞

鉴核存转事。案查职县本年三月份发放过江执照数目业经具报在案。兹查四月份发放过江执照共一百二十张，计收照费现大洋三十四元，除遵令每张提一角五分补助警、学、办公各费共现大洋一十八元外，计应解工本邮费现大洋六元，连同缴查一百廿张并照款清册一并具文呈送

鉴核存转施行，谨呈

黑河道道尹宋

计呈送照款清册各二本，缴查一百二十张，工本邮费现大洋六元。

知事杨

民国十二年五月十五日

呼玛县知事杨　谨将民国十二年四月份发放过江执照，用存数目造具四柱清册，谨请

鉴核。

计开

旧管

一上月结存过江执照八百八十四张

新收

无

开除

一本月份发出执照一百二十张

自三十五号至一百号计六十六张；自二百三十八号至二百七十八号计四十一张；自八百四十六号至八百五十四号计九张；自九百三十一号至九百三十四号计四张。

实在

一实存执照七百六十四张。

另册

呼玛县知事杨　谨将民国十二年四月份发放过江执照征收照费分别截留解缴各数目造具四柱清册，谨请

鉴核。

计开

旧管

无

新收

一本月份征收过江执照费现大洋二十四元。

开除

一　各处提留警费现大洋六元。

一　拨发学费现大洋六元。

一　县署截留办公费现大洋六元。

一　解缴执照工本邮费现大洋六元。

以上共除现大洋二十四元。

实在

无

十二年五月十五日

呼玛公立国民学校　指令第一六○号

呈悉，此令

为呈复事，案奉

钧署训令第一四九号内开，案查本县发放过江执照一案，呈奉令准每张收费现大洋二角内提五分，补助学费，等因在案。兹查本年三月份应提学费现大洋五元八角，四月份现大洋六元，共计现大洋十一元八角。合亟如数拨发以资补助，仰即查收具报为要，此令。计拨发学费现大洋十一元八角，等因，奉此，业经如数收讫，理合备文呈报伏乞

鉴核施行，谨呈

呼玛县知事杨

呼玛公立国民学校校长董毓杰

中华民国十二年五月十八日

指令第一三〇号
中华民国十二年五月卅日到

呈册缴查均悉，据解照费大洋拾圆零三角五分，如数收讫，仰应汇报，附件存转，此令。

八日发

呈为具报本年四月份收入过江执照费款项暨执照缴查送请

鉴核收事，案奉

钧署指令第九十七号内开，本署呈一件为遵令具报发放过江执照日期并拟将照费以一角提充警费请示遵由呈悉。查三四两月份发放执照各属均已报齐，立待汇报，仰即迅速遵照叠次令饬报解勿稍迟延。干咎至每执照一张收费两角应准留警费五分，其余一角五分缴署以凭分别拨解并仰遵照，此令，等因，奉此，查前以警费困难曾经县佐呈请截留一角充作警费，而资维持既未蒙

谕准，自应将是项照费分别造册具报以重

宪令而合手续。惟查此项执照发到本署时已达三月月终，以致三月未能发放，应请免于造报。兹查四月份共发放执照六十九张，共收照费大洋十三元八角，除每张执照提留大洋五分计大洋三元四角五分外，下余大洋十元零三角五分，理合造具执照款项合册，备文解缴鉴核核收施行，谨呈

·211·

呼玛县知事杨

计呈清册二本，大洋拾元零三角五分。

县佐纪维翰

中华民国十二年五月二十七日

呈为具报民国十二年六月份未发放过江执照请

鉴核备案事，窃职卡对岸俄官于六月一日即行断绝交通，无论中俄人等不与往来过江。故过江执照均未发放，理合备文呈请

鉴核备案施行，谨呈

县长杨

安干卡卡官赵玉璞

中华民国十二年七月二日

呈为具报本年七月份并未发放过江执照免于册报由

呈为具报本年七月份并未发放过江执照请免于册报，谨请

鉴核事，案查县本年六月份发放过江执照数目业经具报在案，兹查七月份因与俄岸断交通，并未发放过江执照，呈请免于册报，理合具文呈请

鉴核施行，谨呈

黑河道道尹宋

中华民国十二年八月一日

知事杨

黑河道尹公署　训令第五〇三七号

令呼玛县

查过江执照已停办数月，将来能否续发或更张办理尚不得知，所有以

前该各县、局、卡、佐治、各署请领该项执照是否均经发出，所收照费若干，应即具报并赶日分别扣解。其未经发出之执照，仰即一并解署以资结束，而便转报。除分行外，合亟令仰该县迅速遵办，勿得迟误，此令。

道尹宋文郁

中华民国十二年九月廿七日

训令二四二号
令警察所、倭西门县佐、第一二分驻所、三卡

案奉

黑河道尹公署第五〇三七号训令内开，查过江执照已停办数月，将来能否续发云云。迅速遵办，勿得迟误，此令，等因，奉此，除分行外，合亟令仰该所、佐、驻所、卡即便遵照，将所收照费若干应即报解并分别将未经发出之执照一并解署，以凭汇报，勿稍迟延，是为至要，此令。

知事杨

中华民国十二年十月十二日

指令第二六九号

呈悉，据缴过江执照卅四张如数收讫，仰应汇缴，此令。

十八发

呈为遵令缴送过江执照谨请鉴核汇报事，案奉

钧署训令第二四二号内开，案奉

黑河道尹公署第五零三七号训令内开，查过江执照已停办数月，将来能否续发或更张办理尚不得知。所有以前该各县、局、卡、佐治、各署请领该项执照是否均经发出，所收照费若干应即具报并赶日分别扣解，其未经发出之执照仰即一并解署，以资结束而便转报。除分行外，合亟令仰该县迅速遵办，勿得迟延，此令，等因，奉此，除分行外，合亟令仰该分所即便遵照办理，将所收照费若干应即报解，并将未经发出之执照一并解署以资汇报，勿稍迟延，是为至要，此令。等因，奉此，查此项照费按月呈解已截至六月份止在案。嗣因沿边交通断绝停止往来行人，以至数月再未

·213·

出售，理合检同过江未经发出之执照三十四张具文呈送

鉴核汇报施行，谨呈

呼玛县知事杨

计呈缴过江执照三十四张核收。

呼玛警察第一分驻所巡官曾永通

中华民国十二年十月十五日

呈第二九号

呈道尹兼交涉员

呈为转据倭西门县佐署及依西肯、察哈彦各卡缴到已放、未放过江执照造具照款清册，谨请

鉴核存转事，案奉

钧署第四二号训令内开，案查本署前因过江执照停办所有各属前领未用执照，业经分令迅速归数缴署以资结束在案，现在各县局均已先后如数缴到。惟该县尚未将倭西门县佐署及依西肯、察哈彦执照转缴前来，殊属玩延。合亟令催该县仰速赶日缴署以凭汇缴财厅勿再延误，切切，此令。等因，奉此，遵即分别令催速缴去后。兹据倭西门县佐署呈缴十二年四五两月份发放过江执照三十一张，未放过江执照一百张，计收照费现大洋六元二角，除遵令提留一角五分补助警学及办公各费，共计大洋四元六角五分外，实应解工本费、邮费大洋一元五角五分，并据依西肯、察哈彦两卡伦缴来未用执照七十张，理合造具照款清册检同缴查三十一张，未用过江执照一百七十张，工本邮费现大洋一元五角五分一并具文呈送

鉴核存转施行，谨呈

黑河道尹兼瑷珲交涉员宋

计呈送照款清册各二本，缴查三十一张，

工本邮费现大洋一元五角五分，

未用过江执照一百七十张。

呼玛县知事谈绥熙谨将倭西门县佐署民国十二年四五两月份发放过江执照用存数目暨依西肯、察哈彦两卡伦所存未放执照造具四柱清册，陈请

鉴核。

计开
旧管
一 存过江执照二百零一张
新收
无
开除
一除倭西们县佐署发出过江执照三十一张，自收字一百七十号至二百号止。
一缴未用过江执照一百七十张，自收字三十号至二百号止，（以下略）
实在
无

呼玛县知事谈绥熙谨将倭西们县佐署民国十二年四五两月份发放过江执照并征收照费分别截留解缴各数目造具四柱清册，陈请
鉴核。

计开
旧管
无
新收
一倭西们县佐署十二年四五两月份征收照费现大洋六元二角。
开除
一佐署提留警费现大洋一元五角五分。
一拨发学费现大洋一元五角五分。
一县署截留办公费现大洋一元五角五分。
一解缴执照工本邮费现大洋一元五角五分。
以上共除现大洋六元二角
实在
无

知事谈
中华民国十三年三月　日

呈为具复短少收字第九百号三联过江执照一张情形，并缴照费现大洋二角，谨请

鉴核饬收事，案查前奉

钧署第二九七八号指令呈一件为遵令呈缴警察所缴到本年六月分（份）末，奉令断绝交通之前发放过江执照费云云由。内开，呈册均悉云云，此令。等情奉此，当经转知杨前知事世清查复去后，据杨前知事复称，查封发时并未短少，抑系途中遗失无凭，悬揣惟查过江执照每张规定收执照费现大洋二角，现已丢失一张，责令经管人追赔执照费现大洋二角，请即声叙转缴。等因除倭西门县佐等处所存过江执照已另文呈缴外，理合检同执照费现大洋二角具文呈请

钧署饬此施行，谨呈

黑河道尹宋

计呈缴过江执照费现大洋二角。

知事谈

中华民国十三年五月十九日

指令第三九六号

指令倭西门县佐

呈悉，仰候汇报，此令。

呈为具报倭镇近无过境俄民恭请鉴核转报事，案奉

钧署第二四三号训令内开，案奉

道尹兼交涉员第一六五号训令内开，案查本署拟具取缔过境俄民办法四条，呈奉

省署第二三八二号指令内开，呈暨附件均悉。查所拟取缔俄民入境办法一二两条尚属可行，其三四两条似未妥洽，应改为如不能觅具妥保，无论何等俄民均应一概拒绝，或有私逃入境者一经查出立即驱逐出境，仰即遵照办理，随时具报并候分别严令查照，等因，奉此，除分行外，合亟抄同本署原拟办法四条，令仰该县即便遵照办理，并将办理情形随时具报查核，此令。计抄件。等因，奉此，除分行外，合亟抄同原件令仰该佐遵照

办理，并将办理情形随时具报以凭核转，此令。计抄件。一、在此市民对俄经济绝交时期，凡遇无照俄民过境不论有无政治关系，均应由军警拦阻不准登岸。二、黑河沿边处处与俄毗连，边线延长防不胜防，难免俄民由荒僻处所私逃入境。如被军警查获既无政治关系者，即照取缔过江办法送交驻黑俄委员会侦办；其确有政治关系者如能觅具殷实妥保，应准领取注册执照在华境居留以重人道。三、呈查获无照入境俄民如有政治关系而又无处觅具妥保者，即交瑷珲县拘禁。四、拘禁俄民如果人数太多，监内无法收容呈请省示核办，等因，奉此，查倭镇除前由俄岸逃来秋卜罗夫等五名均令取具妥保，并随时严加监规，业经呈报在案外，此后并无过境俄民，理合据实呈报恭请鉴核转报施行。谨呈

呼玛县知事谈

县佐纪维翰

中华民国十三年八月二十四日

呼玛县署　饬第二四九号

为通行华工赴外工作章程由

为通行事，案奉

巡按使第二二九五号饬开云云，此饬，等因，奉此，除分行外，合亟照录附件饬，仰该所、卡、县佐、会即便遵照劝阻相应华工万勿应募咨行为要。此饬计刷件贵所、局请烦查照劝阻华工万勿应募施行，此咨

县警察所

库玛尔河、余庆沟金矿局

右饬　第三、四派出所

　　　各　　　卡

　　倭西门县佐

　　商　　　会

准此

署名

中华民国　年　月　日

——民国呼玛档案 563 卷《民国五年为通行华工赴外工作章程由》

省署饬知禁止私自招华工赴外由
黑龙江省公署　饬第二八九〇号

为饬知事，本月九日准

外交部电开，俄招华工核以向例，现情均难固拒，惟所订合同必详经本部查核妥善，并由俄使声明工人不预战事方予核准。核准后由原订合同地方官询明招工地段、拟招人数、填给护照黏附合同，持赴该处，呈候当地长官验明，方准开招。招齐登程之先，报由官长将工人逐一验询，果否自愿承招，以杜诓诱强迫之弊，工人在途尤应责成招工人善为维护，不得凌虐。违者，查出严惩。各处倘有不持护照不报官长私自招工者，并应分别禁止，俾免招摇滋事。除分电外，希通饬所属遵照，等因，准此，除分饬交涉员、各道尹、县知事、设治局一体遵照外，合亟饬仰该县即便遵照，此饬。

黑龙江省长毕桂芳

右饬呼玛县

中华民国五年七月十四日

黑河道尹兼瑷珲交涉员　饬第三三四号

道尹饬发俄招华工所订合同条章由

为饬遵事，案奉

省署饬开，案查前准

外交部齐电内开，俄招华工核以向例，现情均难固拒，惟所订合同必详经本部查核妥善，并由俄使声明不预战事方予核准。核准后由原订合同地方官询明招工地段、拟招人数、填给护照黏附合同，持赴该处呈候当地长官验明，方准开募招。招齐登程之先，由长官将工人逐一验询果否自愿承招，以杜诓诱强迫之弊，工人在途尤应责成招工人善为维护，不得凌虐，违者查出严惩。各处倘有不持护照不报官长私自招工者，并应分别禁止，俾免招摇滋事，希通饬遵照，等因，准此，当经通饬遵照在案，嗣据驻哈铁路交涉总局先后详报华商张宝髯、吕泰等与俄商师拉夫连节也夫一起订募华工四千名在天津盐山县、烟台、吉林、长春、阿什河、宁安、拉林、仓宾县，奉天营口、安东、依安、铁岭、西安、西丰等处招募；又席静庵与俄杂尔臣国等所订合同一起招工一千六百人，系在奉天招募；又王作林与俄郭焦里尼国夫一起订立合同招工二千人，系在天津招募；又王同文、杨嵩等与坡诺索夫一起招工一千名，在吉林、双城、哈尔滨招募；又何果忠与俄报闹所夫一起订招三千人，系在安东招募。抄录合同，详请核办，各等情据此当以合同须俟外交部核准方能施行，批饬候示去后，旋据该局总办马忠骏详称张宝髯等四案与俄人订立招工合同，均奉部核准情备案事。查张宝髯等与俄国拉夫达节也夫、又席静庵与俄国杂哈尔臣国等、又王作林与俄国郭焦里尼国夫、又王同文等与俄国坡诺索夫订立招工合同四案，经本局将各合同于第九百六十、第九百六十八、第九百六十九、第九百九十一等号详抄送在案，并于七月六日奉外交部实字第五十七号批开，按九六十、九六八、九六九等号详均悉，所送各合同尚属妥洽应准，应准备案。惟嗣后如有招工事宜应与俄政府委员商办，合同草底亦应先行送部候核，毋得辙自订定，是为至要。此批又奉电开，四次详暨合同均悉，惟干预战争上应将"直接"二字删去，以杜影射，余遵前批办理，外交部鱼（电）各等因，奉此，除将合同内"直接"二字饬令删去外，理合详请鉴核备案等情，并据篠电称，各起招工人由局发给护照，注明地点人数。六月二十八日以后所发护照均附粘合同与外交部齐电办法尚不相背等语。本省长查各起合同与刘公使拟订章程尚属相符，既据该局详部核准，亟应查照施行。何果忠一起，尚未奉部核准，应俟复到另文咨行奉天省长并分别咨饬查照办理外，合亟饬仰该道即便转饬知照。计附抄件，等因，奉此，除分行外，合亟刷印原件饬仰该县即便知照，嗣后如遇俄人入境招工应即遵照省部电文办理，切切。此饬，计附刷件。

道尹王杜

右饬呼玛县准此

中华民国五年八月十九日

——民国呼玛档案 563 卷《民国五年为通行华工赴外工作章程由》

为通行俄人来华招工
应照省部电文办理由
呼玛县公署　饬文第一七九号

为分行事，本年八月二十八日案奉

道尹兼瑷珲交涉员第三三四号饬开，云云，此饬等因，奉此，除分行外，合亟饬仰该所、县佐、卡、会相应咨行，即便遵照省部电文办理，勿违为要，切切，此饬。

贵局烦为查照省部电文办理施行，此咨

库玛尔、余庆沟金矿局

署名

右饬县警察所、倭西们县佐、各卡、商会准此

中华民国五年八月卅一日

呼玛县公署　饬第二九一〇号

为通行事，案奉

省长第三零八一号饬开云云，此饬计抄件，等因，奉此，除分行外合亟相应照抄原件，饬仰咨行该所、县佐、卡即须遵照办理，勿违为要，切切。此饬，计抄件。

贵局请烦查照办理为要，此咨
库玛尔、余庆沟金矿局
计抄件。
右饬县警察所、倭西们县佐、各卡准此。

中华民国五年九月四日

黑龙江省公署　饬第三〇八一号

省署饬知境内如有执照招工情形妥为监护由

为饬知事，据吉林吉长道尹兼长春交涉员柴维桐详称为详请事，案查本年五月二十九日准驻长春俄领事来照，以俄国采办材料处代表俄人达聂尔来长招工赴俄砍伐木柴，请准许招募等因，随据该俄员来署面陈，当经取具该俄员与华商义成公司所订合同详细审查，逐条验正嗣以其中尚有遗漏。又饬双方另立追加条款，均经详奉外交部核准立案。其此项工人决不干预战事一节亦经俄国驻京公使用文正式向外交部声明各在案。兹据义成公司禀称，现拟陆续派遣工头分赴黑龙江省等处从事招募，并拟派招待员分途照料，请发给执照并知会各该处地方官保护等请，据此，查此次该俄人办理招工完全就我取缔范围，手续完备，为其他办理招工所未有，据禀分遣工头等人前往各处从事招募，自应照准。除随持发给执照并将合同刷印通送接洽外，理合检同合同全部，并抄两次部电，具文详请签核，俯赐通饬遵照。如遇该公司执持本署所发执照之工头或招待员等人到境招工，务即妥为监护并将合同节要宣示周知，以免误会。如有未持执照前往招工者，亦即严加取缔，藉杜流弊实为公便。等情据此，除批详暨合同抄件均悉，查招工办法，现准外交部齐电业经通饬遵照在案，兹据前情自应照准，仰候饬属遵照，并仍查照饬准外交部齐电妥为办理，惟前据呼兰县知事电称，该县有持该署护照在境内招工当以未据咨会有案，电饬该县暂行禁阻，等因在案，并候饬由该知事遵照。

附件抄发，此批等因，印发并分饬各道县局一体知照外，合亟饬仰该县即便遵照，该县境内如有持照招工情形并一面遵照本公署二八九零号饬准外交部齐电办理，切切，此饬。

计抄件。

黑龙江省长毕桂芳

右饬呼玛县准此

中华民国五年七月廿五日

黑龙江省公署　训令第一四号
令呼玛县

令知通召俄人招工事宜妥善办理由

案准

外交部阳电开，俄人招工事，如果合同完备，手续妥善，于主旨上亦不妨试办，乃自蒙成发端以来，即江省铁路交涉局一处合同连续至八九次之多，承订华人是否公正，代招工头是否妥慎，办理不善纷扰滋多。现值国家多事，东省到处发生困难，地方官及各处公司机关函电交驰，纷纷诘问，本部经理外交，值此时会与国内舆情、地方程度，不得不兼筹并顾，慎重从事，希随时饬属妥办，勿滋流弊，等因，准此，当经电饬铁路交涉总局遵照在案。除分令知照外，合亟饬仰该县即便知照，此令。

省长毕桂芳

中华民国五年八月十五日

黑河道尹兼瑷珲交涉员 训令第四五〇号
令呼玛县

令知各次外人招工随时呈报由

案奉

省署第五九五号训令内开，案准

国务院佳电开，近来外人招募华工时有所闻，如确系雇充工人事属可行，惟须随时详报外交、内务、农商三部核准，希即转饬所属一体知照，等因，准此，除分令遵照外，合亟令行该道尹即便转令遵照，切切，此令。等因，奉此，除分行外，合亟令仰该县即便遵照。此令。

道尹王杜

中华民国五年十一月一日

令知嗣后外人招工须与订定
毙命一名得给恤金千元由
黑河道尹兼瑷珲交涉员　训令第一六五号
令呼玛县

案奉

省长第六百九十号令开，本月十三日准

外交部文电开，法国在香港所招华工运至地中海，为德潜水艇击沉运船，溺毙五百余人，情形至惨。现经国务会议议决，嗣后外人招工须与订定华工毙命者，每名给恤金华币一千元，若不允即不准招工，以重民命，希饬遵，等因，准此，除分令遵照外，合亟令仰该道尹即便遵照，切切，此令，等因，奉此，除分行外，合令该县即便遵照，此令。

道尹王杜
中华民国六年三月廿八日

呼玛县署　公函第十二号、训令第九五号
令警所、县佐、各卡

迳启案奉

道尹兼瑷珲交涉员第一六五号训令内开，案奉云云，此令，等因，奉此，除分行外，相应函知，合亟令仰该所、县佐、卡即便遵照，切切，此令。贵会烦为查照，此致

呼玛县商会

署名（令用）
中华民国六年四月十七日

黑河道尹兼瑷珲交涉员　训令第三六七号
令呼玛县

令知华工赴俄作农规章由

案准俄边界廓米萨尔第一千一百八十七号照会内开，阿穆尔省保安会为便利入境作农事华工起见，特定规章。一华工凡做农事者，由本年六月一日起至明年一月一日止，不令起领俄国票照；一华工于农事完竣，再在本省居留过明年一月一日后，应起俄国票照；一华工于所定期限满后，不起俄国票照，即照无票华人驱逐出境。相应咨文照会贵道尹，请烦查照饬令周知可也，等因，准此，除分行外，合亟令仰该县即便转令所属一体知照，此令。

道尹王杜

中华民国六年七月九日

为令知华人赴俄作农规章由
呼玛县公署　训令第二○六号
令警所、县佐、各卡

案奉

道尹兼瑷珲交涉员训令第三六七号内开，云云，此令，等因，奉此，除分令外，合行令仰该所、县佐、各卡知照，此令。

署名

中华民国六年七月三日

黑河道尹公署　训令第八七二号

令呼玛县

令发法人招工维持条列商榷六条由

案奉

省署第六二三号训令内开，案准

农商部咨开，准驻法公使函称，去年八月间有天津惠民公司经理李熹善偕法国农学技师陶履德，率所招华工行抵巴黎，呈验招工合同，经本公使逐条批阅，纯是个人营业性质，兹陶履德又赴华继续招工，本公使有保护旅外人民之责，不能不预事筹维持条例商榷六条。为约束本国工人并为维持工人应有利益起见，采本于人道公正主义于各国保护工民之法律亦无不合，拟请通令各省商会逐条研商办法后，其相助以惠华工。等因到部，查原函所陈各条，思虑周密，防患未然，于严加通押之中即寓保护华工之道，其合同之已经成立者恐未易遽事改订，嗣后遇有此种招工情事，自应参照原陈各条斟酌利弊，随时研商妥慎办法以惠华工。相应抄录原函，咨请贵省长核办，并希通令所属各地商会审慎办理可也，等因，准此，除分令总商会遵照办理外，合亟照抄附件令仰该道尹即便转令所属遵照，此令。计抄件。等因，奉此，除分令外，合行照刷原件，令仰该县即便转行遵照办理，此令。

计刷原件。

道尹王杜

中华民国六年三月廿一日

为行知警所商会德法人招工维持商榷六条由

照录驻法兰西国公使来函

迳启者，本年八月间，有天津惠民公司经理李熹善偕法国农学技师陶履德率所招华工一千七百人行抵巴黎，呈验招工合同，经本公使逐条披阅，纯是个人营业性质，当嘱该经理完全担负合同上之责任，并应详细调查法国工厂情形，为华工谋应有之利益。兹法国技师陶履德又赴华继续招工，此后华工人数来法者日众，本公使有保护旅外华人之责，不能不预事筹维持条例，商榷于后。

一招工合同应修订尽善也，法国最重工业于保护工人法律至为完备。自欧战延长，法国壮丁齐赴战场工人缺乏，工作陡增，与前二三年情形迥异。是以合同内亟宜声明华工应与法国工人受同等法律之保护措施，工价亦应与法国工人一律。有此声明，可免除工人与工厂一切之冲突，且工价与法国工人一律，庶不致因华工工价较廉而招彼工党之妒忌，致蹈美国苛律之覆辙。此与将来出洋华工关系至巨。又招工应有费用，公司应有费用不妨据实预算，向法商另款提议，万不可按工人名数抽算，此为顾全遵重人道之美举，且力避贩卖猪仔之嫌疑，庶冀可行之久远也。

一所招工人应严加选择也，今日出洋之工人首先预计将来回国后作何安置，其上学者能熟练法国之工场管理法，将来即为良好之工头，其资属者能积蓄所得工资，将来亦可小本营生，是以宜保卫其群。万不可使赌棍地痞混迹其中，盖赌棍天良丧尽，专以吸人膏血为事，不顾人之生活，将工人辛苦所积工资，席卷而去岂不痛心。倘到洋后更明目张胆开设牌九番摊，一经所驻国警察拘捕，则国民声名应被损害。至地痞平日本藐视法律，无恶不作，加以出洋稍加阅历，恐机械之心愈工，而一般志气未定之工人易为习染所移，将来勾结煽动鱼肉良懦，小则为一乡一邑之害，大则可种祸于国家，慎无以其轻而乎之也。

一普劝工民商民宜尊重个人名誉也。将来华工出洋日众，渐可推及于商业运销，华货列肆欧市待便本国令购用，必为欧洲人所欢迎，惟商人所运物品以及到欧洲经商应有实在资本，益处处遵守法律，方与中国商业前途有益。查前年有湖北人到巴黎携妇女沿街售纸花，垢服蓬形，行人厌之，本馆以其有损国体经电部拨款一律遣回；又有浙江青田石商运来小品，因琢工太粗，销路甚窄，资本竟罄流落可忧，亦经本馆设法资助遣归；又欧报载某国都市有中国工人所居之旅馆尝见青年妇女朝去夜来，致为彼国工会所排斥。以上各事皆与中国工商名誉极有关系，当引以为戒。现工人应注重卫生，若沾染花柳病定被工厂驱逐必有流落他乡，还不胜遣之，患至娼妓丑业，有玷国体，万不可听其出洋，尤当恕为廉洁。

一严检工人行李，不准携带鸦片烟也。现在国内烟禁綦严，皆存土膏等法潜售一种罔利之徒，必算计以售，其欺既有华工，盈千偕行，难保无偷带烟土，倘经过海关偶疏检查，到外洋后公然开灯集吸，一经所驻国警察捕获，凡吸烟之工人定为所驻国法律不容，届时或拘禁或立时驱逐，亦累及国家体面，且为外人所藉口更于中国禁烟所述有莫大之影响。

一外国船上水手等不唯虐待华工也。现世界重平等主义，华工能安分守己，即应与他船客一律待遇，不准无端叱责，又不准无端殴打，至华工初次出洋不谙船中规则，宜由通译善为劝导，令其遵守。倘船长纵容水手等虐待华工，即由通译密函，经手招工之人应向船公司诘问并嘱船公司严行禁止。

一亟应设领事管理华工也，查领事之职务专在保护旅外人民之商工业，遇有发生事件属于国际执法上性质者，随时可请求所驻国地方官相助即可了结，不必牵及国际公法上问题。即如此项招募华工纯系个人营业之行为，国家应无干涉之必要，是以亟应设领事以划定职务之权限。且华工日众，其注册发照稽查等事手续多繁，不设专员无从办理，此又关乎保护人民之主权，不可自行放弃者也。

以上六条本公使为约束本国工人并为维持工人应有利益起见，悉本于人道主义，于各国保护工民之法律亦无不合，拟请贵部通令各省商会逐条研商办法嘱其相助为理，以惠华工出发遵行，此致。

五月二十三日

呼玛县公署 公函第一三号、
训令第一〇三号

令警所

迳启者，案奉

道尹第八七二号训令内开，案奉云云，此令，等因，奉此，除分行外，相应抄粘函请，合行抄粘令仰该所即便遵照办理，此令，计抄粘。

贵会烦为查照，此致

呼玛商会

计抄粘。

署名（令用）

中华民国六年四月廿三日

黑河道尹兼爱珲交涉员 训令第五〇三号

令呼玛县

令为有无招募侨工详查具开复由

案奉

省长第六五八号训令内开，准

国务院侨工事务局咨开，查欧战发生以来，外人之向我国招募华工者接踵而起，我国政府鉴于生齿日繁，贫民日众，遂有趁此时机以移民为救民之举。但此等应募工人远涉重洋，生命关系至为重要。现在本局成立对于承募各种机关，务在严重取缔根本改革，以求办法之统一，籍免民生之流弊。惟查承募机关，其经官府批准有案者只一惠民公司，此外通商口岸及内地各属代外人招募华工者实繁，有徒是何名称、性质如何、办法如何，均属漫无稽考，殊犯郑重之道，本局未悉详情无法取缔。为此备文咨请贵省转饬所属，务将所辖地方有无招募侨工机关，该有无此种机关，其情形若何，一并详细调查咨复本局，以凭办理，实纫公谊。等因，准此，查此须招募侨工机关、哈尔滨、黑河等处或亦不免，此外内地有无代外人招募华工情事。除分令外，合亟令仰该道尹即便饬属详细调查，呈候咨复。等因，奉此，除分行外，合行令仰该县即便遵照，迅即详查，具复以凭核转，此令。

道尹张寿增
中华民国七年四月十九日

为呈复本县辖境并无招募侨工机关由

为呈复本县辖境并无招募机关事，本年五月八日案奉

道尹兼交涉员第五零三号训令内开，云云，此令，等因，奉此，查本县辖境并无招募侨工机关，此外本县人民亦无代外人招募华工情事，兹奉前因，理合具文呈请，钧署鉴核，附报施行，谨呈

黑河道尹兼瑷珲交涉员张

署名
中华民国七年五月八日

为通令禁止私行招募华工由
黑河道尹兼瑷珲交涉员　训令第五八四号
令呼玛县

案奉

省长训令第八九五号内开，案准

国务院东电内开，案查侨工出洋条例业经呈请公布，第十二条内载关于募工事项，条约中有特别规定者，系依其规定等语。嗣后各国在中国招募华工自仍须按照约章及条例办理。除订有合同经外交部核准在先，业经行文到各县者外，无论何国不准私行招募。倘有擅自开招情事，务由该管地方官厅严行禁阻，毋行放任致违约章。希即通令所属一体遵照，等因，准此，除分令外，合亟令仰该道即便转令所属遵照，等因，奉此，除分行外，合行令仰该即便遵照，此令。

道尹张寿增
中华民国七年五月二十日

呼玛县署公函第二三号、训令第七八号
令警所、县佐、各卡

为令禁私行招募华工由

迳启者，案奉

道尹兼交涉员第五八四号训令内开，云云，此令，等因，奉此，除分行外，相应函行，合亟令仰该所、县佐、卡即便遵照，此令。

贵会烦为查照施行，此致
呼玛商会

署名
中华民国七年六月十七日

黑河道尹兼瑷珲交涉员　训令第六〇六号

令呼玛县

为令知禁止外人私招华工由

案奉

省长训令第九一六号内开，案准

国务院侨工事务局咨开，查侨工出洋条例暨募工承揽人所缔规则业奉

大总统敕令公布在案。嗣后，各省凡有承揽募工事业，统应按照条例
呈请本局核准后方准开始营业，除惠民公司在本局未成立之先，曾经由外
交部核准有案，尚余一万余名未经招足，自应继续准招。此外，本局及外
交部尚未核准他案。如有在各地招工，无论华洋人等均应严行禁止，相应
咨请贵省长转饬所属一体知照为荷，等因，准此，除分令外，合行令仰该
道即便转令所属遵照，等因，奉此，除分行外，合行令仰该县即便遵照，
此令。

道尹张寿增

中华民国七年五月廿七日

通令知禁止私行招募侨工由
黑河道尹兼爱珲交涉员　训令第五九三号

令呼玛县

案奉

省长训令第九零七号内开，案准

国务院侨工事务局咨开，四月二十一日奉

大总统教令公布侨工出洋条例内第十二条载关于募工事项，条约中有特别规定者，仍依其规定。等因案查，前清同治五年中英法续定招工章程，条例第一款内开，中国通商口岸凡有商民欲请准设公所开办招工，应将合同底稿并章程各纸敬请领事官查阅。又第二款所载该商敬请前来领事官查其实属殷实妥当之人，即将所呈合同章程各纸查核酌情删改，方可转移该管地方官查阅其属妥协立给印牒准设招工公所，领事官即将印牒及合同等件一并在本署抄录存案。又同治十二年总理衙门奏准，凡属有约各国请在通商口岸招工，均须遵依二十二款章程办理等语，是凡有约各国欲在我国通商口岸招募华工，均须呈由该国领事转移该管地方官核准，给予印牒方能设立招工公所。查近年以来欧战影响，各国需工甚殷，外人多有招募我国工人出洋工作，政府为保护侨工起见，特设专局董理其事。凡有外人不遵约章，未领印牒私行招募者，自应由本局呈请国务总理通令各省，依据约章严行禁阻。其有遵照约章由该国领事转移地方官请给印牒者，亦应先咨本局或通知当地侨工事务分局，或通知侨工事务经理员转呈本局核准，行文到后方可给予印牒，以昭郑重而资统一。除呈由国务总理通令各省，凡有外人不遵约章请领印牒私自招工严行禁阻外，为此咨请贵省长迅赐通饬所属，遇有外人遵照约章请领招工印牒，将须先咨本局核准后再行发给，以一事权。等因，准此，除分令外，合亟令仰该道尹即便饬属遵照，等因，奉此，除分行外，合行令仰该县即便遵照，此令。

道尹张寿增
中华民国七年五月廿二日

为通令禁止外人招募华兵由
黑龙江全省警务处　训令第二九三号
令呼玛县

案查外人在中国境内招募华兵，前曾明令禁止，现在欧战尚酣，俄乱未息，外人暗为招募华兵在所难免。前据龙江县知事钟毓呈具警察所，在昂昂溪侦获华人常宗廷等六人暗代俄人招募华兵，业经送请督军署迅究惩办在案，诚恐通商口岸以及各属区内密代外人招募华兵者尚有其事，倘不切实侦查，殊不足以资防范。惟此项举动至为秘密，往往以招募华工为名，实则暗代外人罗致华兵，自应特别注意，以期防患未然。除分行外，合亟令仰该县即便遵照转令所属警团认真查禁，毋稍疏懈。切切，此令。

署处长张仁

中华民国七年六月廿日

黑河道尹兼瑷珲交涉员　训令第一二一号

令呼玛县

为令节请在法助战华工领取奖牌办法由

案奉

省署第二六零五号训令内开，准

国务院侨工事务局咨开，据驻巴黎总领事侨工委员呈称：窃欧洲巨战以后崇功酬德，各国于战时出力人士皆有褒赏。而法以首胜之国事后尤自不能无所宣扬，故该国政府议定颁发奖章。凡曾出力战事者，靡论本国、外国人士概行奖给，故我国工人以助战之功亦有佩带之权利。惟领取手续有定，深恐归国工人多以地处乡僻未闻其事或闻其事而不知从何处领取者，查照法陆军部通告系限定至一九二二年一月一日以前，已归国工人须将姓名、作工号码及在法作工地点、遣送回国日期、在华详细地址开明，直向法国巴黎法陆军部呈请，俟该部审定然后再将奖牌表寄中国天津紫竹林法国水师营，分寄工人得有奖牌表，然后方可购买奖牌佩戴。兹将法陆军部致中国使馆函内，开领取奖牌条例抄呈钧鉴，伏乞俯予通知已归国工人照章往前途领取法国战事纪念奖牌，至为德便。等因到局，除分行外，相应抄录译件，咨请贵省长遵照转饬所属一体遵照办理，布告通知为荷。等因令行到道，除分行外，合亟照抄原件，令仰该县遵即布告周知，此令。

计抄件。

护理道尹孙蓉图

中华民国十年九月十九日

法陆军部致驻法中国使馆函

迳（径）启者奉，二月十九日来函承询，依据去岁六月二十三日法律须给华工法国战事纪念章之手续一节，兹谨条复如下，即希查照转知：

一、在法华工

纪念章凭单由马赛收容所所长呈请第十五区总司令颁发。

二、回国华工

回国华工须请求法陆军部第八司第五科颁发凭单请求书，应叙明姓名、号码、在何工队及地点工作、回国年月、现在住址，如某省某县某村某街门牌某号，应详明填注于一千九百二十二年一月一日以前寄到巴黎，否则无效。

凭单由驻天津法国武官长颁发，其他详情可向驻京法公使馆查询。以上各节，如承贵国政府正式通告俾众周知至为感荷。再纪念章并非赠品，有凭单者可自购买，但曾经违法及因故遣送回国者不得领取奖章。合并本明，此致

中国公使

法国陆军部

一九二一年五月三日

黑龙江省长、督军公署　训令第三三号
令呼玛县

为特设侨务局专办侨务事项由

承准

国务院啸电开，前以我国侨民旅外既多，其陆续回国经营实业者亦颇

不少，保护劳来均关重要。爰采纳华侨代表之吁请特设侨务局专理其事，并奉大总统明令督促进行各在案。现在侨务局业已成立，嗣后各省区凡有关于办理侨务事项，如侨民在外之保护、回国之安置等均属该局职掌，应随时分咨该局核办，以专责成而利推行，希饬属一体遵照等因，承准此，除分行外，合亟令仰该县遵照，此令。

督军兼省长吴俊升

中华民国十一年三月二日

黑龙江实业厅 训令第卅一号
令呼玛县

为令发调查华侨已办实业表式仰即查报由

案奉

省长公署第四七七号训令内开，准

侨务局函开，迳启者，查在外华侨回国兴办实业所在多由本局成立伊始，亟拟详析调查籍策进行，相应拟定表式随函送上。希即查照饬由实业厅按照表列各项详细填列，迅送本局以备查考。附调查一览表一纸，等因，准此，合行照抄表式，令仰该厅迅即查照办理，迳送并分呈本署备查，此令。附调查一览表一纸，等因，奉此，除分行外，合亟照印表式令仰该县迅即查报，此令。

附表式。

庭长张星榆

中华民国十一年三月三日

黑河道尹兼瑷珲交涉员 训令第二〇六号
令呼玛县

为查拿诱卖人口出洋由

案奉

省署第七五八号训令内开，准

侨务局案开，查近年以来我国人民纷纷出洋工作，其中经政府核准发给执照者为数无几，而为奸徒诱惑贩卖图利者在所不免，似此拐骗行为实属大背人道主义，叠经前侨工事务局通行禁止在案。本局成立伊始亟应重即前案从严取缔，除工人出洋条例暨招工承揽人取缔规则分别修订另文通行外，相应咨请贵省长查照，希先转饬所属地方官随时稽查，如有奸徒诱卖人口出洋，即行严密查拿，依法惩办，是为至盼，等因令行到道，除分行外，合亟令仰该县遵即饬属随时查拿严办，勿稍疏忽，切切，此令。

道尹兼交涉员

中华民国十一年四月廿日

黑龙江省长公署训令第一三四五号
令呼玛县知事

为令发国内侨务调查事项一纸由

案准

侨务局咨开，查各省区人民出洋回国及产业状况均与侨务关系甚切，亟应详细调查以便提倡劝导。兹订定国内侨务调查事项二十项，咨请各省区通饬各县知事，查照项目逐一调查，每月迳行呈报本局一次，以便改核，相应咨请贵省长查照转饬办理，等因，准此，除分行外，合行检同原件，令仰该知事即便逐项查明，按月迳行报局核办，并分报本署备查，此令。

计国内侨务调查事项一份。

省长吴俊升

中华民国十一年六月十三日

国内侨务调查事项
中华民国十一年四月订定

第一项：所管区域内每月出洋之男女人数及其年龄、职业、出生地、投住地、出洋之原因与目的，并所携财物之价值（年龄分别十六岁未满者若干人、十六岁以上四十岁未满者若干人、四十岁以上者若干人、职业分别某业若干人、出生地分别某县若干人、投住地分别某地若干人、出洋之原因与目的分别某原因若干人、某目的若干人、所携财物之价值合计，每月内出洋各人所携之总数）（第一次报告并列五年来增减之统计）；

第二项：所管区域内人民出洋之途径及方法，（是否自由出洋抑系外人来内地招募，有无诱骗贩卖情事，官厅对于诱卖有无救护办法，均须一并叙明）（第一次报告并详其沿革）；

第三项：所管区域内有无外国招工机关及其组织与办法；

第四项：所管区域内官厅对于人民出洋有无具体限制之各项单行法令；

第五项：所管区域内人民出洋时与外人所定之合同及类似之契约；

第六项：所管区域内人民出洋时所感受的困难之点；

第七项：所管区域内每月回国侨民男女之人数及其年龄、职业、出生地，回国之原因与目的并所携财物之价值（照第一项所列）；

第八项：所管区域内回国侨民职业生产能力及特殊技能（如有失业者并将失业之原因状况及官厅有无救护办法一并叙明）；

第九项：所管区域内回国侨民所营实业之概况及各项实业统计；

第十项：所管区域内回国侨民所营公益事项并其成绩；

第十一项：所管区域内回国侨民兴办实业所感受困难之点；

第十二项：所管区域内官厅资助回国侨民兴办实业与公益事业之办法；

第十三项：所管区域内有无侨民通讯机关及回国侨民图册叙其名称、社会组织、经费及领袖姓名；

第十四项：回国侨民迎娶外国妇女者及入外国国籍者之姓名与国籍；

第十五项：侨民子弟回国有所管区域内求学者叙其姓名、年龄、出生地、侨居地、父兄职业并所入学校之名称班次，入学等级与学业期限（第一次报告并详察各班侨民子弟毕业人数）；

第十六项：所管区域内教育侨民子弟之专设学校及优待或奖励侨民子弟入学之办法（专设学校之组织经常管教职员之人数及创设之年月等项均须详细查报）；

第十七项：所管区域内人民客死外国者，遗金之所要保管及发还办法并历来寄存发还之金额；

第十八项：所管区域内重要物产之品名及市价，并向来输出物产之品名及市价（此项调查意在使侨民知本国之物产，勿应直接输出，调查务期精密）；

第十九项：所管区域内可以兴办尚未经营之实业（此项调查意在使侨民起回国兴业之观念，调查务期翔实）；

第二十项：其它关于侨务足其参考者及所管区域内回国侨民陈述于政府之意见。

呼玛县公署　训令第二二三号
令警察所、倭西们县佐

案奉

省长公署一八四五号训令内开，案准

侨务局咨开，云云，并分报本署备查，等因，奉此，除分行外，合亟抄件令仰该所长、县佐即便遵照查明，按月报署以凭转报，此令。

　　计发国内侨务调查事项一份

知事吴

中华民国十一年七月十二日

黑龙江省长公署　训令第五七二号

令呼玛县

本年二月二十六日准

　　国务院函开，迳启者，公府交

　　大总统发下侨务局总裁饶汉祥呈一件内称，职局管理侨务事权未能统一，拟请饬下京外各机关嗣后遇有关于侨务事项，务先与职局接洽办理，以重职责等语，奉

　　批交院等因，查侨务事项既经特设专局分司其事，所有各省关于侨务事件，自应先向侨务局接洽办理，以昭划一而免分歧。除分行外，相应函达贵省长查照转饬所属各机关遵照办理，等因，准此，除分行外，合亟令仰该县遵照，此令。

省长吴俊升

教育厅厅长于驷兴代

中华民国十二年三月十二日

黑河道尹兼瑷珲交涉员
训令第三〇三五号
令呼玛县

为通行华工赴外工作章程由

案奉

省署第二七九八号训令内开，本年十二月一日准

东省铁路护路军总司令部卅代电开，据万司令福麟有代电称，据驻赤坐探报称，赤塔华人在党为乱者共五人，国防局一人名李仲申；探防局二人名王平、乐广耀；余二人姓名未详，容探明再报。华侨公立红党会正会长为王玉珍、刘舟志二人；赤塔头站粮台一处、存储军粮食品甚足；又火磨一处，做工三四百人，每日制出面粉六七千甫特；又有飞艇七只，军用汽车二十二架，内有装设大炮四尊；又有铁斗汽车三架，刻下赤塔中俄商号因捐税太重大都关闭，由公家设立官小铺供给，各机关或铁路作事人员使用货款按月由薪工项下扣留，他人均须现款并由政府发出新纸币以资流通。现时赤塔华工极受虐待，均须请领手艺工人票，否则不准作工。其他华工如无人票亦得处罚煤矿工作等情，除饬续探及分报外，谨以电闻。等情除分列令饬所属严加戒备暨分电外，谨闻，等因，准此，除分行外，合亟令仰一体严防等因，奉此，除分行外，合亟令仰该县遵即饬属一体严加防范，切切，此令。

道尹兼交涉员宋文郁
中华民国十二年十二月廿二日
——呼玛档案 563 卷《为通行华工赴外工作章程由》

黑龙江巡按使公署　饬第二二九五号

巡按使密饬设法劝阻华工赴俄以维民命
否则参照刘使所订章程办理由

为密饬事，本月十六日奉

外交部密咨开，为咨行事迷准驻俄刘公使电称：

俄议院提议招募黄工耕种势在必行，继以情形隔膜，责成阿穆尔总督办理。又有中东铁路交涉代办赴哈招募华工三万筑行军铁路之说。此事危害极多，有弊无利，请设法劝阻限制，各等因并拟寄华工赴外作工章程到部。正核办间，又据该使电称：华工郭成祥面禀须与同伙多人被俄逼赴战地掘壕。等因前来，查前次乌拉岭西撒耳木所招采煤工人，已有不签合同被骗驱逐情事。近又逼赴战地，不惟该工人等危害可虞，且于中立有碍，嗣后遇有招工赴俄情事，应请以前次所募华工均未履行合同设法劝阻，并密谕地方官员严查私自招工，以维民命。即有万难固推之处，亦应参照刘使所订章程妥慎商订，咨部核准办理。除将本部与刘使往来电报及所拟章程抄寄外，相应密咨贵巡按使查照注意可也。附抄件，等因，准此，查本省近接俄壤，加以东清铁路之便，俄国既有此种提议，难免不在本省招募华工，若不事前妥为限制，设法劝阻，一经雇去工作，流弊无穷。驻俄刘公使电称：达代办受某工程师委托在哈招工数至三万之多，且为建筑军路逼赴战地掘壕等语。如果属实尤碍中立，应由铁路交涉总局严密查明详候核办。至松黑两江沿边招雇华人情形，应仰各该地方官交涉员随时严查，设法劝阻，即有万难固推之处，亦须参照刘使所定章程妥慎商订，仍以工厂或营业机关雇用为限。详请咨部核准办理，除分饬各道尹交涉局、署、各县知事遵照外，合亟抄录附件，饬仰该□即便遵照，并将办理情形随转详报查核为要，此饬。

计刷件。

巡按使毕桂芳

右饬漠河设治局准此

中华民国五年五月卅一日

——呼玛民国档案 563 卷《为通行华工赴外工作章程电交字第十号》

黑河道尹公署　饬第一九九五号

道尹密访严密查禁余麈熊继贞等邮容平和会函件由

为密饬事奉

巡按使署第六十六号饬开，接

统率办事处啸电内开，查有余麈、熊继贞等，自汉口日租界由日邮散寄函件，以组织东亚平和会调停国事为名，察其语意显为外人利用，自当干涉，希饬注意查禁，勿任传布煽惑等因，准此，除分行外，合饬该道即便遵照转饬查禁。等因，奉此，除分行外，合亟密饬该局仰即督饬所属一体严密查禁，切切，此饬。

道尹王杜

右饬漠河设治局准此

中华民国五年五月十五日

——呼玛民国档案 800 卷《民国五年俄招募华工》

黑龙江省公署　饬第二八九〇号

龙江省公署饬知俄招华工各办法由

为饬知事，本月九日准

外交部电开，俄招华工核以向例，现情均难固推，惟所订合同必详经本部查核妥善，并由俄使声明工人不预战事方予核准。核准后由原订合同地方官询明招工地段、拟招人数，填给护照黏附合同，持赴该处呈候当地长官验明方准开招。招齐登程之先，报由官长将工人逐一验询，果否自愿承招，以杜诓诱强迫之弊。工人在途尤应责成招工人善为维护，不得凌虐，违者，查出严惩。各处倘有不持护照不报官长私自招工者，并应分别禁止，俾免招摇贿事。除分电外，希通饬所属遵照，等因，准此，除分饬交涉员、各道尹、县知事、设治局一体遵照外，合亟饬仰该局即便遵照，此饬。

黑龙江省长毕桂芳

右饬漠河设治局准此

中华民国五年七月十四日

黑龙江省公署　饬第三〇八一号

龙江公署饬知俄国采办处招募华工一案
遵照本公署二八九零号饬准外交部齐电由

为饬知事，据吉林吉长道尹兼长春交涉员柴维桐详称：为详请事，案查本年五月二十九日，准驻长春俄领事来照，以俄国采办材料处代表俄人达聂尔来长招工赴俄砍伐木柴，请准许招募等因，随据该俄员来署面陈，当经取具该俄员与华商义成公司所订合同详细审查，逐条验正，嗣以其中尚有遗漏，又饬双方另立追加条款，均经详奉外交部核准立案。其此项工人决不干预战事一节亦经俄国驻京公使用文正式向外交部声明各在案。兹据义成公司章程，现拟限溪派遣工头分赴黑龙江省等处从事招募，并拟派招待员分途照料，请发给执照并知会各该处地方官保护。等情据此，查此次该俄人办理招工完全就我取缔范围，手续完备，为其他办理招工所未有。据禀分遣工头等人前往各处从事招募，自应照准。除随时发给执照并将合同刷印通送接洽外，理合检同合同全部，并抄两次部电具文详请鉴核，俯赐通饬遵照。如遇该公司执持本署所发执照之工头或招待员等人到境招工，务即妥为监护并将合同节要宣示周知，以免误会。如有未持执照前往招工者，亦即严加取缔，藉杜流弊，实为公便。等情据此，除批详暨合同抄件均悉，查招工办法，现准外交部齐电业经通饬遵照在案，兹据前情自应照准，仰候饬属遵照，并仍查照饬准外交部齐电妥为办理，惟前据呼兰县知事电称，该县有持该署护照在境内招工当以未据咨会有案，电饬该县暂行禁阻，等因在案，并候饬由该知事遵照。

　　附件抄发，此批等因，印发并分饬各道县局一体知照外，合亟饬仰该局即便遵照，该县境内如有持照招工情形并一面遵照本公署二八九零号饬准外交部齐电办理，切切，此饬。

　　计抄件。

黑龙江省长毕桂芳

右饬漠河设治局准此

中华民国五年七月廿五日

饬为俄国采办材料处招募华工一案

为饬知事案奉

黑龙江公署第三零八一号饬开，据吉林吉长道兼长春交涉员柴维桐详称，云云，合亟饬仰该局即便遵照，该县境内如有持照招工情形，并一面遵照本公署二八九零号饬准，外交部齐电办理，切切，此饬。计抄件，等因，奉此，除分行外，合亟刷印原件饬仰该警、卡即便知照，此饬。计刷件。

署名

右饬各片警准此

中华民国五年八月十四日

道尹饬知中俄在哈尔滨所定
条款仰出示晓谕并转饬所属由
黑河道尹兼爱珲交涉员　饬第三〇六号

为饬知事，案奉

省长第二千九百八十五号饬开，本年七月十一日准，外交部灰电开，齐齐哈尔省长互禁烟酒案，本日与俄使换文声明：

（甲）核准中俄在哈尔滨所订条款；（乙）第五条条文如下：所有酒精若带有货品之性质，无论为数多寡一律禁止沿松花江由哈尔滨起至该江入阿穆尔江之处用船输运，其中国烧酒及其余酒品不在此限；（丙）此条款于九月九日施行，至禁烟署亦经俄使声明专为食品之罂粟种粒，业经先行炮制以不能施种为度，准由通商孔道运入北满地方为限，希接洽，等因，准此，查此项会订条款既经核准并定于九月九日施行，所有沿江沿路各地方官吏及各税局亟应特别注意。除分行外，合亟抄粘条款饬仰该道尹即便转饬沿边各地方官知照勿忽，切切。此饬。计抄粘中俄在哈尔滨所定条款，等因，奉此，除分行外，合亟抄粘条款饬仰该局即便出示晓谕，并转饬所属一并遵照勿稍延忽，切切。此饬。

计抄粘中俄在哈尔滨所定修款。

道尹王杜

右饬漠河设治局准此

中华民国五年八月四日

一件为示、饬知中俄在哈尔滨所定条款由

漠河设治局

为出示晓谕、饬知事，本年八月十三日案奉

黑河道尹兼交涉员饬开，案奉

省长第二千九百八十五号饬开，云云。此饬计抄粘中俄在哈尔滨所定条款，等因，奉此，除分行出示晓谕并分行外，合亟抄粘出示晓谕仰所属商民一体遵照，抄粘饬仰该警、卡、会即便遵照。

计抄粘。

右饬各警、卡、会准此
中华民国五年八月十四日

中俄在哈尔滨所定条款

第一条：吉黑两省所属人与俄界接壤五十俄里地点以内，无论用何种制法酿造之酒精，并以酒精改造之酒品及云诺酒（即用水果制造之各种酒品），除中国烧酒外一概禁止进入；

第二条：凡酒精并用酒精改造之各种酒品及云诺酒连中国烧酒在内，概不得由上开五十俄里地点以内运入俄境；

第三条：凡酒精并用酒精改造之酒品及云诺酒，除中国烧酒外，在上开地点内一概禁止买卖、收庄、输运、携带；

第四条：上开地点以内既不准酿造酒精并用酒精改造之各种酒品及云诺酒，则此地点以内除中国原有烧锅酒铺外，凡现有之酒精即用酒精改造他酒之各项造酒厂酒栈及酒铺应一律关闭。由关闭之日起，预限六个月将余剩之酒精并以酒精改造之酒品及云诺酒，全行运出上开地点以外至中国境内；

第五条：酒精并窝德克酒及用窝德克酒改造之各种酒品，无论为数多寡，冬夏令用船或其他方法，一概不准在中东铁路之线以北之阿穆尔江（华名黑龙江）流域输运；

第六条：凡违犯以上各条者，除酒精、酒精改造之各种酒品及云诺酒

· 247 ·

并造酒收庄及运酒各项器具一律送交就近该管各机关销毁外，其犯人处以相当之罚办，发觉人亦给予定数赏金；

第七条：吉林黑龙江两省所属，凡与俄界接壤五十俄里地点以内，现有制造中国烧酒各烧锅其造酒数目应以现在专供华民所用酒数为限；

附则：本条所称烧锅家数及各烧锅造酒数目，其详细清单由华政府由本约实行后六个月内补送。

第八条：上开五十俄里地点内除前条附则清册所定之烧锅家数外，不准另行增设；

第九条：上开五十俄里地点内除现有烧酒酒栈及酒铺外不准另行增设，其运入该地点及酒栈酒铺营业各酒数，只可随该处人民增加之数添增，其添增数目应按人口平均计算，每人每年以十二升之数为度；

第十条：中国烧酒不得由上开五十俄里地点内输入俄境，亦不得在该地点内售于俄人；

第十一条：以上七、八、九、十各条之规定，责成有检查中国烧酒、烧锅及酒栈、酒铺管理权之各机关监察，各该机关应将所管本约施行区域内制造及运入烧酒数目详细造算，并定明出卖之烧酒形式上如何与他种酒品区别；

第十二条：中东铁路互界以内将来所定一切防范酒害办法实行后，中国政府亦应在铁路两旁自路线起算各十俄里即二十华里地点内比照办理，其铁路界内所定办法当随时知照中国政府，至于中国烧酒在铁路两旁地点内，则待将来中东铁路之界内完全禁绝制造售卖酒精及用酒精改造之酒品后，亦应禁止售于俄人及运赴俄境，其原无中国烧锅酒铺地方不得再行增设，并原有烧锅酒铺之处亦不使较现在酒数增制多售；

第十三条：华俄两政府应于各国政府提议商请推行本约规定各条于本约施行区域中各商埠内侨居之外国人民；

第十四条：本约之规定应由华官监察勿使有人违犯，其中国该管各机关应准俄官请求，将关于防范酒害情形详细知照，如俄官省必须前往本约上项规定各地点以内调查防范酒害情形时，应先行知会华官，由华官妥为协助。

江省公署令俄人招工
如果合同完备不妨试办由
黑龙江省公署　训令第一四号

令漠河设治局

案奉

外交部阳电开，俄人招工事，如果合同完备，手续妥善，于主旨上亦不妨试办。乃自义成发端以来，即江省铁路交涉局一处合同连续至八九次之多，承订华人是否公正，代招工头是否妥慎，办理不善，纷扰滋多。现值国家多事，东省到处发生困难，地方官及各处公司机关函电交驰，纷纷诘问。本部经理外交，值此时会于国内舆情地方程度不得不兼筹并顾，慎重从事。希随时饬属妥办，勿滋流弊，等因，准此，当经电饬铁路交涉总局遵照在案。除分令知照外，合亟饬仰该局即便知照，此令。

省长毕桂芳

中华民国五年七月十五日

照抄合同（一）

立合同人俄国卫尔西谢特工厂招工代表杂哈尔臣国及金那卜尔格与中国沈阳包工人席静庵定立招工合同条款列下：

第一条：席静庵担任招募华工一千六百名，送往俄国比尔母省卫尔西谢特工厂做工，内计砍木工人七百名、挖煤工人一百名、矿工六百名、小工二百名，所有工人均在奉省招募；

第二条：所有华工在该地做工，一切权利责任均与俄工一律待遇；

第三条：工人工价数目列下：矿工、煤工每日每人俄洋一元二角，砍木工及小工每日每人俄洋一元一角，伙食自备或由工厂供给，伙食第一顿工人每日每人八角五分，第二顿工人每日每人七角五分，若议定改归包工，则工人工资应照本厂定价开付，与当地俄工一律，每日平均计算每人可得俄洋一元四角，不得再少；

第四条：工期以一年为限，自工人到厂上工之日起算，限满之后两方面协商，工厂与工人均愿续做，则本合同可再接续下期，如不续做则工厂应担任花费将工人送回中国，不得转送他处作工；

第五条：所有工人出境护照，应招赴工及限满回国来往川资并沿途饮食各等花费一概由工厂承认，不得克扣工人；

第六条：工人之住房烧火、烧柴、澡堂等项均由厂备，概不取值。一切扫具卫生相宜与当地俄工一律。工人之领取第三条内第二项工资，由工厂供给伙食者每人每月（以三十天计算）发给三号洋面九十俄斤，咸鱼八斤或照核给牛肉，素油六斤，白菜二十斤，小米八斤，咸盐四斤，一切小作料钱俄洋八角，以上各物工人与工厂商酌，亦可随时换给别类食品，但须价值相等；

第七条：工人应用之衣服由工厂垫款购备，与工人起身转发给，俟到工后按照实价由工资项下扣还，以全年工期为限，按月匀摊。此外，工人应招时得预支钱款视包工人席静庵所具之保证为准，议定其数目，以上预支钱款亦照上衣物办法按月匀摊扣还；

第八条：工时每日以十点钟为限，不得再多。若经工厂与工人两方协商亦可加工，但须另给工资。凡遇俄国令节及礼拜日俄工停止工作之时，华工亦可停工。此外于中国新年及春夏秋冬四节，华工得自行休息，倘遇天时阻碍或工厂因故自停工作，则华工于此等日应仍照常供给伙食计予工资；

第九条：若工厂于期限其满之前欲将工人撤回，则工厂应偿给工人自离工之日起至限满之月止应得工资总数之半，按照该工人等离工前三个月所领工资总数折中计算，若工厂于期内停办或倒闭时，华工应有索偿之权；

第十条：工人有病得在本厂医院调治，药、饮食等费全由本厂担负。

第十一条：工人于做工之时受伤残废或至殒命，应由工厂按照俄国法律给与恤金，与俄一律；

第十二条：工厂应代工人妥为办理一切汇寄钱款收送信件之事；

第十三条：凡工人有未届期满因不得已紧要事故必须回国者，工厂应给与一半川资送回本国；

第十四条：工厂应雇用诚实可靠熟悉俄语之通事，以为护送工人传话之用，均由包工人举荐，每百名工人至少须有通事一名；每百名工人应有工头二人；每一工头管工人五十名，每五十名工人内应有做饭厨夫一人，以上通事、工头、厨役等人均由工厂发给辛（薪）金；

第十五条：凡遇华工与其工头或包工人龃龉或工人中自相冲突，工厂应为秉公排解，如工厂不能调处了结其事或自与工人有不洽情事，则工厂不得阻止工人向该管法庭申诉；

第十六条：席静庵对于所招之工人应先考验一通，是否合于包工厂之用，倘工人到工时与原招之名目不符，则工厂可量其技力酌派别等工作；若工厂见该工人等实不堪用，必须撤回，则工厂仍照其已做之工酌予相当之酬金并发给川资，送回本国，而包工人则应另招合用工人以补其缺，费由自认；

第十七条：包工人席静庵不得强迫工人作工，若工人任意游荡或不肯做工，包工人应善言劝导，令之工作。倘迭次劝告不听，即须发送回国，另选良工补数，花费由包工人承认；

第十八条：包工人应得之利益由工人所得之工资内提取一成为酬，此外不得多扣工人毫厘；

第十九条：此项招工纯为工业性营作，不能令华工营作（直接）有关战事之工役；

第二十条：本合同由驻哈俄总领事署证明，呈递黑龙江交涉总局在案，共缮六份，一份存领事署、一份存江省总局、一份呈由江局转递北京外交部、一份由江局转送省林交涉总局，其余两份由两方面各执一份存证。

民国五年六月二十三日

俄历一千九百十六年六月十日

俄杂哈尔臣国、金那卜尔格亲押

包工人席静庵亲押

本合同于俄历一千九百十六年六月十号在俄国驻哈总领事署证明注册第一万七千五百四十二号，计正合同一份，副合同五份。

代理总领事索阔洛夫签押

翻译仑蔺译

——民国呼玛档案 563 卷《民国五年为通行华工赴外工作章程由》

照抄合同（二）

立合同人彼得罗布倭德及索罗克怀穆耳曼总铁路工程局招工代表郭熊里尼国夫及中国直隶省武清县门昌村包工人王作林订立招工合同条款列下：

第一条：王作林担任招募华工二千人分帮运送，专为营送上列铁路路线之周包办挖工填沙垫道各等工程，做工地和临时由铁路工程局指定期限至一千九百一十七年一月一号为止共六个月；

第二条：由招工地点起工人由铁路发运或换乘轮船至做工地段附近之车站或码头止，所有路费均归工程局担任，由此至做工地段工人须步行前往，每日以二十五俄里为车在路途，即工人不领工值每日由铁路局发给饮食费俄洋五角，在路行程以二十五日为限，若因意外阻隔路上耽搁逾限，则二十五日之外每日均照议定工价付给；

第三条：为担保工人做满期限起见，铁路局由工人应得工价项下每名按月扣洋五元作为押款，寄存路局帐房登计小帐，至期满日仍交由包工人转发还各工人收领；

第四条：自华工到工之后铁路工程局应按日分给工人活计，使得工做至期满为止，每人每一日工发给工价俄洋一元七角五分。此外，全体工人均得住居官房，灯火烧柴均由铁路局供给；

第五条：华工到工后遇西礼拜者，铁路工程局欲改日工为包工，则包工人可与路局协商，另立包工价值。倘包工人或工人不愿改归包工则铁路局仍照日工给值每一日俄洋一元七角五分；

第六条：凡工人内之充当更夫、水夫、砍木工、运木工、马夫、厨役等职位者，亦与通常工人领取一律之工价；

第七条：每五十名工人有工头一名，以管理之所领辛（薪）金，每日较寻常工人加多二角；

第八条：所有做工需用器具均由路局供给，不向工人索偿，若有丢失或容心损坏者，则由包工人担负责任，路局得按原价扣偿；

第九条：工人应按日上工，惟值大风雪或暴雨之时则停止工作。每日做工时刻：在俄九月一号以前自早六点钟起至晚七点钟止，中间歇息三次，二次均半点钟，一次两点钟；自九月一号以后早六点钟起至晚六点钟止，每日歇工两点钟，早午均半点钟，午后饭时一点钟。若遇必须夜间做工之时，则路局可将工人分为日夜两班轮流替换，其夜内工价及做工时间均与白昼一律。若不分班而加做夜工，则须照白日工价另外给值。工人愿日夜兼做者，听否则路局不得强迫。凡遇礼拜俄节俄工停工之时，华工亦一律停工。此外，于中国新年、令节华工得自行休息，倘因别故华工自愿做，而路局不令工作者，均须照定价按日给予工资；

第十条：铁路局可随时调拨工人，由此段拨赴彼段，包工人不得反对。所有往来调拨之时，若需步行则工人应每日行走二十五俄里，但路局对于受调工人往来行走之时亦应照做工计算一律发给工价；

第十一条：凡工人在工期之内遇有疾病均得在医院调治，一切医药、饮食等费概由路局承任；

第十二条：所有华工在该地工作一切权利责任均与俄工一律待遇；

第十三条：每帮工人均发给小账一本，由包工人收执以便登记招工条件之节略、预支之钱款、应得之工价、领取之器械、支领之钱款、食物衣服等款；

第十四条：此项招工纯为工程性质，决不令华工营作直接有关战事工役；

第十五条：工人需用之食物衣服鞋袜等款，均由路局筹备，若可定作中国式者，则发给华货，否则发给俄货，须按原价揭示公众，由工人直接购用，登入小帐之内，俟后按月清算。此项货价及工人预支之钱款均俟工人到工后，由其工价内陆续扣还。按照工期时日每月均摊计算；

第十六条：包工人应遵守路局之命令，监工员之指示，不得任意作践破坏一切使铁路受损失或滋生事故、招意火灾、砍伐生长之林木断枝剥皮等事；

第十七条：工人在工房内住居应遵守卫生章程，不得将居屋之内或其附近作践污秽；

第十八条：若工人任意游荡不肯作工，则包工人应行劝告令其作工，劝告屡次不听者，应即发回中国，由包工人另招合用工人，以补其缺，其花费均应由包工人担负；

第十九条：铁路局应给予房舍以备包工人开设华俄账房及执事柜伙等居住之用；

第二十条：所有发运工人之花费，如车票护照及沿途饮食等款，均由路局担任，毫不与包工人暨工人相涉，限满之后亦应由路局发给川资车价，将工人送回中国原招地点，此项费用不得在工人身上克扣；

第二十一条：工人工账路局与包工人核算，包工人于工人一到之后即应开设华俄账房，以便于路局及工人两面清理账目，每值开支定时由包工人照工帮小账算清工账，路局派出委员携款至各段直接照数发给各工人收领；

第二十二条：凡遇工人与包工人有龃龉之事或工人自相冲突，路局应秉公为之排解，若路局不能化除意见或自与工人不睦时，则华工得向该管理处起诉，路局不得阻难；

第二十三条：若路局因故停工欲在合同期限未满之前将华工撤退，则路局应发给工人回国路费及沿途饮食资送回华，此外，并偿给工人自退工之日起至合同限满之日止应得工资总数之半，按照该工人退工前三个月内所领工资之数折中计算；

第二十四条：工人于做工之时受伤残废或至殒命，路局均应给予恤金，照抚恤俄工一律，不得有异；

第二十五条：路局应雇用诚实可靠熟悉俄语之通事以为工人传话之用，均由包工人举荐，由路局发给薪金。至少每工人百名……

照抄合同（三）

俄历一千九百十六年　　月　　日莫司克霆文达倭富平斯基铁路公司代表、工程师拉夫达节也夫（根据彼得格勒登记日脱罗威厂四月七日第五二九一号之委托书）与华商张宝鼐、吕泰互相负责订立合同各条如左：

第一条：华商张宝鼐、吕泰担承为莫司克霆文达倭富平斯基铁路公司（以下皆称铁路公司）招募壮健华工四千名，至莫日克霆文达倭富平斯基铁路区域内归铁路公司经华商张宝鼐、吕泰雇为砍伐柴火及各项木料之用，此项工人应于两个月期内招齐，倘因故不能如期招足，公司应予宽限两星期，不得再行迟缓；

第二条：华商张宝鼐、吕泰为稽查工作维持秩序起见，应予上开所订工人数目外，另雇熟识俄语之通事及有经验之把头各若干名，其数不得在五十人以内，所有川资及工作地点应用各费在本合同有效期内皆由张宝髯、吕泰担承，与公司无涉，此项通事、把头人等须常用在工作地点听候公司指挥。此外，张宝髯、吕泰应设立账房俾与铁路公司接洽，核算日工或按产出数之各项账目；

第三条：在本合同有效期内，凡工人五十名一帮内张宝髯、吕泰应雇工头一名，量记一名，厨役两名以资便利，其川资路费归公司发给，在工作地点一切费用由张宝髯、吕泰担承；

第四条：所招工人以能合砍木格为度，其中须有百分之二十五确系砍木老手；

第五条：铁路公司在本合同有效期内应为张宝髯、吕泰所招工人及雇用之通事工头等预备住宿所土窝等款。此外，铁路公司预备五十纱绳土房屋为张宝髯、吕泰设立账房之用，上项工人住宿所及房屋，公司概不取费；

第六条：此项工程倘按日工计算，每工人工作一天公司应给张宝髯、吕泰工价俄洋一元六角五分。如双方商允按产出数计算工价，则每砍柴木一古勃计长三阿拉申即在砍木地方堆齐，铁路公司给价俄洋八元，其工价应按日工或产出数计算由铁路公司临时酌夺于每次交给工程，特知会张宝髯、吕泰。上项所定日工价及产出数之工价系一切统包在内，故张宝髯、吕泰所有别项费用公司不再另行酬给；

第七条：工作应用器具，如斧子、大锯、错刀及磨刀石等由公司照应用数目开具价目清单发给张宝髯、吕泰，不另取资。损废时应将旧物交还公司换取新器。倘有遗失归张宝髯、吕泰按值包赔，其修理器具需用之铁匠小炉匠等应由张宝髯、吕泰自行出费预备；

第八条：工人应用白面、小米子、食油、盐、碱等项，应归公司预备。白面定价每铺特俄洋四元五角、小米每铺特五元、麻油每铺特十元、食盐每铺特一元四角、碱每铺特一元九角。张宝髯、吕泰应专向公司照价购买，每月白面约八千铺特、小米子约一千铺特、食油约四百铺特、盐约二百铺特、碱一百二十五铺特，务使先敷应用为度。其余工人应用物品统由张宝髯、吕泰自行设法置备；

第九条：本公司自末次工人到段工作之日起，以一年为期，期满后铁路公司如愿再办可照此接续办理，惟至多以一年为度。接续与否公司应于合同期满三个月以前预行知照张宝髯、吕泰。如合同期满后工人中有愿回原籍者，则张宝旹、吕泰可将工人之数减少，惟不得在三千人之下，倘无公司允可，张宝旹、吕泰不得将工人转送他处工作；

第十条：张宝旹、吕泰所招华工关于砍伐木料事项应听公司指挥，一面应遵照俄国劳动力章程及铁路公司营运规则不得违背，其责任应由张宝旹、吕泰担负，公司一面待遇工人不得有特别章程；

第十一条：铁路公司倘欲在本铁路境内修筑枝路盖建工棚事项，有各种土工需用张宝旹、吕泰所招工人时，如无特别互定办法则仍按本合同第六条日工价给付，而张宝旹、吕泰遇有上项情事不得推诿；

第十二条：工人不论星期、节日皆可工作，遇有中国节日照张宝旹、吕泰所指一年中停工十日，外国节日照铁路公司所指一年中亦得停工十日，每日工作时间除饷膳休息外，以工作十点钟为度，一年中以三百日为度；

第十三条：在本合同有效期内每天工人到工之数须得有四千人出谱，中间除因病不能工作外，其暂时杂工者不得过百分之五，所有因病及暂时离工之人概不发给工资；

第十四条：遇有力弱工人不能照常工作者，一经公司要求，张宝旹、吕泰应于两个月期内换补其力弱工人，回籍川资及新工人路费一切均由张宝旹、吕泰承担；

第十五条：凡工人及按本合同第三条雇用各项人等至工作地点所有一切盘川及途中费用统由铁路公司担承，不得在工价内扣除。第三条所载雇用人等计三百二十人之出口护照应由张宝旹、吕泰出资领取。合同期满后铁路公司应给工人及雇用人等车票至哈尔滨为止，如本合同接续办理时，其第九条内所载愿回原籍之工人一千人，公司亦照给车票至原招地点；

第十六条：上条所载费用均系指工人实在到工及照第十二条工作一年之工人而言，如有工作不满一年者，应照一年之中到工日期计算，倘因到工人数不足，则公司所费空耗之数即在张宝旹、吕泰应领款内扣除；

第十七条：发运工人时铁路公司可付张宝旹、吕泰预支款，每工人一名计俄洋二十五元。此项预支款张宝旹、吕泰应于俄历一千九百十六年十月起，五个月内陆续均匀归还，即在张宝旹、吕泰应得款内由铁路公司扣除；

第十八条：本合同第六条所载工价按照铁路公司定章给予号牌或丈量木柴古勃数，每两星期结算一次；

第十九条：凡与工人交接各事悉由张宝麐、吕泰担承，张宝麐、吕泰并应秉公给予按日计算或按产出数计算之各项工价，并各种应用物件及食品务使工人如愿不致有误会情事；

第二十条：凡遇工人因事主铁路公司控告张宝麐、吕泰者，倘所据理由正确，则铁路公司有权代张宝麐、吕泰偿原控人之愿；

第二十一条：铁路公司发给张宝麐、吕泰账房应用头等免票两张、二等免票三张，三等免票十张以资便利；

第二十二条：张宝麐、吕泰应领之款铁路公司每次扣留百分之五，至十万元为止作为保证金，此款于本合同期满后发函张宝麐、吕泰承领。除此项保证金外，张宝麐、吕泰应以哈尔滨坐落江沿第五百五十、一、二、三、四等号及坐落秦家岗第四十号共计价值五万余元之房产移转公司名下作为担保品，另在俄登记处办理上项房产押款，于本合同期满后一个月内归还原主张宝麐、吕泰；

第二十三条：张宝麐、吕泰如有违背本合同全部分或一部分之处，铁路公司为第一次声告，如于一个月内不事纠正，则公司第二次声告，倘星期内仍不遵照合同办理，则公司有权将张宝麐、吕泰辞退，其保证金及担保品即归公司管业扣留，此外公司有权向张宝麐、吕泰要求赔偿损失；

第二十四条：本合同签押之日张宝麐、吕泰应互相给予委托书，不论何事，凡一人独办者，二人共同负责；

第二十五条：张宝麐、吕泰欲委派代表前往工作地点代办事件，则此代表须持有登记处所领代理纸，证明有完全代理权者方能有效；

第二十六条：如张宝麐、吕泰与铁路公司有误会情事，应由铁路公司总办处理，倘遇涉法应由彼得浩格拉特审判庭审理；

第二十七条：工人护照张宝麐、吕泰承领交给工人，嗣后应存储铁路公司；

第二十八条：如公司欲将工人由此段拨往他段，途中川资食用等费均归公司担承。倘工人有工在手因拨赴他段而抛弃者，则计其程途日期照日工价一律给予工资；

第二十九条：工人有病时铁路公司须援照对待工程章程医治；

第三十条：遇有因工残废或丧命等，如其咎不在工人并不在张宝麐、吕泰方面者，则铁路公司应按照俄国现行法律给予养赡及恤费；

第三十一条：张宝麐、吕泰应在账房内组织通讯处，俾工人便于家乡通信并汇兑家用；

　　第三十二条：张宝髯、吕泰等于工作上既负完全责任，故于工人所得工资内得抽百分之十以为酬劳，此外不得任意克扣；

　　第三十三条：遇华工与包工头有龃龉情事或工人中自相冲突，而华工欲自向中国领事署或通商事务员处声请调节者，公司不得拦阻；

　　第三十四条：战事期内所募华工不得充当关于直接战事之工役；

　　第三十五条：铁路公司如欲在合同未满以前停工，则铁路公司除发给工人车费川资俾工人得回至中国原招地点外，再应在发给张宝髯、吕泰自离工之日起至合同期满之日止应得工资总数之半为价；

　　第三十六条：本合同应在驻哈俄总领事署证明并在中国哈尔滨交涉署存案，以为双方确遵合同办事之保证；

　　第三十七条：订立本合同一切费用如印花税费、领事署登记处印证费以及移转产业各费悉由张宝髯、吕泰担承，本合同缮写两份皆译成汉文，经双方签押各执一份，遇有事执以俄文为主。

照抄合同（四）

　　哈尔滨一千九百十六年六月十四号即中华民国五年六月二十七日，俄国那结日金铁工厂总办坡德索夫与中国山东省掖县包工人王同文、杨嵩双方定立合同各条如左：

　　第一条：本合同由俄领事署证明中国驻哈黑龙江铁路交涉总局存案，以为双方确遵合同办事之保证；

　　第二条：王同文、杨嵩担任招募华工一千名，运至伯果斯罗库夫申铁路那结日金铁工厂处车站，由此项工人内分拨五百人在伯果斯罗库夫申山界铁路筑造土工，其余之五百名即在五金厂工作，所有工人均须强壮有能之人，以下为简便起见王同文、杨嵩则称包工人，而工厂则称事务处；

　　第三条：工人到厂做工时期及其他事项应照俄国本地工人一律待遇，不得有特别章程；

　　第四条：战事期内此项工人不得充当直接战事之工役；

　　第五条：事务处对于运送此项工人应任之花费如下：

　　（甲）哈尔滨至那结日金工厂车站并将来由作工地点回哈工人之火车

票费；（乙）领护照费及照相费；（丙）医生检验费；（丁）往返沿路食料等费，惟此食料费应由工人上车之日起算至抵那结日金铁工厂车站为止，每昼夜按四十戈比。如中途因包工人错误以致停留，则在停留时之食料费应归包工人出给。又每次运送工人包工人可领垫款，惟每人不得过八鲁布，此款应作工人买衣服之用，俟到工后即于头三次发给包工人工资内扣留，包工人领此垫款应具有华商号保条；

第六条：事务处出给第五条之花费如下：工人由他处至哈之花费应归包工人出给，而在工人上车后事务处代买车票并出给食料费至那结日金工厂，以十四昼夜或十六昼夜计算每人发给五鲁布六十戈比或六鲁布四十戈比，此项路费应以运走之人并医生认可者计算，如医生不认可之工人概不给费；

第七条：由工人运到那结日金工厂后，在合同限内工厂之工人五百名所需食品由事务处发给，每人每月之物料均不取值，开列如左：三号面粉两铺特三十封特、贱价之咸鱼十封特、黍米八封特、苏油六封特、白菜或土豆二十封特、咸肉四封特、盐二封特，各项备料或物或折钱八十戈比，以上所指之食料若须更改时，由包工人与事务处办理。如事务处查知包工人或厨役将所发食料转给他人，即有权减少发给，再事务处应拨给工人合于卫生之住所，暨煤炭灯火并给包工人住所办事房以及其他应用之物品概不花费；

第八条：事务处对于头次工人在铁厂工作者，每人每日工资按九十戈比，由早六点至晚六点钟休息。用饭须占两点钟，即在十二点钟之内。夜工亦照此算。惟做夜工应将工人分作两班，日夜更替。其工人有愿日夜兼作者，听否，则事务处不得强迫夜间工作；

第九条：工厂之工作如左：（甲）装卸木炭、石炭、木柴、矿料渣子、铁械土以及他种土料；（乙）修理铁道土工以及其余关于厂内工作；（丙）如炼铁之工以及其余火炉上之工作；（丁）与俄工兵同工作。

道尹公署训令外人召集华工一案由
黑河道尹兼爱珲交涉员　训令第四五〇号
令漠河设治局

案奉

省署第五九五号训令内开，案准

国务院佳电开，近来外人招募华工时有所闻，如确系雇充工人，事属可行。惟须随时详报外交、内务、农商三部核准，希即转饬所属一体知照，等因，准此，除分令遵照外，合亟令行该道尹即便转令遵照，切切，此令。等因，奉此，除分行外，合亟令仰该局即便遵照，此令。

道尹王杜

中华民国五年十一月一日

一件为外人召集华工一案由
漠河设治局稿
令警、卡

案奉

道尹第四五零号训令内开，案奉

省署第五九五号训令内开，案准

国务院佳电内开，云云，令仰该局即便遵照，此令，等因，奉此，除分令外，合亟令仰该警、卡即便遵照，此令。

署名

漠河设治局

——呼玛民国档案 800 卷

关于华侨回国保护案
黑河市政筹备处 训令第一九九九号
令呼玛县政府

案奉

省政府第三零二零号训令内开，本年七月十一日奉

行政院第三二二零号训令内开，案准国民政府文官处第五零六三号公函内开，案准国民会议秘书处并送议决各案，内有郑螺生等提议华侨回国应予切实保护否则将负责长官严予惩办一案，原决议系作为建议案送国民政府，经陈奉谕交院，令各该省政府切实保护。函达查照转行等由，即抄送原提案一件。准此，除函复转陈并分令外，合行抄发原件，令仰该省政府遵照，切实保护，等因，奉此，除分行外，合行抄同原件，令仰该处查照转饬所属遵照，此令。等因，奉此，除分行外，合亟令仰该县即便遵照，此令。

附抄件

处长齐肇豫

中华民国二十年七月廿八日

附件

华侨回国应予切实保护否则将负责长官严予惩办（提案6）

理由：

华侨虽远寄异域而眷爱祖国之情特富，除每年汇寄巨款于家乡外，稍有积蓄则返故乡，其拥有巨资者，则每返国投资于各种实业，以助党国之建设。乃因多数去国时间甚久，于祖国情形异常变换，而国内不肖军人官吏土豪劣绅以其可欺而压迫之。又查华侨多为广东、福建、山东三省人民，而三省萑苻未靖杀人越货之事时有所闻，华侨于此层层压迫之下，欲为不得，情恨类似。倘不设法以除，其后则非特使华侨望国门而裹足，且足以厌其爱护党国之心，损失之大为如何乎，为党国前途计，不可不予设

法保护之也。

办法：

应由国府严饬所属政府疾速肃清土匪以维治安，并切实保护回国华侨，倘有奉行不力者，则严予惩办。

提案人郑螺生等八十人

——民国呼玛档案第 1102 卷

一九三六年九名俄国妇女 加入中国国籍事

二十世纪三十年代开始，中国政府逐渐开放外国人士加入中国国籍政策，这批文档就涉及九名远嫁青田的俄国女子申请中国国籍的种种情况。

1931 年 10 月，浙江省民政厅奉内政部令，将国籍变更事知照青田县政府，此后几年陆续发布相关国籍变更训令。1936 年 2 月 19 日，省民政厅再次为国籍变更事知照青田县，并附丧失国籍保证书式样。同年的 5 月 1 日，省民政厅训令青田县补报青田侨民刘永兴的俄国妻子马丽入中国籍相关材料。6 月 2 日，省民政厅训令青田县政府查验 8 名俄国女子加入中国国籍情况。此 8 名俄国女子分别为三口乡蒋德斋妻（25 岁）、山口乡叶金山妻（19 岁），山口乡林令元妻（20 岁），屿前乡裘碎奶妻（24 岁），方山乡赵耀令妻（35 岁），奎岩庄陈寅清妻（30 岁），四都邱珠谱妻（23 岁），马车坑陈作彬妻（21 岁）。11 月 3 日，省民政厅向青田司法院解释关于外国人取得中国国籍疑义。1937 年 8 月 6 日，民政厅向青田县转发内政部关于旅外侨民国籍证明书规则及呈文用纸。

——《青田华侨档案汇编（民国）第一辑》

奉内政部令发十九年度国籍变更一览表
不敷分发俟补发到后转颁备案由
浙江省民政厅　训令第四五零二号

令青田县县长
青田县政府

案查前奉

内政部民字第一三零号训令内开，为令发事，查国籍变更关系人民公权私权，至为重要，本部成立以来，依照国籍法许可变更者为数甚众。前经编印十七年度十八年度国籍变更一览表，分发存查在案。兹由十九年一月起至同年十二月底止，所有本部核准之入籍、出藉及复籍者不下一千数百人。虽已随时登报公布，仍应查照前例详稽其姓氏、年籍、居住、职业以及变更国籍原因、核准日期分类编制一览表，印订成册分发稽考。除分行外，合亟检发该项国籍变更一览表二十册，令发该厅仰即分饬存查。等因，奉此，当以所发之表不敷分发，呈请补发，兹奉

内政部指令以该项国籍变更一览表以分发完罄，应俟续印补发。等因在案，是项国籍变更一览表，既在续印，应俟补发到后另令转发，合先令仰该县长知照，此令。

厅长

中华民国二十年十月十六日

——青田华侨档案汇编（民国）第一辑，231—232，卷宗 1 - 8 - 6

浙江省政府训令　民字第 664 号

令青田县长

准内政部咨为制发人民声称丧失国籍保证书式一种，又丧失国籍人于

声请书应填明原籍、详址、父兄姓名，请查照转饬一并遵照办理等由，令仰遵照由。

附件并发

案准

内政部民国廿五年二月十一日发○○○五九八号咨开

查人民声请丧失国籍案件，依照《国籍法》第十二条之规定，有左列各款情事之一者，内政部不得为丧失国籍之许可：

（一）届服兵役年龄，未免除服兵役之义务，尚未服兵役者。

（二）现服兵役者。

（三）现任中国文武官职者。

又依同法第十三条之规定，有左列各款情事之一者，虽合于第十条、第十一条之规定仍不丧失国籍。（一）为刑事嫌疑人或被告人。（二）受刑事之宣告执行未终结者。（三）为民事被告人。（四）受强制执行未终结者。（五）受破产之宣告未复权者。（六）有滞纳租税或受滞纳租税处分未终结者。

又依同法第十四条之规定"丧失国籍者，丧失非中国人不能享有之权利，丧失国籍人在丧失国籍前已享有前项权力者。若丧失国籍后一年以内不让与中国人时，其权利归属于国库"各等语，原为预防人民规避起见，本部前颁声请书式，规定应将该声请人有无国籍法第十二条及第十三条各款情事，暨同法第十四条应丧失之权利于声请书内分别注明，以凭核办。本部更为审慎起见，复于民国十九年一月廿一日，以民字第○六号咨文，咨请转饬各声请丧失国籍人，应取其现住地方中国人所设之殷实商店二家以上之保证书，经核转机关复合无异议后，加具切实按语，转送本部核办在案。现查人民声请丧失国籍者，其保证书往往由私人具名，并非殷实商店，殊不足以昭慎声者。兹特制定保证书式一种，送请转饬遵办。又各该声请丧失国籍人，应于声请书上"籍贯"栏内填明其原籍详细地址，"其他事项"栏内注明其父兄姓名，离籍年月及现尚在籍之戚属姓名，俾便原籍地方政府易于切实详查，借杜流弊。除分行外，相应检同此项保证书式一种，咨请贵省政府查照，转饬所属一体遵照办理为荷。

等由，即附送保证书式一纸，准此。除分行外，合行抄发保证书式一纸。令仰该县长即便遵照，并饬属一体办理，此令。

即抄发保证书式一纸

中华民国廿五年二月拾玖日

主席兼民政厅长黄绍竑

保证书式，凡依国籍法第十条、第十一条声请丧失是中华民国国籍者，其保证商店通用之。

为出具保证书事，兹因OO省OO县OOOOO地方人OOO愿依照中华民国国籍法第十条一、二、三款，第十一条规定，声请丧失国籍，确无国籍法第十二、第十三条各款情事暨同法第十四条应丧失之权利及其他欺伪情弊，甘愿出具保证书，此证。

具保证商店：

店名（盖章）

店主（或经理）姓名、年龄、籍贯，商店地址、营业种类。

店名（盖章）

店主（或经理）姓名、年龄、籍贯，商店地址、营业种类。

中华民国　年　月　日

——青田华侨档案汇编（民国）第一辑，卷宗1-8-6

准　内政部咨为本省青田县人刘永兴之妻俄妇马丽声请取得国籍一案，请查照饬县备案，等由令仰遵照由。

浙江省政府训令　民字第1940号
令青田县县长

案准

内政部民十三号，廿五年四月廿五日发（字迹脱落）七号咨开：

案查本部前准外交部咨，据驻苏联大使馆呈，据侨民刘永兴之妻俄妇马丽声请取得中华民国国籍，业经本部于二十四年十月五日核准注册。惟该侨民刘永兴之原籍、年龄、职业均未据呈明，经咨准外交部转饬补报该刘永兴系浙江省青田县人，请查照。等由到部，相应抄同原声请书一纸，咨请查照饬县备案为荷。等由计附抄原声请书一纸过府，准此。合行抄发原声请书，令仰该县查照备案。

此令。

计抄发原声请书一纸。

主席黄绍竑

民政厅长徐青甫

中华民国廿五年五月一日

——青田华侨档案汇编（民国）第一辑，242—244 页　卷宗 1－8－6

声请书

依法应取得国籍声请转报备案事，兹依中华民国国籍法第二条第一款规定，应取得中华民国国籍，理合为开明应行呈报事项，谨呈

中国驻苏联大使馆转报

内政部备案。

谨将应行呈报事项开明如左：

取得国籍人姓名：刘永兴之妻布尔乐瓦—刘永兴（姓）马丽（名）德米特立耶芙娜（父名）（俄文略）。

性别：女。

年岁：二十三。

籍贯（某国某处）：苏联莫斯科多可茶叶天基 7 号。

居所：现居中国某省某市县某处门牌几号或某国某处。

职业：眷。

取得国籍之事实及其证明：苏联允许出籍证书副本。

夫或父母之姓名年岁籍贯职业居所：刘永兴，三十一岁，浙江省青田县人，业工。

其他事项：

中华民国二十四年四月五日具声请书人刘永兴（原文为俄文）

——青田华侨档案汇编（民国）第一辑，245—246　卷宗 1－8－6

浙江省政府训令　民字第一三二九号

令青田县县长

奉，省政府令准，内政部咨为俄妇恢尔申菲克里米海依洛夫那等八人声请取得国籍一案，已由部核准注册，请查照等由，仰转饬备案。等因，令仰遵照备案由。

案奉

浙江省政府训令密字三八八五号内开：

案准，内政部民十三年事，念五年四月三十日发第〇〇一八九〇号咨开："案准外交部咨，称驻苏联大使馆呈，转据俄妇恢尔申菲克里米海依洛夫那等八人因婚姻关系，声请取得中华民国国籍，检同原送书款，请核办是复等由。到部，查该恢尔申菲克里米海依洛夫那等八人，因将与浙江省青田县人蒋德斋等八人为妻，所请取得国籍一节，已由部核准注册，除咨复饬知外，相应抄同原声请书八纸，咨请查照饬县备案为荷"等由，并声请书八件。准此，合行抄发原声请书，令仰该厅即便转饬青田县政府备案。此令。

等因，计抄发声请书八件各二份，奉此，合行检同原声请书一份，令仰该县长查照备案。

此令。

计检发声请书八件。

厅长徐青甫

中华民国廿五年六月二日

声请书（一）

依法应取得国籍声请转报备案，兹依中华民国国籍法第二条第一款规定，应取得中华民国国籍，理合为开明应行呈报事项，谨呈

驻苏联大使馆转报

内政部备案。

谨将应行呈报事项开明如下：

一、取得国籍人姓名：蒋德斋之妻恢尔申（父姓）菲克里（名）米海依洛夫那（父名）（俄文略，下同）。

二、性别：女。

三、年龄：二十五岁。

四、籍贯：苏联吴士门斯基区鲍别靠瓦村。

五、居所：苏联娲老娘城正月九号街十七号。

六、职业：眷。

七、取得国籍之事实及其证明：苏联出国籍允许证书一纸。

八、夫或父母之姓名年岁籍贯职业居所：夫蒋德斋、四十一岁、浙江青田二都三口乡工人，住所同上。

九、其他事项：

具声请书人：蒋德斋之妻（姓名为俄文略）

中华民国二十四年九月二十三日

声请书（二）

依法应取得国籍声请转报备案，兹依中华民国国籍法第二条第一款规定，应取得中华民国国籍，理合为开明应行呈报事项，谨呈

驻苏联大使馆转报

内政部备案。

谨将应行呈报事项开明如左：

一、取得国籍人姓名：叶金山之妻克留赤阔瓦（父姓）塔奇雅那（名）雅哈洛夫那（父名）（俄文略，下同）。

二、性别：女。

三、年龄：十九岁。

四、籍贯：苏联可而斯基区提儿布尼村。

五、居所：苏联娲老娘城正月九号街十七号内九号。

六、职业：眷。

七、取得国籍之事实及其证明：苏联出国籍允许证书一纸。

八、夫或父母之姓名年岁籍贯职业居所：夫叶金山、卅五岁、浙江青

田二都山口乡工人，居所仝上。

　　九、其他事项：

具声请书人叶金山之妻（姓名为俄文，略）

中华民国二十四年九月二十三日

声请书（三）

　　依法应取得国籍声请转报备案，兹依中华民国国籍法第二条第一款规定，应取得中华民国国籍，理合为开明应行呈报事项，谨呈

　　驻苏联大使馆转报

　　内政部备案。

　　谨将应行呈报事项开明如左：

　　一、取得国籍人姓名：林令元之妻安那．尼古拉耶夫娜·塔拉先可（俄文略，下同）。

　　二、性别：女。

　　三、年龄：二十岁。

　　四、籍贯：苏联鲍不老夫城瓦老娘斯基区。

　　五、居所：苏联娲老娘城正月九号街十七号内九号。

　　六、职业：眷。

　　七、取得国籍之事实及其证明：苏联出国籍允许证书一纸。

　　八、夫或父母之姓名年岁籍贯职业居所：夫林令元、卅一岁、浙江青田山口乡，工人，住所同右。

　　九、其他事项：

具声请书人林令元之妻（姓名为俄文略）

中华民国二十四年九月二十三日

声请书（四）

　　依法应取得国籍声请转报备案，兹依中华民国国籍法第二条第一款规定，应取得中华民国国籍，理合为开明应行呈报事项，谨呈

· 269 ·

驻苏联大使馆转报

内政部备案。

谨将应行呈报事项开明如左：

一、取得国籍人姓名：裘碎奶之妻衣沙白拉·阿法纳西耶夫那·萨尔佛诺瓦（俄文略，下同）。

二、性别：女。

三、年龄：二十四岁。

四、籍贯：苏联莫斯科城卧斯靠村。

五、居所：苏联莫斯科十月车站斯哈德拉区六十六号。

六、职业：眷。

七、取得国籍之事实及其证明：苏联出国籍允许证书一纸。

八、夫或父母之姓名年岁籍贯职业居所：夫裘碎奶、廿六岁、浙江青田屿前乡工人，住所同上。

九、其他事项：

具声请书人裘碎奶之妻（姓名为俄文略）
中华民国二十四年九月三十日

声请书（五）

依法应取得国籍声请转报备案，兹依中华民国国籍法第二条第一款规定，应取得中华民国国籍，理合为开明应行呈报事项，谨呈

驻苏联大使馆转报

内政部备案。

谨将应行呈报事项开明如左：

一、取得国籍人姓名：赵耀令之妻苏菲亚·伊万诺夫那·楚诺索瓦（俄文略，下同）。

二、性别：女。

三、年龄：三十五岁。

四、籍贯：苏联梅雪赋诗客城札怕得你区。

五、居所：苏联莫斯科后街十九号。

六、职业：眷。

七、取得国籍之事实及其证明：苏联出国籍允许证书一纸。

八、夫或父母之姓名年岁籍贯职业居所：夫赵耀令、三十六岁、浙江青田二都方山乡垟塘工人，住所同上。

九、其他事项：

具声请书人赵耀令之妻（姓名为俄文略）

中华民国二十四年十月三十日

声请书（六）

依法应取得国籍声请转报备案，兹依中华民国国籍法第二条第一款规定，应取得中华民国国籍，理合为开明应行呈报事项谨呈

驻苏联大使馆转报。

内政部备案。

谨将应行呈报事项开明如左：

一、取得国籍人姓名：陈寅清之妻阿那司塔西洛曼诺夫那（俄文略下同）

二、性别：女。

三、年龄：三十岁。

四、籍贯：苏联吐耳斯基区。

五、居所：苏联莫斯科奥斯唐基罗新莫斯科街六号。

六、职业：眷。

七、取得国籍之事实及其证明：苏联出国籍允许证书一纸。

八、夫或父母之姓名年岁籍贯职业居所：夫陈寅清、廿三岁、浙江省青田奎岩庄工人，住所同上。

九、其他事项：

具声请书人陈寅清之妻（姓名为俄文略）

中华民国二十四年十一月十五日

声请书（七）

依法应取得国籍声请转报备案，兹依中华民国国籍法第二条第一款规

定，应取得中华民国国籍，理合为开明应行呈报事项，谨呈

驻苏联大使馆转报

内政部备案，

谨将应行呈报事项开明如左：

一、取得国籍人姓名：邱珠谱之妻阿力山大·菲多洛夫那（俄文略下同）。

二、性别：女。

三、年龄：二十三岁。

四、籍贯：苏联加夫加兹地方。

五、居所：苏联莫斯科新斯老鲍德斯基街廿二号。

六、职业：眷。

七、取得国籍之事实及其证明：苏联出国籍允许证书一纸。

八、夫或父母之姓名年岁籍贯职业居所：夫邱珠谱、卅岁、浙江青田四都工人，住所同上。

九、其他事项：

具声请书人：邱珠谱之妻（姓名为俄文略）

中华民国二十四年十一月十五日

声请书（八）

依法应取得国籍声请转报备案，兹依中华民国国籍法第二条第一款规定，应取得中华民国国籍，理合为开明应行呈报事项，谨呈

驻苏联大使馆转报

内政部备案。

谨将应行呈报事项开明如左：

一、取得国籍人姓名：陈作彬之妻阿力山大·瓦西里耶夫（俄文略下同）。

二、性别：女。

三、年龄：二十一岁。

四、籍贯：苏联赛来大尤利夫斯克城莫斯科区。

五、居所：苏联莫斯科城卫斯靠夫斯基街四号房内四十一号。

六、职业：眷。

七、取得国籍之事实及其证明：苏联出国籍允许证书一纸。

八、夫或父母之姓名年岁籍贯职业居所：夫陈作彬、卅岁、浙江青田马车坑工人，住址同上。

九、其他事项：

具声请书人陈作彬之妻（姓名为俄文略）

中华民国二十四年十二月六日

——青田华侨档案汇编（民国）第一辑　卷宗 1 - 8 - 6

浙江省政府训令　民字第二四四四号
令青田县县长

奉省政府令，为准内政部咨为转奉司法院解释关于外国人经中国人所认知或为中国人之养子是否当然取得国籍疑义一案，请查照并饬属知照等由，仰知照并饬属知照，等因仰知照由。

案奉

省政府秘字第九三二四号内开：

案准，内政部廿五年十月十六日第五〇五八号咨开，查国籍法第二条，外国人有左列情形之一者，取得中华民国国籍。

一、为中国人妻者，但依其本国法保留国籍者，□□此限。

二、必为中国人，经其父认知者。

三、父无可考或未认知，母为中国人，经其母认知者。

四、为中国人之养子者。

五、归化者。又国籍法施行条例第二条、依国籍法第二条第一款至第四款及第八条取得国籍者，由本人或父或母声请，居住地所属该管机构长官核明转报内政部备案（余不录）。是则国籍法第二条第一款至第四款，因婚姻或认知或养子取得国籍者，其性质殆相类似。惟外国女子嫁与中国人为妻者，即系当然取得国籍，声请备案与否不过为其取得国籍后之一种手续。（司法院院字第一一一一号解释，请查照本部二十三年十月二十四日通咨）。至外国人为其父（中国人）所认知，或其父无可考或未认知而

· 273 ·

经其母（中国人）所认知，或为中国人之养子者，若未依法声请备案，是否与外国女子嫁与中国人为妻者，同为当然取得国籍。又外国人为中国人之养子，如非当然取得国籍，于呈部备案后，与其养父母终止收养关系，是否仍属中华民国国籍，均无明文规定。业经本部于本年四月二十三日呈请行政院，转请司法院解释在案。兹奉，行政院二十五年十月七日第五八八八号训令内开，案查前据该部呈以关于外国人经中国人认知或收养并未声请备案，是否当然取得中国国籍疑义一案，请转咨解释等情到院，当经转咨司法院解释在案，兹准司法院本年十月二日咨开，业经本院统一解释法令会议议决，外国人经为其父或母之中国人所认知或为中国人所收养者，依国籍法第二条第二款至第四款所定，取得中华民国国籍。不俟报部备案始生效力，与同条第一款为中国人妻者相同。（参照二十三年院字第一一一一号解释）。又外国人于为中国人之养子时所已取得之中国国籍，无论已否备案，均不因收养关系之终止而当然丧失。相应咨复查照饬知。等由准此，合行令仰该部知照。此令等因，奉此，除分行外，相应咨请贵省政府查照，并转饬所属一体知照。等由，合行令仰该厅知照，并转饬所属一体知照。

等因奉此，除分令各区县市外，合行令仰该县长执照并转饬所属一体知照。此令。

厅长徐青甫

中华民国二十五年拾壹月三日

——青田华侨档案汇编（民国）第一辑　269—273　卷宗1－8－6

奉省政府令，准内政部咨送旅外侨民国籍证明书规则及呈文用纸，祈转饬遵照一案，仰查照并转饬遵照，等因，令仰遵照由。

青田县华侨档案汇编（民国）第一辑　274　卷宗1－8－6

浙江省政府训令　民字第一九五五号
令青田县政府

案奉

浙江省政府训令□二字第七二八六号内开：

案准，内政部民十三号二十六年七月十四日发第三九九一号咨开，案查本部发给旅外侨民国籍证明书，照章向由本部委托驻外各使领馆及国内各通商大埠地方政府转发旅居或前往海外侨民备用，惟归化人及其妻、子女仅共领归化许可证书一张，其父子夫妇往往因分居或分途旅行，势难分执。又归化人于归化后，结婚生子，其原领证书上并未载明。回复国籍者应同此情形，更有因婚姻、收养、认知等关系取得中国国籍者，仅由本部注册并不发给许可证书，为证明其虽已取得中华民国国籍起见，有每人领取国籍证明书必要，又归化人及回复国籍人之未成年子女，于数年后均已依次成年，容貌变异，与原领之许（可）证书上所贴照片不符，各地方政府于稽查户籍时难以辨认。为便于管理稽核起见，亦应发给彼等国籍证明书，以资证明。惟查各代发国籍证明书机关，均无国籍案卷，与上述各情形填发国籍证明书时，自不免发生困难。本部为补救此种困难起见，特拟定变通办法，嗣后关于归化人及回复国籍人之妻、子女，及因婚姻、收养、认知等关系取得国籍者，于请领国籍证明书时，应用其本人（未成年者可由其父母代请）备具手续费国币六角，最近四寸半身照片二张，呈文一纸，用中外文字，依式逐一填写。呈由现住地方政府呈转本部直接颁发，俾便考核。至于原为中国人请领国籍证明书者，仍由国内外各承办机关代发，仍照本部发给旅外侨民国籍证明书规则规定办理。又归化人及回复国籍人已领有许可证书，自毋庸发给国籍证明书。除通行外，相应检送内政部发给旅外侨民国籍证明书规则及呈文用纸各一本，咨请贵省政府查照，饬属遵照等由，并送附件过府，准此。合行检发原附件，令仰该厅即便遵照。并转饬所属一体遵照。此令。

等因，计检发内政部发给旅外侨民国籍证明书规则一本，请发国籍证明书呈文用纸两本。奉此，除分令外，合行印发前项证明书规则一份，呈文用纸两张。令仰该县政府即便抄同证明书规则及呈文式样，布告周知为要。此令。

计发证明书规则一份，呈文用纸两张。

兼厅长朱家骅

中华民国二十六年八月六日

青田县华侨档案汇编（民国）第一辑 275—279 卷宗 1 - 8 - 6

内政部发给旅外侨民国籍证明书规则
中华民国十八年十月二日内政部公布

第一条：内政部为证明旅外侨民国籍起见，依本规则之规定发给旅外侨民国籍证明书。前项证明书定名为中华民国旅外侨民国籍证明书，简称为国籍证明书。除印中国文字外，附印英法两国文字，其程式另定之。

第二条：凡侨居外国或前往各国之中华民国人民无分性别，因其必要须得领取国籍证明书。

前项国籍证明书每人领取一本，永远收执，无须逐年掉换。其未成年子女得于父或母之证明书内附载姓名年龄，无庸另给。

第三条：国籍证明书由内政部委托驻外各使领馆及国内各处发给出国护照机关核明代发，但国外未设使领馆地方得委托其他机关代发。

第四条：侨居外国人民请领国籍证明书时，应开具姓名、别号洋文拼法、性别、年岁、籍贯、职业，现住地方，未成年子女之姓名年龄及本人四寸半身相片二张，呈由该管使领馆或其他代管机关办理。

第五条：前往各国人民请领国籍证明书时，应开具姓名、别号洋文拼法、性别、年岁、籍贯、职业、前往地方、前往事由、现住地方、国内外通讯处，随同出国未成年子女之姓名年龄及本人四寸半身相片二张，呈由现住地方之发给出国护照机关办理。

前条及本条所用之程式另定之。

第六条：代发国籍证明书机关应于国籍证明书上粘贴相片处加盖该机关骑缝印章再行发给。并汇造领取国籍证明书人名事实详册，呈由该管上级官署转送内政部备案。

第七条：国籍证明书每本征收手续费国币六角，须于呈请发给国籍证明书时先行呈缴。

第八条：代发国籍证明书机关所征收之国籍证明书费应以三分之二解汇内政部，其余三分之一留作该机关办公之用。前项解部之手续费，应连同第六条规定造送之事实详册，国内每三个月报解一次，国外每六个月报解一次。

第九条：国籍证明书由内政部专案呈准，免贴印花税票。

第十条：领取国籍证明书后如有遗失情事，应声明事由呈请补领，仍依本规则所定之手续办理，并将前领国籍证明书登报声明失效。

第十一条：领取国籍证明书后如发现有冒籍顶名情事，应由原发机关追缴其国籍证明书送部核销，有不能追缴时应即登报宣告失效并通行知照。

第十二条：依国籍法应丧失中华民国国籍者，如曾领取国籍证明书，应具声请书时缴部核销或登报声明失效。

第十三条：本规则如有未尽事宜由内政部随时修正之。

第十四条：本规则自公布日施行。

——青田县华侨档案汇编（民国）第一辑　280—283　卷宗1－8－6

请发国籍证明书呈文用纸

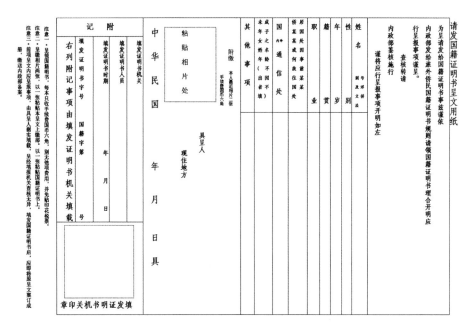

——青田县华侨档案汇编（民国）第一辑　284　卷宗1－8－6

第二编　电报

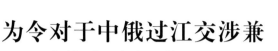

为令对于中俄过江交涉兼
对待办法仰遵照由
民国十二年八月十八日

漠河陶知事：

案查中俄过江交涉一案，前因俄方表示让步，拟具办法六条，函请同意前来。当经会同郑总领事、巴镇守使电请省长核示在案。兹奉七月卅日复电内开，查中俄交涉自停止使领待遇以来，完全属于地方关系，盖既无条约可循，亦无通商必要，徒因江省处处与俄接壤，华民贸易往来亦成惯例，政府不加禁止，纯出于亲善主意，乃俄官不顾，虐待未遑，华民痛苦不堪，至于激起反动系属自卫。政府既无从干涉，与外交显分两途，亟应特别注意。兹将来电所陈各节列举办法如下：一、小票签证收费本署迭电取消，纯为保护人民权利。不幸屡经交涉终未圆满解决，至华民恶感已深，不愿过江贸易。在俄无论如何让步，倘非达到取消目的，恐终非人民所能谅解，应答以办法六条。以外交而论，政府非不可通融，但签费由人民担负，如或人民不愿出费，政府万难强迫，交涉即以此为止境。事之从违，此后应悉听人民之主张云云，不妨暂为搁置，彼既称即日前往赤塔，将来由政府提出会议，亦惟听之而已。但应由该道密切通知商会注意，务须始终如一，在此案未经解决以前，华民不得过江，该道亦一律停止给票；二、税关俄员包庇私运，商民要求撤换属于行政处分。诚如关税司函称必须有包庇确证，应由该道密令该商会一面侦查确证，一面在海关范围以外严密分派妥员四周监察，无论何项货物均不准其报关，俄人即欲包庇亦无所能。此即关税司所谓俄人报关只能由军警阻止，兹以商民代之不生国际问题，毋庸由道与关交涉；三、英美日商运俄货物亦可同一扣留。缘经济绝交纯属人民关系，无论何国政府除在民法上负有责任外，均以外交干涉为不当，此国际之惯例，为法学家所公认。如果各国领事出而交涉应答，以人民自动只受法律拘束，于外交不生效力，倘或外商认为受有损失尽可向法庭起诉，以谋补救之方；四、东亚轮船装运俄货已有哈商禁阻。

熊泽一案经该道饬由居留民会核办，办法甚妥。但应由商民自由接洽，官府不能干预。日商如有抗议，应请在法庭起诉。但从此务须密告商会万不准有轨外举动，亦不得任意科罚；五、华人带币过江，暂可毋庸交涉。盖同一苛敛华民既不堪忍受自无过江之必要，应待汇案解决，以上五条均应照办。总之，外交一项虽分强弱为前提，亦藉民力为后盾。现在中俄交涉各案，百不一决，尤均较小票一案为要，大民意果能坚持到底系一大好机会，不特黑哈各案或希望能达到目的，即将来中央会议亦未尝不此是赖所望，外交官吏事事密切维持不加干涉，处处分清界限，不可显然相助，贻人口实。至于交涉当时均应声明尽我责任，愿敦睦谊，而事之结果不得不以民意为从违，切不可混合民人自动为一种交涉之手段，再扣留外商货物所谓民法上负有责任，即有时或不免赔偿损失，此为商民之不利，事关大局，两害相权必从其轻。民人既具此热诚，私人损失较之国权损失，奚啻天壤。无论法庭如何判决赔偿，商民务宜一面认赔，一面积极进行，方能坚持到底。而外商控诉亦必有时而穷，且由政府补助亦未尝不可，应并仰该道密切授意晓以大义，勿稍误会，是为切要。等因，奉此，查中俄过江问题未经解决以前，关于商民经济绝交之事只能暗中维持，仍应处处分清界限，不可加以干涉，显然相助，致贻外人口实。除分行外，合亟密令协助仰即遵照，并饬所属各卡官一体遵照为要。

道尹宋。江印。

——呼玛县档案馆：民国档案 348 卷《民国十二年漠河对岸不准华人过境》

为中俄经济绝交惟外人
不加限制仍照章收费由

民国十二年八月十八日

漠河陶知事：

　　案查前奉省长七月卅电，业经分行遵照并转知郑总领事，请其勿发准入华境执照在案。旋准复开断绝往来只能以中俄商民为限。至他国商民仍应给照通行，以维国际等语。当经电请省示，兹奉歌日复电内开，支电悉，经济绝交完全应出于人民自动，期与政府外交截分两途。例如，此次黑商禁止人货出口，系由人民受一种非常痛苦且反动，政府抗议无效，自不能忍，令始终被虐强迫取缔，即此发生交涉。政府则以民人自由无权干涉为词不负责任。此为国际惯例，彼终无如我何，非谓政府与人民一致主张断绝交往，致生国际问题。卅电详切声明即属此意。出境护照既非国际绝交，当然照发签字并应照章收费。无论其他外人不加限制，即俄人亦不改常例。盖领照收费于我有益，何庸断绝，理至明显。倘外商有由华运货过江者于我不利，则由华民一面阻止，政府听其自然，此之谓交涉后盾。仰仍参照卅东两电遵办，等因，奉此，除函达郑总领事查照并分行外，合行电仰该县即便饬属一体知照。

道尹宋。鱼印

——呼玛县档案馆：民国档案 348 卷《民国十二年漠河对岸不准华人过境》

为过江办法未解决前
中俄人货均暂停止往来由

中华民国十二年七月卅日 到

漠河陶知事：

案查俄岸六月一日不准持过江小票华人登岸，要求改发出洋护照一案，于月之十四日俄阿省革命会长偕驻黑俄委员来署与本道尹磋商两岸商民过江办法，未经商妥当。经双方约定，在过江办法协商未解决前，中俄人货均暂停止往来。惟两岸各机关办公人员不在此例。业将协商未解情形电省在案，黑河现已实行停止人货往来。合行电令该县仰即一体查照办理，并将办理情形随时具报查核。

道尹兼交涉员宋。俭印

——呼玛县档案馆：民国档案 348 卷《民国十二年漠河对岸不准华人过境》

照录驻俄刘公使来电
四月二十八日

前中东铁路交涉代办达聂尔受某工程师之委托赴哈招工，昨已启程。闻招募之数多至三万，系筑行军路，如准其募雇贻患胡底，边尔姆案可为殷鉴。请密电东省交涉员设法劝阻，否则照本馆所拟章程参酌办理为要，章程颁行后并已电示。

镜二十六日

照录驻俄刘公使电

卢二十八日电，三十日咨暨章程钧悉，已照饬馈该道预为防范，以免工人冒昧应募。余函详外交部。二十九日。

照录驻俄刘公使来电
五月六日

外交部罗二十九日电悉，顷又闻前次国务会议公决招募华工耕种一案，俄政府以情形隔膜，已责成阿穆尔总督关达基一手办理。查此事既归关督，至特别募工范围不止东三省，其必委托崴埠华侨在天津、烟台等处招募，应请通行直隶、山东等省遵照部颁章程办理。

镜三日

照录驻俄刘公使来电
五月八日

外交部卢，俄募华工迭经电陈在案，须据华工郭成祥面禀，有与同伙多人为俄雇佣，逼令赴俄战地掘壕等情，因思募工一事流弊无穷，一旦应募如入其笼，无论章程如何严密，彼可任意驱策，在我已无力保护，则与坚记其薨者，亦复何殊，且恐此后国际上蠥轕丛生，殊无已时。现值俄地生计奇难，百物昂贵，奚啻数倍。彼虽许给厚资，然以无利可图，尤堪虑者，俄工以华工资较廉，辱其生计不免因嫉妒而酿祸端，种种情形有百害而无一利。本馆前拟募工章程因势难推绝，聊以对付，固非上策，如能及早设法晓谕民间忕为上策。

——呼玛民国档案 800 卷《民国五年俄招募华工》

驻海参崴总领事馆代电
崴 27 第二四五号
送被捕华侨名单

外交部钧鉴，关于苏联大捕华侨案，除业将第一二两批登记九百人列表呈送钧部并送呈大使馆以备交涉在案外，兹谨将第三批登记九百四十八人再行造册呈送，伏乞鉴察。驻海参崴总领事馆，廿八日。

附名单一册

中华民国二十七年三月二十八日

被捕华人名单（俄文略）

序号	姓名	序号	姓名	序号	姓名	序号	姓名
901	刘×身	928	刘义清	955	于婚林	982	赵莘彬
902	李颜山	929	刘成吉	956	李进玉	983	孟兆起
903	纪颜山	930	王寿祥	957	王达发	984	戚鳌宾
904	赵丕潭	931	刘江芝	958	王克洪	985	郝宝山
905	孝明臣	932	孙吉奎	959	胡德海	986	姜玉和
906	王学礼	933	王天祥	960	王云芳	987	徐长德
907	王化南	934	于法	961	于成五	988	曲文昌
908	李老三	935	于刘氏	962	李万增	989	方宝泰
909	邓明忠	936	姚明德	963	郑玉田	990	×××
910	邓良臣	937	顾朋令	964	李 氏	991	刘喜春
911	李 才	938	宋学堂	965	李迁月	992	宫子庆
912	王芳春	939	刘宝亭	966	罗子先	993	王有学
913	迟春积	940	宋 氏	967	萧 彬	994	赵福菜
914	吕信立	941	刘文化	968	×××	995	徐 高
915	胡忠山	942	梁德升	969	菜法梅	996	姜 祥
916	迟耀盛	943	王学义	970	窦福昌	997	李 田
917	孙 德	944	张连顺	971	王京岐	998	李王氏
918	赵盛文	945	孟光仁	972	张刘氏	999	王彦清
919	徐 文	946	×××	973	张立吉	1000	王喜桂
920	丛宝志	947	王竹全	974	安立茂	1001	刘 生
921	于振信	948	梁德盛	975	谭兆红	1002	吴定兰
922	吕清永	949	于升平	976	高永遂	1003	杨成达
923	丛世义	950	尹玉元	977	孙有茂	1004	孙德义
924	宋道兴	951	王仁忠	978	宁聚德	1005	刘殿才
925	贺镇东	952	李洪喜	979	金玉清	1006	葛式江
926	刘承和	953	杨玉年	980	赵振褆	1007	秦寿仁
927	张 发	954	于桂祥	981	赵振祥	1008	李 德

续表

序号	姓名	序号	姓名	序号	姓名	序号	姓名
1009	王奎芳	1038	×××	1067	李明阿	1096	徐广海
1010	唐　洪	1039	刘春书	1068	唐文礼	1097	王秉舒
1011	李洪发	1040	王连清	1069	唐文阁	1098	赵　芳
1012	王永发	1041	贾成年	1070	王殿进	1099	孙书堂
1013	邢宝刚	1042	米玉山	1071	盛成忠	1100	曲英廷
1014	×××	1043	石功三	1072	王刘氏	1101	刘成山
1015	王凤云	1044	王礼堂	1073	孙克祥	1102	赵培林
1016	唐仁林	1045	牟相振	1074	孙克先	1103	杨云东
1017	毕书章	1046	马春堂	1075	王克林	1104	高元发
1018	张　顺	1047	安吉忠	1076	于　洪	1105	张大和
1019	李连芝	1048	戴　祥	1077	周克云	1106	韩祺子
1020	苏茝和	1049	傅宽义	1078	李宗典	1107	王道元
1021	林德九	1050	张祥福	1079	邹积海	1108	王　才
1022	王志德	1051	徐振永	1080	李东义	1109	董明财
1023	刘振玉	1052	杨　清	1081	李有山	1110	孙吉林
1024	向　玉	1053	王德凤	1082	于洪奎	1111	李修亭
1025	张忠元	1054	张　海	1083	吴云东	1112	李云廷
1026	向　文	1055	张海义	1084	姜书经	1113	马秋林
1027	蔡　有	1056	张李氏	1085	朱万义	1114	金凤珍
1028	宋　有	1057	李明信	1086	王宝春	1115	王　申
1029	王　洪	1058	卢子培	1087	×××	1116	董秀如
1030	刘先阳	1059	刘万海	1088	黄树宝	1117	李德永
1031	高　玉	1060	王玉珠	1089	李　顺	1118	李新林
1032	鲍成元	1061	王　锡	1090	陶金秀	1119	×××
1033	珂　春	1062	刘敏递	1091	滕学明	1120	王义珍
1034	于金春	1063	×××	1092	杨兰启	1121	于泰兆
1035	李永山	1064	于昌永	1093	王兆昌	1122	郝光升
1036	于吉春	1065	于元山	1094	孙世信	1123	高凤祺
1037	李　丰	1066	杨锡贵	1095	杨廷祥	1124	张　庆

续表

序号	姓名	序号	姓名	序号	姓名	序号	姓名
1125	刘丕吉	1154	×××	1183	贾子然	1212	吴士忠
1126	刘礼仁	1155	×××	1184	孙 福	1213	宫德云
1127	于振江	1156	孔云峰	1185	卢志九	1214	李洪刚
1128	史雅轩	1157	张丰田	1186	孔子清	1215	邵宿子
1129	张芝芬	1158	顾学俭	1187	×××	1216	李福远
1130	陈鸿茂	1159	×广春	1188	×××	1217	徐 德
1131	张功臣	1160	刘振江	1189	于作先	1218	刘世生
1132	张玉福	1161	高福平	1190	刘 海	1219	王学振
1133	王先海	1162	高殿玉	1191	刘万福	1220	×××
1134	刘玉田	1163	侯丛礼	1192	沈德和	1221	刘万福
1135	王进才	1164	崔吉财	1193	王宝福	1222	曲有财
1136	董连俊	1165	王洪云	1194	王新德	1223	崔明臣
1137	张芝明	1166	宋治田	1195	牟振业	1224	刘东发
1138	刘宗德	1167	常有典	1196	于彦林	1225	张子祥
1139	李玉轩	1168	刘培春	1197	王玉财	1226	曲文水
1140	王峰山	1169	侯曰盛	1198	于振道	1227	赵立仁
1141	邹福坚	1170	毕可大	1199	孙福祥	1228	孙云景
1142	张喜考	1171	宫云清	1200	李玉海	1229	仲 山
1143	张义修	1172	王喜亭	1201	李金相	1230	萧 福
1144	张宗海	1173	张奎升	1202	王书清	1231	刘春发
1145	吕子坤	1174	毕润京	1203	史雅宽	1232	宋陈氏
1146	殷世文	1175	董崇义	1204	林 宽	1233	方竹三
1147	李福臣	1176	徐春发	1205	刘长泰	1234	没界钱
1148	王 良	1177	邵 海	1206	蔡立武	1235	刘 成
1149	张培殿	1178	刘金洪	1207	张有财	1236	李文彬
1150	王鸿尧	1179	玉斗升	1208	周振东	1237	车莲桨
1151	孔宪玉	1180	董 海	1209	王子振	1238	王仁南
1152	陈呈祥	1181	刘 仁	1210	张瑞盛	1239	李龙滨
1153	王凤亭	1182	殷荣龙	1211	杨远恒	1240	刘 长

序号	姓名	序号	姓名	序号	姓名	序号	姓名
1241	刘学扬	1270	韩登清	1299	翟君	1328	刘奎锡
1242	曲友才	1271	刘金登	1300	刘贵吉	1329	鲁子洪
1243	乔作梁	1272	季大德	1301	李义合	1330	闫文金
1244	王思清	1273	×××	1302	刘鸿义	1331	安景清
1245	郝喜德	1274	陈德和	1303	张海义	1332	宋书堂
1246	郝忠堂	1275	李义臣	1304	孙凤阳	1333	赵贵五
1247	郝安	1276	苗瑜荣	1305	牟仁升	1334	张海清
1248	谭福和	1277	李金堂	1306	孔子虔	1335	曲贺龙
1249	于金山	1278	张永寿	1307	李兴五	1336	黄范财
1250	尹志落	1279	卢大亭	1308	高增	1337	王满昌
1251	王守廷	1280	王殿彬	1309	梁维山	1338	董仁堂
1252	×××	1281	于作祥	1310	李玉亭	1339	刘福
1253	刘志福	1282	于克堂	1311	张海	1340	尹增寿
1254	孙士元	1283	丰鲁堂	1312	×××	1341	王玉才
1255	徐家祥	1284	王占文	1313	吴自敏	1342	吴凤有
1256	孙喜珠	1285	张文福	1314	宫劬茂	1343	吕学文
1257	安书云	1286	王周臣	1315	王永	1344	孙五纯
1258	于贵德	1287	王金洪	1316	崔开田	1345	杨锡昌
1259	陈武	1288	张照盛	1317	李万祥	1346	×××
1260	安喜堂	1289	田齐先	1318	秦茂	1347	姜高春
1261	姜凤章	1290	姜发耀	1319	高永义	1348	牛福堂
1262	刘友	1291	李洪觋	1320	钱克勤	1349	马祥斋
1263	陈荣炳	1292	姜德江	1321	朴芝政	1350	李世源
1264	王张氏	1293	刘金远	1322	杨鸿秀	1351	孙成均
1265	李简先	1294	顾玉东	1323	冯喜林	1352	姜忠海
1266	刘周	1295	冷文	1324	刘登	1353	徐同海
1267	张程有	1296	宋仁龙	1325	邵金成	1354	马芳振
1268	金崇祺	1297	雷文卿	1326	丁有山	1355	刘俊祥
1269	李照先	1298	安福	1327	吕康臣	1356	周悦有

序号	姓名	序号	姓名	序号	姓名	序号	姓名
1357	冯顺林	1386	李　德	1415	孙元朋	1444	孙家阳
1358	杨寿星	1387	王文祥	1416	李宝田	1445	孙希尧
1359	李元芝	1388	杨云东	1417	宋义祥	1446	姚宽金
1360	姜田公	1389	赵培林	1418	刘治德	1447	冷公保
1361	朴　义	1390	刘　成	1419	王　有	1448	那喜发
1362	孙绍福	1391	曲兆晶	1420	刘万成	1449	官培吉
1363	王本修	1392	纳新国	1421	李成山	1450	官爱连
1364	纪志荣	1393	赵洪昌	1422	尹　宫	1451	黄玉堂
1365	张福山	1394	王祥秋	1423	厅振书	1452	韩　兴
1366	黄金玉	1395	于茜增	1424	刘喜章	1453	左金喜
1367	于连生	1396	都清作	1425	李忠全	1454	杜成业
1368	王进财	1397	王德福	1426	王有发	1455	孙安寨
1369	房要德	1398	陈宏营	1427	黄春海	1456	李明先
1370	刘生勋	1399	贾长福	1428	王奎凤	1457	李　福
1371	刘廷章	1400	徐发仁	1429	宫乐公	1458	黄耀东
1372	董　宽	1401	宫起发	1430	李金亭	1459	于福清
1373	龚喜久	1402	张书钱	1431	孙志五	1460	宁恩云
1374	王永春	1403	王福成	1432	孙忠祺	1461	徐贵仁
1375	王祥开	1404	吕殿珍	1433	顾祝发	1462	×××
1376	李杜江	1405	刘和春	1434	陈　安	1463	徐正海
1377	王鸿兴	1406	张吉凤	1435	刘振财	1464	王克文
1378	×××	1407	张学秋	1436	×××	1465	杨文奎
1379	鲍丁桂	1408	董贵山	1437	于张氏	1466	李振安
1380	兰发全	1409	×××	1438	陈义秋	1467	辛立钱
1381	李焕训	1410	尹立功	1439	陈能温	1468	叶志永
1382	黄铸顺	1411	宫锡贵	1440	李　祥	1469	孟宪山
1383	方臣三	1412	于吉福	1441	王有祥	1470	张殿成
1384	王刘氏	1413	刘　福	1442	刘虞增	1471	高　由
1385	金世良	1414	刘明久	1443	梁维山	1472	王吉发

续表

序号	姓名	序号	姓名	序号	姓名	序号	姓名
1473	张子阳	1493	黄永祥	1513	孙连章	1533	柳贵才
1474	赵义俊	1494	宋来明	1514	×××	1534	刘子恒
1475	周文堂	1495	方玉勤	1515	霍立善	1535	陈炳宁
1476	王寿福	1496	刘德福	1516	田德林	1536	吕成章
1477	刘洪歧	1497	孙自朋	1517	富 成	1537	王学仁
1478	李中全	1498	施川本	1518	杨永广	1538	刘 美
1479	梁宪章	1499	黄子国	1519	王金章	1539	周 存
1480	孙如才	1500	刘 信	1520	刘京金	1540	辜成彬
1481	徐成林	1501	赵守兴	1521	赵天洪	1541	张 福
1482	菜文秀	1502	姜 福	1522	袁少年	1542	唐文田
1483	王寿安	1503	王修武	1523	尹万顺	1543	尹喜林
1484	李承瑞	1504	萧 彬	1524	赵天才	1544	石 福
1485	武廷厚	1505	郑义同	1525	赵克凤	1545	孙文佳
1486	王振清	1506	张廷晓	1526	王喜有	1546	×××
1487	刘相庆	1507	罗子仙	1527	马清山	1547	丁普卿
1488	×××	1508	李 氏	1528	赵子彬	1548	戴亭远
1489	王世德	1509	来发福	1529	韩石学	1549	孙新齐
1490	时书福	1510	寇显胜	1530	于 福	1550	宋秋生
1491	王盛发	1511	寇显照	1531	于文林	1551—1848 姓名待查	
1492	王寿安	1512	梁 福	1532	李万林		

电　报

北京顺承王府总司令钧鉴：

安密歌电奉悉，查前因难民陆续赴俄，为防止受俄利诱回国宣传起见，经相呈明钧座，并商请吉江两省，对于此项难民一律严禁出境在案。

现查俄方对于华人尚无拒绝入境之举，惟江省对于华人出境护照，已一律停止填发，似应妥定办法，以资画一。兹拟凡华人向在俄境有正当职业，暂时返国仍须赴俄续业，执有驻俄我国领事护照者准其出境外，其余始拟赴俄谋生或无正业者一律禁止赴俄，由两省酌予安插或驱逐出境，以免遗患，是否有当，敬请鉴核。

张焕相叩。青印。

哈尔滨张长官安密青电悉，禁止赴俄之无业华民，仍著会商吉江两省妥筹安排之法，以资防范而免失所。

总司令。文印。

——黑龙江省长公署卷《关于停发华人赴俄护照事项》中华民国十六年四月

吉林鲍督军十年一月七日九时末来电

江电在国防大字一四号

巡阅使孙督军钧鉴：统密，赞师江电。

敬悉华侨回国待车接运，已电总司令部督办公所交涉备车，至该侨民回国以后接济安插，实为一最重要最困难问题。侨民人数多至数万，失业归国混集沿线，不特衣食无从筹措，急切之际，亦并无此项房屋堪以收容，其难一；侨民原籍多属直鲁，各该省饥民遍地，待拯方殷，即拟分次遣送入关，而关内作何处置，亦无妥善方法，其难二；侨民久居俄地，过激思想难免不感受传染，饥寒所迫，何事不可为？倘令聚处一隅，更恐治安被其影响，其难三。

今为救急之计，似应于满哈两处设立慈善救济机关，于侨民入境以后，询明各人向有职业。习劳工者则指定现办金煤各矿，派令入矿工作；习农业者，则就各县已垦之地，每处斟酌情形，派令安插若干人，交与大粮户代为留养，由官酌助口粮，开春耕作后，即令充任雇佃。其原籍尚有亲族可依者则酌给川资遣送回籍。似此办理，目前回国侨民之数尚不甚多，分别安置，既不至十分为难，而免令群集一方，发生隐患，于边局裨益甚大。惟是兹事体大，需款不赀。不特江省无此财力，即吉省亦同一困难。赞帅虽经电请院部核示，而以此时中央财力言之，亦恐未遑远虑，贵卿去春即为此事筹思已久，经通电各省，劝募巨款，专为救济华侨之用，而各省应者寥寥，至今不过筹集三千元之谱。现在国内灾情奇重，焦头烂额，已经自顾不遑，劝募一层更难，希望鄙意财部通电于厘捐附加一成，作为振款。财部原电所列之数，系照七年收入估计，而比东省收入增加甚多，即照部电所开之数，购粮运输入关接济，预计尚有所余，此事不特侨民生命所关，亦为三省安危所系，拟请巡帅主持，合三省之力，通筹办理。如果该捐款尚未收齐，而侨民已经先到者，可指定此项收入向各银行押借，以应急需。管见所及，是否有当，敬请教正。如荷赞同，并请由巡帅特派专员主办，以期指挥灵便，倘巡帅另有妥善办法，亦祈见示为祷。

鲍贵卿。微印。

民国十年一月五日

——黑龙江省长公署卷《关于华侨回国事项—附

侨务局调查回国状况》中华民国十年一月

黑河宋道尹江密文电悉，俄拟取消过江小票，案所拟办法甚当，烦仍回复现行小票一条纯归我岸收资，不特稍嫌未平，且适足以启俄人之觊觎，不若双方取消，准许商民自由往来为宜。除电部外，仰遵照相机办理具报。

省长。删印。

快邮代电

北京外交部鉴：

俄拟取消过江小票一案，前据黑河宋道世电，当以冬日电部请示，尚未准复在案，前又据该道文电内称，查俄岸东日云电部备案，示遵等情，据此除电复俄拟取消过江小票案云云，办理具报，等因拍发外，电请大部查照，并"仍盼"指示机宜见复为盼。吴。删印。

六月十六日

黑龙江军政两署电报　四四七号

省长钧鉴：

　　江密文电谅邀钧鉴，元日驻俄郑领事来署面称，俄革命会长托其过江转圜承认小票有效，惟奉俄政府命令，此项小票须经俄委员或华领事签字，每签字一次需费俄币七十五戈比等语。郁谓索费太昂，非商民所堪，未便允行，郑领去后旋准函称，俄会长仍坚持前议，并订寒日亲身过江与郁面商解决等因。今日该俄会长偕郑领事、驻黑俄委员等来署，该俄会长称此项签字费系筹充红十字会经费，并承办小票人员办公等项，且奉政府命令，万难减少，务请许可。郁谓商民艰苦，均宜体谅，设商民力不能胜相率抵抗，仍恐无费可筹，且贵国政府命令断无两歧之理。查海拉尔陆路过界新订章程，中俄均不索费。前奉省令在案，阿省同隶于贵政府，今以于票费外又令索签字费甚钜，未免不平。应请呈商贵政府援案免除或减少，以恤商民。据答海拉尔事未奉令知至请求减少一节，容即文达政府请示，惟需时约一月之久，未奉覆示以前，应暂照六月一日办法办理，再货物能否通融准予出口，郁谓交通既断，货物亦应一例至需时稍久，只好静候以待解决，此今日谈判情形也，查俄方意在敛财，不过讬词政府，以为延宕地步。郁虽知听任延宕不免商民交困，然俄情狡变，又不敢不相机抵制，以期就我范围，但恐一月以后，彼仍坚持不变，未免应付为难，将来最终接洽俄方如坚持前议，可否通融之处，伏乞鉴核电遵。

宋文郁叩。寒（十四日）印。

黑龙江军政两署电报　四〇九号

省长钧鉴：

　　江密冬电祗悉，查东日持小票过俄岸华人，业经俄官阻止登岸。我方当即取对等办法以示抵制。兹准俄驻黑委员函称，准函会商改发护照相当办法，极表赞同，业电政府核示，得覆再达等语，谨先将督持情形电闻。

宋文郁叩。冬（二日）印。

北京外交部鉴：

昌密据黑河道宋文郁世电称，陷日准驻俄郑领事函准俄阿革命会长函称云云，乞核示等情。查此事应为何应付，特电核示，以便饬遵并盼速覆。吴。冬印。

黑河宋道尹江密世电悉，已电部查核复到令遵。

省长。冬印。
六月一日

黑龙江军政两署电报

省长钧鉴：

陷日准驻俄岸郑领事函开，准俄阿革命会长函称，奉政府令黑龙江上下游中俄对岸向行之临时过江小票限六月一日取消，嗣后非有出境护照经俄代表签字不准登岸等语。查小票原系一种临时办法，取消未为不可，惟时期太迫，上下游各层未及令知至速须展缓三星期再出境，护照印部刊发向未规定年限，亦须事前议定签字有效期限，以免纠葛。当于今早派车顾问席珍过江会同郑领与该会长当面交涉，乃该会长坚谓系政府命令碍难展限，至出境护照签字期限，仅允三月，再四磋商，毫不通融。据覆前来查俄岸不可理喻，既成惯例，现拟于双方未议定相当办法之前，如果俄岸有拒绝执小票过江情事，暂以断绝交通为抵制办法，是否有当，乞核示。

宋文郁叩。世（卅一日）印。

黑河宋道尹江密寒电悉，过江小票本属虐民政策，如为抵制俄岸收费起见，亟应乘此时机实行封锁口岸，杜绝往来。前据文电内称现在华货早不运往，于商无碍，即护照停发亦无不了，（万不可稍予通融，）仰道删电，抱定

· 295 ·

双方取消宗旨，否则依据呼伦办法，另与定议，仍将遵办情形具报。

省长。铣印。

六月十六日

黑龙江军政两署电报　四五六号

省长、北京国务院、外交部、农商部、益世报、奉天东三省保安总司令、吉林省长、天津益世报、上海申报均鉴：

俄驻黑河非正式委员彼收华民过江小票费大洋七角五分，居留大票一月一签字，月缴签费五元八角，否则不准华轮进俄口岸，商民否

认。现拟组织黑河沿江市民经济联合会以为对待作交涉后盾，除与道尹随时密商相机办理，并另文详报外，谨此奉闻。

黑河商会叩。效（十九日）。

黑河宋道尹：

江密，过江小票交涉办法已于锐日电令遵照在案，兹据黑河商会效电称，组织市民经济联合会以为外交后盾等情，究系如何情形，仰即查明，一面遵照前电妥办报夺。

省长。个印。

六月廿一日

黑龙江军政两署电报

省长钧鉴：

江密个电祗悉，小票交涉前遵铣电，严词函驻黑俄要求答覆，一面密谕商会在交涉未解决以前，切勿贪图小利私运货物过江，致碍进行，乃该

商会忽至（自）动组织经济联合会，事前并未商经郁同意，遽于效日初电京部，奉吉暨钧署鉴核。嗣于效（十九日）夜，据该会函知当即传集该会长等询问一切详情。据称因九年取消双方小票，纯系梁服会效力，此次组会仍系梁服会变象拟借此为官府作外交后盾等情，观其热心似尚可嘉，而考其内容，所组之会毫无实力，能否借作后盾殊不可知，惟民情激昂亦可收一时恫吓之效。且业据分电各宪未奉各宪电令之允，亦未便过于阻抑，惟未经郁认可遽行通电，殊属非是当经面加诘责，该会长等亦自认冒昧，恳请原谅，复谕以既据通电，应候各宪电示遵行，惟不得有规（轨）外行动，致干未便去后，奉电前因，理合据实电覆。伏乞，鉴核示遵。

宋文郁叩。养（二十二日）印。

——黑龙江省长公署卷《关于华工护照暨过江小票费事项》中华民国十二年五月

吉林王省长鉴：

据电前情，除分别函行本省郝交涉员在哈就近向蔡道尹密商办法外，相应抄同来往电文电请密饬蔡道尹查核办理，仍希见复为盼。

吴××、于××。支印。

计抄件

七月四日

卜奎省长钧鉴：

窃查华俄商民过江办法双方磋商数次迄未解决，所有磋商情形，业经随时电陈，旋奉删铣两日钧电正拟核办，间迭准驻黑俄委员第一六六及一六七一号照称关于华人过江办法，请速来函表明，以便转请我中央政府核准施行。又称奉到该政府命令，除过江小票签字一次收费七角五分办法外，尚可用出境护照由道署发给在该委员处签字，该签字以一个月为限，收签字费三元三角，以上两项办法请解决。等因，准此，当经提出意见，覆请俄委员酌核办理，去讫除俟覆到再行电陈外，理合照抄致俄委员函稿，电请鉴核施行。

道尹兼交涉员宋文郁叩。有印。

计呈抄件

快邮代电

　　黑河宋道尹有代电并抄件均悉，查此案本署前据该员文电，业于删日电复，并分电外交部在案。兹准部电复开，删代电悉，取消过江小票案，黑河道尹可拟办法，甚为妥善。希转饬该道尹相机办理，并将交涉情形随时电部，等因到署仰即遵照，向俄代表切实交涉，妥速进行。将来如能照第一二两项办法解决，尤为圆满，第三项次之。否则据照呼伦临时过界办法办理以归一致，更较妥协仍将办理情形随时具报候核。

省长。麻印。

　　北京外交部鉴：

　　六月二十九日代电奉悉，此案续据黑河宋道有日代电内称，窃查云云。电请鉴核等情。据此除电复有代电并抄件均悉云云，随时具报候核，等因，快邮即发外，相应抄同该道致俄代表函稿电请大部备查。

吴。麻印。

　　计抄件

　　呼伦贝尔程兼交涉员：

　　案查前据黑河宋道尹报称，俄阿省勒令过界华人于票费外，再纳签字费，否则不准登岸等情。迭经本署电令严重交涉，并据该道向俄方提出解决各办法，经由本署电达外交部，准复各在案。事关中俄商民过界、封锁办法。合亟抄同此案，来往电文，令仰该员即便查照。

省长。麻印。

　　附抄件

七月七日印发

外交部快邮代电

删代电悉，取消过江小票案，黑河道尹所拟办法甚为妥善，希转饬该道尹相机办理，并将交涉情形随时电部。外。

中华民国十二年六月二十九日

快邮代电

卜奎军长吴钧鉴：

窃本镇市民前因俄官府拟在黑河南岸勒收华人过江临时小票七角五分，在俄居留华商大票费每一月签字一次，至多期限亦须三个月一签字，缴费大洋五元八角，否则不准过江。当经道尹严词拒绝，因此断绝交通，惹起我岸人民全体公愤，商承道尹、镇守使由黑河道区沿江市民组设经济联合会，决定人货一并禁止出口，用文明抵制作交涉后盾。于效日电呈钧座在案，现仅实行数日，俄岸人民即生恐惶。咸以该省长与驻黑委员为大谬。查俄外三省木杵、秧草、粮石（食）、布匹全恃华岸供给阿省，以秧草为大宗，庙街、伯力以小麦、豆油为最要。昨据哈信保称俄人在哈买有小麦、元豆、白面甚多，雇妥东亚公司轮船四艘，运赴三江口，换用俄船再运庙街、伯力。现在未经运出者尚有五十万元之多，应请一面阻止不准出境，一面由江防毛司令于三江口严行查禁，并与哈埠联络一气，则来源既绝不俟三月定可制其死命。非惟勒加大小票费立能取消，即一切重要问题亦当迎刃而解，否则仅恃黑河道区一隅抵抗又无武力以继其后，无论商民如何爱国，官府如何尽力，俄必有恃无恐，不能遽就范围。盖边局安危，国家荣辱，利权损失，一松一紧，在在均有绝大关系，断非空言，所能交涉是以一再开会讨论，咸谓俄所缺者粮石（食）、柴草、布匹、钉铁，此次对俄成败利钝关键要点，半多操之哈埠，果能将俄人未经运出粮石（食）立予阻止，并将俄国所需种种货物一并禁止交易，再加以黑河沿江上下实与经济绝交，现虽不无些微困难，将来必获最大胜利。惟兹事体大，禁止百货出口必须先行闭关，如不闭关，在黑河方面虽受切肤之痛，在其他方面转有投机之益。窃恐破坏团体，贻误交涉，为害滋大。际兹中外多事患，且不可胜言以上情形均属实在，迭经禀商道尹、镇守使亦皆以为然，除经济联合会成立原因与宗旨所在前已由黑河商会专文详报

钧鉴外，所有恳请拦阻东亚公司轮船为俄装运货物暨禁止百货出口。宜先关闭各缘由，谨用代电奉陈

钧座，万乞恩准，据情电咨吉林军长、哈滨朱长官俯允转商滨江关照办，以重国体，而利交涉，不胜迫切以待，祗叩

钧安。

黑河道区沿江市民经济联合会会长张殿卿、副会长丁官堂、张景骡、沈贯一、刘兆西代表全体绅商士民同叩。陷。

借用

钤记

元月卅日

快邮代电

吉林王省长鉴：

关于黑河商民组织经济联合会一案支电计达。兹续拟黑河商会等陷日电称，窃本镇市民云云，以重团体，而利交涉，不胜迫切以待，等情具报到署，除以查东省禁运粮产云云，见复为盼。等因函知滨江道暨本省郝交涉员，在哈密商办理。

外用特电达查照，希即备案核办。见复为盼。

吴××、于××。阳印。

黑龙江军政两署电报来电
四九四号

省长钧鉴:

　　小票交涉一案,前奉六月铣电遵即厉行,封锁口岸以期达双方取消目的。嗣驻黑俄委员函称小票价值愿让为每张二角二分,惟华岸须由俄委员发票等情。查核来函,虽已让步然与钧署铣电仍未吻合,未便覆允。正拟电请核示,间适奉哈(尔)滨朱长官七月江电开,为航路交涉正与驻哈俄代表严重抗议,已将新旧俄船及东亚等在三江口联运办法电由江防毛司令阻断,适与黑河断运事实相辅而行。等因自应与哈埠互相援应,俄委员来函拟置不答,暂取旁望态度。惟受关对于俄人货运迄黑河宋道尹江密庚电悉,小票交涉未违我方主张,以前拟暂置不复待机进行,所见甚是。黑哈商民利害关切趋向一致,自动足为交涉之后盾。于此案不无促进解决之希望,至请转电税务处,饬瑷关禁运俄货一节,事涉国际封锁,窒碍颇多。既据径电应暂候处示,如何具报再夺可也。

省长。蒸印。
——民国十二年《关于华工护照暨过江小票事项》

黑龙江军政两署电报来电
民国十二年七月九日　到

军长钧鉴:

　　并请据情转北京税务处鉴,宋道尹因过江小票一案与俄革命委员长商订在小票办法未解决以前,中俄两岸人货均暂停往来,并由道尹电呈省署,分令商会查照办理。官府拒绝于前,商民继起于后,当经组织联合会与俄经济绝交，禁止人货出口。前经分呈在案，现已实行多日，与哈埠各商会决定一致进行。惟俄船仍来华岸装运木柈，海关不但照常放行，更复明为袒护，本会拦阻无效，道尹劝阻不听，全镇商民愤激莫遏。此事发难于俄，彼曲我直，应请钧座速电海关，迅予禁止俄人运货，除两国机关办公人员外，一概不准过江，并不得装运货物，遇有装运即予扣留，俟交涉解决，再为开禁。庶可稍平民气，以助交涉，否则交涉失败，责有所归，誓不承认海关此等举动。万出无奈谨此飞电，吁恳伏乞，恩准照办。鹄候电示，不胜迫切，待命。黑河道区沿江市民经济联合会叩。泰（九日）。

——民国十二年《关于华工护照暨过江小票事项》

东省特别区行政长官公署快邮代电
中华民国十二年七月十一日发
快字第六九号

吉林王代省长、黑龙江于代省长、东省铁路王督办、护路军朱总司令、滨江关毛监督、滨江张镇守使、绥宁张镇守使、吉黑江防毛司令、督办中俄交涉驻哈蔡代表、呼伦贝尔程督办、滨江蔡道尹、道里总商会、滨江商会、黑河商会钧鉴：

顷承东三省保安总司令蒸电开，朱行政长官鉴并转张镇守使、蔡道尹、毛监督鉴，平密据黑河市民经济联合会电称俄党征收过江小票，经宋道尹商订，在小票办法未解决以前，两岸人货暂停往来。现黑哈商民已一致进行。惟俄船仍来华岸装运木柈，瑷珲分关不但照常放行，更复明为袒护官民，劝阻不听等语。查中俄两岸人货暂停往来，既经宋道尹与俄委员长商订在前，海关官员系中国官吏，自应一致办理。请即切戒该关税司务必遵照省政府意旨办理为盼。

张作霖蒸印。

等因除迳电黑河宋道尹兼交涉员。

快邮代电

黑河宋道尹、海拉尔程督办：

　　顷准东省特别区行政长官真代电开，顷承东三省保安总司令蒸电开，云云。统希特饬一致进行为荷等因，仰该员即便查照仍将办理情形随时具报省长督办，即便查照。愿印。

吉林省长公署快邮代电
中华民国十二年七月十二日

黑龙江于代省长鉴：

　　支日代电暨抄件均悉。俄境于票费外苛索签字费，黑河商民组织经济联合会停止人货出口，自系消极抵制办法，势非得已。前据该商会效电，业经分行在案。顷准哈埠朱长官来电磋商，经已转令东宁县知事召集商界妥议施行，准电前因，除电滨江道尹会同贵省郝交涉员查酌地方情形察照办理报夺外，特先奉覆。

王树翰。文印。

吉林省长公署快邮代电
中华民国十二年七月十四日

黑龙江于代省长鉴：

　　阳电敬悉。查此案前准支电当经电饬滨江道尹查酌办理在案，至哈埠禁止货粮出口，曾以交涉航权问题，实行断绝联运并以东宁为入俄孔道，亦经本署转饬，切实查禁，准电前因，除再电滨江道尹并案商办外，特复。

王树翰。寒印。

密　电

　　黑河宋道尹江密顷准朱长官皓电。据黑河经济联合会谏电略称，过江小票俄已减至二角二分。宋道尹有意许可，恐商民反对，拟将我方票费二角一分，拨一角与俄作签费，商民业难承认，况俄限制华人过江，不准带中国钱币，请严重交涉，无论何币，概准携带即此两项达到目的尚愿追随哈埠，力争航案，另呈请换海关俄外班统希转饬宋道尹坚持等语。查航路交涉自三江口断运后，大有转机，滨黑经济绝交亦与有力俄代表口头许驶伯力，我尚要求至庙街及三江口不准俄舰检查华船，沈处长已赴同江，察看我能日久断运，俄自就范，请电饬坚持，切勿轻许，对于海关应令遵照巡帅蒸电办理。等因到署查禁运一节，哈绥黑河现已联成一气，事关全局，该处小票问题，谨一部分之事，万不能够以一处退让破坏全局，务须积极争持，勿遽解决。再瑷关俄人据该会呈请撤换，情节重大，已令该道查办。巡帅蒸电又饬切戒该关税司遵办，并仰相机妥办具报，一面商同巴使督属严防，勿稍松懈，切切。

省长。个印。
七月廿一日

吴督军、于代省长钧鉴：

　　据黑河经济联合会谏电称，过江小票俄已减至二角二分，宋道尹有意许可，恐商民反对，拟将我方票费二角一分拨一角与俄作为签字费，以图了此事。此等办法商民万难承认，况俄限制华人不准带款过江，并中国钱币亦不准过五元以致货价工资皆归泡影；急宜严重交涉，无论何币，概准携带，即此两项达到目的，尚愿牺牲追随哈埠，必使俄方允我航行至庙街而后已。又以海关外班均用俄人不准本会检查，尤为莫大阻力，应令撤换务望电请宋道尹坚持到底等语。查航路交涉自三江口断绝联运后大有转机，又值滨黑等商会对俄经济绝交亦与有力。俄代表已口头许我行驶伯力，我尚要求至庙街及三江口不准俄舰检查华船，尚待磋商。沈处长已赴同江察看我能日久断运，俄自就范。即请电饬宋道尹协力维持，切勿轻许，对于海关应令遵照巡帅蒸电办理，仍请随时电示。

$\qquad$朱庆澜。皓印（十九日）。

批：致宋道尹电已送电务处拍发，唯宋长官处仍应覆。

哈尔滨朱总司令鉴：

皓电奉悉，已转电黑河道竭力坚持，特此布复。

$\qquad$吴××、于××。漾印。

东省特别区行政长官公署快邮代电

吉林王代省长、黑龙江于代省长、东省铁路护路军朱总司令、吉黑江防司令办公处、滨江蔡道尹、督办中俄交涉驻哈蔡代表、道里总商会、滨江商会钧鉴：

查黑河经济联合会与俄经济绝交，叠据电商本署节经电复在案，除分电外，相应照录来往各电，特达查照，统希分别一致进行，为荷。

$\qquad$朱庆澜。铣印。

计录送本署江电灰电两件，宋道尹鱼电一件，黑河经济联合会遇电一件，泰电三件。

黑河宋道尹鉴：

并转经济联合会电悉，贵处对俄经济绝交具见民气激昂，爱国热忱良用钦佩，敝处为航路交涉正与驻哈俄代表严重抗议，已将新旧俄船及东亚等在三江口联运办法电由江防毛司令阻断，适与黑河断运事实相辅而行，顷又召集两商会议决与贵处一致进行，通告各界先行停运。惟来电有购存粮货五十万元之说，究系何人采办，存在何处，应即就近探报其余会章及各种办法是否照前粮服会章程，抑另订新章。□□□要电复一面检查粮服会章程条件及运单等项，速寄以备参酌。

朱庆澜。江印。

中华民国十二年七月

黑河宋道尹鉴：

前准鱼电并叠据经济会遇泰四电均悉，所谓闭关事体重大，关系国际，不独对俄又当中枢无主，实非敝处权力所及，势难办到。执事兼任瑷关监督，不如就近力为疏通，并令经济会仿照粮服会设法联络海关，请其协助，勿宜激愤徒伤感情，愈难融洽。此间对于俄人运货已责成商会等查禁，扣船断运已由毛司令执行。东亚等轮船叠经江防司令部传讯严禁出口，铁路轮船已由督办公所限制，不出三江自然杜绝联运，东宁方面已电绥宁镇守使查禁。近日驻哈俄代表以元豆等货中途被扣，叠请放行，许我上海轮船开驶伯力，现均拒绝。应俟航路交涉协定，方能照办。惟俄人扣我木排，谅必放到俄岸，所致似应酌谅，接济贫民，暂停上游概不放排，封江尚早，不妨留以有待，若扣俄木桦，振振有词。应令将俄官俄关历年各处扣我华侨货物，没收财产先行发还，方能放行，此亦足亦告我海关理应报复。奉天来电亦以抵制力促就范为要著，沿边禁运全仗执事力予维持，统希裁酌，并转经济会查照。

朱庆澜。灰印。

中华民国十二年七月十日

哈尔滨朱长官钧鉴：

江电祗悉，查黑埠经济会纯由全埠商民热忱团结，惟实力不充，深虑不能持久，贻笑外人。兹幸钧座电禁三江口联运，并召集哈埠两商会进行经济绝交办法，松黑两江联为一气，外交胜算操券可偿。

无任钦仰遵电转行，欢声雷动，至购运粮货五十万一案，已饬由该会于末日电复谅蒙垂鉴，该会章程及粮服会章程等件。据该会称已先后垂呈至乞鉴核改正，俾资遵守钧处抗议进行情形，并请随时示知，俾一切交涉有所依据，无任翘盼。黑河道尹宋文郁叩。

鱼印。

哈尔滨朱长官、总商会、道里商会钧鉴：

未电想早蒙览，兹查东亚公司中央、西京、奉天三船皆租给俄人，与新旧俄船联运。黑河上下现正一致抵制，人货概不搭运。此外，东京、南京、北京、顺天、辛酉、牟平等船难保不无黑幕。乞均处严查力阻，并电毛司令偷渡不胜迫切以待。黑河道区市民经济联合会叩。遇。

哈尔滨朱长官钧鉴并请据情转北京税务处鉴：

宋道尹因过江小票一案与俄革命委员长商订，在小票办法未解决以前，中俄两岸人货均暂停往来。并由道尹电呈省署分令商会查照办理。官府拒绝于前，商民继起于后，当经组织联合会与俄经济绝交，禁止人货出口，前经分呈在案，现已实行多日，与哈埠各商会决定一致进行。惟俄船仍来华岸装运木桦，海关不但照常放行，更复明为袒护。本会拦阻无效，道尹劝阻不听，全镇商民愤激莫遏。此事发难于俄，彼曲我直，应请钧座速电海关，迅予禁止俄人运货，除两国机关办公人员外，一概不准过江，并不准装运货物。遇有装运即予扣留。俟交涉解决再为开禁，庶可稍平民气，以助交涉，否则交涉失败，责有所归，誓不承认海关此等举动，万出无奈谨此飞电，吁恳伏乞，恩准照办，鹄候电示，不胜迫切，待命。黑河道区沿江市民经济联合（会）

哈尔滨朱长官、总商会、道里商会钧鉴：

俄岸迭次扣我木排，我亦当扣俄木桦，请速电。

道尹瑷珲关凡俄人材草货物应即一并扣留，不准放行，再发黑销俄货物请饬各商一概缓运，并严禁东宁县卖给俄人货物，以杜来源而利交涉，是为至扣。黑河经济会扣。泰。

朱长官钧鉴：

俄缺杂货较粮石（食）尤甚，未装出者请禁止出境，已装出者请电令毛司令一并扣留，俟交涉解决听候核办。黑河经济会叩。泰。

黑河道尹来电　政字 68 号

民国九年二月七日　到

省长钧鉴：

民密阳电均悉。彼岸亦禁阻出境，故尚不致太滥。本日兵工会首领允将过江印花税及限制携带纸币出口两端，即取消，特闻余续。陈常叩虞。

——黑龙江省长公署卷，《关于华工护照暨过江小票费事项》，中华民国九年二月

黑河张寿增等来电　军字 269 号

民国十年二月十日

军长钧鉴：

据报告俄岸张贴布告，征收边界捐，凡中国及外国商民进出口货物，每次每甫应纳大洋三角；来往之人，每次二角。增遂即过江会同中国领事，面与俄省长严重抗议，彼以厘金藉口，当由增声明，无论如何辩论，实系过界税，与前小票费实系一案。厘金征自内地，此过界税断难认为内地捐，其理甚明，反复理论希其和平解决，并请其未与中国商会允之前，切勿实行。该省长云，应俟会议再复。讵意该省长第二日并未答复，遽行实行征收。查此间外商绝少，此捐彼实独为对待华人。前因俄岸征收华人过境小票费，经我交涉，彼曾来文声明取销，乃不顾前案，今忽添设，且此次过境人则纳税，而货物以令交税，遇华人较前尤苛，且单独对于华人，实属轻视我国，无敦睦之意。况增亲往商，彼竟不复，遽然实行。似此于外交来往手续，文明国无此交际。此事彼既不讲交涉，只有取自保办法，拟在此事未经解决以前，暂行禁止人民货物出口，以免受彼苛捐，致辱国体。除一面仍与严重交涉外，所拟是否有当，伏候电示，并乞转电外部为祷。巴英额、张寿增。青（九日）。

第二编 电报

（批示）应严重交涉即拟转复并转外部

黑河巴英额等来电　军字 271 号
民国十年二月十日到

军长钧鉴：

俄岸收过境税事，青（九日）电已陈。现据商民纷纷请示，对待方针宜早决定。前拟办法，如蒙照准，尚乞速示，以便与海关接洽，着手实行。并恳速电中央。

巴英顿、张寿增。蒸（十日）

军长钧鉴：

奎密俄人收过江人货税事，拟请暂禁人货出口，听候交涉。奉蒸电已请部示，现在屡次交涉尚无结果，而两岸华商共愤，万难承认此捐，倘任货物过江交涉更难。俄人狡诈成性，若不稍施手段，难望速效，唯有一面交涉，一面闭关尚易解决。但部示如何，至今未奉电令。而此事又难延缓，现拟有限抵制法，暂闭关十日，听候交涉，如不完竣再行酌续日期。若此对于商民可解其愤，对于外交亦助其力，而和平又监视对待，亦不致惹起事端。请速电示，以便遵行。

巴英额、张寿增。删印。

黑河巴镇守使、张道尹奎密删电悉，应准照办并随时查看情形，相机办理。

督铣印

北京外交部鉴：

统密，据黑河镇守使、道尹电称，据报告俄岸张贴布告，征收边界捐云云，以免受彼苛捐，致辱国体。除一面仍与严重交涉外，所拟是否有当，伏候电示并乞转电外部等语。除电覆仍应严重交涉并相机办理外，请核示。

孙。蒸印。

· 309 ·

二月十日晚三时

黑河巴镇守使、张道尹青电悉，仰仍严重交涉并相机办理。除电部请示外，特发。军长。

孙。蒸印。
二月十日晚三时

照抄发电

北京外交部鉴：

统密，据黑河镇使、道尹宥电，称俄人添收人货过境捐一事，前曾拟具对待办法请示，当奉删电照办在案。一面仍与俄省长严重交涉，迭经文书往来并迭次晤商，该省长百般狡辩，我惟有坚持谈判，未肯稍让。始准该省长先后正式复文，内开。为敦固睦谊，所征中国人货过境二捐，于本月十七、二十二日强令取消，犹恐以后反复，复又去文声明，以为永不再征，凭证此案，现已完全解决。除布告外谨陈等情，特电查照。

孙。堪印。

黑河巴镇守使、张道尹奎密宥电悉，此案解决办理尚称妥协已转电外部备案。

军长。堪印。

照抄原电

军长钧鉴：

查俄人添收人货过境捐一事，前曾拟具对待办法请示，当奉删电照办在案，一面仍与俄省长严重交涉，迭经文书往来并迭次晤商，该省长百般狡辩，我惟有坚持谈判，未肯稍让。始准该省长先后正式复文，内开。为敦固睦谊，所征中国人货过境二捐，于本月十七、二十二日强令取消，犹恐以后反复，复又去文声明，以为永不再征，凭证此案。现已完全解决，惟查俄人远东一带近期华侨颇不和平，仍复添设此捐，照此次过境人则有捐货物，除同税外复令纳捐待遇，华人较前尤苛，故此事发生以来，民情淘淘，激愤异常，若不严办，不惟群情难平，抑且有辱国体。但际兹边疆多事之时，过激又恐别滋事端，相机力争，舌敝唇焦，今幸就范围和平完竣。除布告外，谨特电陈并恳转电外部详陈备案。

巴英额、张寿增。宥印

黑龙江军政两署电报

省长钧鉴：

　　江密过江小票一案，前讬巴镇商准，财政厅赞同电复到道，谅已由厅禀陈钧座在案。现经令由商会核议，据覆事关抵制一致乐输等情。惟减收华人票费一节，秘密恐难办到，转贻歧视口实，拟请人无论华俄概收票费两角，较俄岸计减一角五分，票援向例暂由职属印发，所收票费请以一角汇存银行留办地方公益，以一角充印刷及设员并办公费用。如俄岸小票取消立予停办，否则体察情形另定妥章。呈候核示，如蒙核准，伏乞电复以便布告，赶日实行。

宋文郁叩。青印（九日）

　　（批示）妥议核完电奉帅示并复。趁巴旅在奉应速办为宜。

奉天吴督帅钧鉴：

　　江密，据黑河宋道尹电称，过江小票一案前讬巴镇商准财政厅赞同电复到道，现今商会核复，一致乐输，拟请无论华俄概收票费两角票由，职署印发所收票费半作地方公益，半作办公等费，如俄岸取销我主停办，如蒙核准电复并布告实行等情。查该道拟收华俄人过江票费系为抵制俄岸苛征起见，此事情形巴使熟悉，请我帅查询该使，可并照准，伏候核示遵行。

董。寒代印

奉天吴大帅钧鉴：

　　江密，据黑河宋道文郁青电称，过江小票一案巴镇商准，财政厅赞同电复到道云云。如蒙核准伏乞电复，以便布告赶日告实行等情。查该道拟收华俄人过江票费系为抵制俄岸苛征起见，既据称商民一致乐输，尚属深知大体，似可如拟办理，暂予照准，以资抵制。如俄岸果行取消，仍即立予停办，此事巴使情形稔悉，请我帅咨询该使核夺示遵，以便转发。董。

黑龙江军政两署电报

督属董兄哥鉴：

　　江密，寒（十四）电悉，宋道尹所拟过江小票办法已面询巴使，细情系为抵制俄人起见。应准暂行试办三月，先由道署印发票据，将来如永久办理另行核夺，即转电饬遵。

吴俊升删印（十五日）

黑河宋道尹鉴：

　　江密，青电悉，禀奉帅谕，准暂行试办三月，先由道署印发票据，将来如永久办理另行核夺，仰即遵照，并将开办日期及情形报查，希查照。

董。吉篠代印

黑龙江军政两署电报

省长钧鉴：

　　顷奉钧署二一五五号指令自应遵办，查渡江执照费每张拨一角办理公益，业奉电准在案。职署关系国际观瞻公益之大，无逾于此。拟请将拨归公益照费逐日存储,积有成数,陆续拨还归垫。动工在即,如蒙核准,请即电示遵行,否则亦请电复,以便暂缓修理,藉免虚縻,缘职署卑陋过甚,与其敷衍修饰,仍不免贻笑外人,不如姑仍其旧之,为愈郁纯为尊重国体起见,又知省库奇绌,不欲请款,上劳宸虑,不得已出此罗倔下策。伏乞鉴察。

宋文郁叩。世(三十一日)印

　　黑河宋道尹世电悉,过江照费系属暂行试办,收数尚无把握,未变拨作修署的款。仰遵照。省长江印

黑龙江军政两署电报

省长钧鉴:

　　奉江(三日)电开,过江照费恐无把握等因具见,宪虑周详,职署工程可否俟照费积有成数再行动工。前经电奉核准购置木砖等料,未动工前,由郁负保存责任,抑或将原拟工程分为急修、缓修两种。先佐原存款项,将急修工程修竣,至缓修工程,俟照费畅旺再行呈请兴修,仍由郁分别绘图具说呈奉核准,再行动工,如何之处,伏乞电遵。

宋文郁叩微(五日)印

　　黑河宋道尹微电悉,修署经费如无可另筹,先就黑河警厅所拨盐捐数目另行招工,切实估计,择要添修,以资遵节,所请动用过江照费,仍毋庸议。

省长阳印

黑龙江军政两署电报

省长钧鉴：

　　江密，过江执照一案，业遵令于四月一日施行，并照会俄官查照。惟施行之始，我案华人持照过江者，俄官始而于三角五分人税外曾加两角，继而勒令呈验俄境居留执照于东（一日）江（三日）两日。经文郁四次派外交科长、外交顾问过俄岸与俄爱米萨尔抗议，俄爱米诿为不知，却佯言浪人所为，文郁知俄人非理所能喻，不得不出对待下策，乃于支日（四）派员在江口拦验过江俄人，非有华领馆签字护照不准登岸。未及一日，俄爱米萨尔亲来职署，双方磋商取消拦验办法，文郁知操纵有效，乃乘机请仍照前案双方取消渡江执照以便两岸商民。俄官坚不允行，再四磋商，俄官始允华商持有华岸执照往返，过俄岸者不再起俄官五角五分人税票，俄商持有俄官执照来华官者，华官亦同彼此已经照会在案。此种平等办法，似于国权民力两得齐全。文郁本属不才，彼此转圜实赖我帅威望，有以致之，谨将过江执照交涉经过情形理合电禀，用纾廑念。

宋文郁叩虞（七日）印

快邮代电

黑河宋道尹虞电悉，办理尚属妥洽。殊堪嘉尚，应予备案。

省长文印

呼玛县公署　快邮代电

　　警察所苏所长案查各处发放过江执照一案，前经令饬每月终造册具报，连同缴查照费一并呈缴来署，以凭查核汇转在案。现在三月已经终了，本署亟待汇核转报，合亟电催该所迅即遵照前令，克即将三月份发放执照价款连同缴查造册送署核转，毋稍违延，是为至要。

县署麻印

中华民国十二年四月六日

　　——呼玛警察所敏字第二十二号《关于渡江小票由》中华民国十二年三月

呼玛县公署　快邮代电

金山镇警察所苏所长：

　　案奉道尹兼交涉员宋俭日代电开，案查俄岸六月一日不准持过江小票华人登岸，要求改发出洋护照一案，于月之十四日，俄阿省革命会长偕驻黑俄委员来署与本道尹磋商两岸商民过江办法，未经商妥，当经双方约定，在过江办法协商未解决前，中俄人货均暂停止往来，惟两岸各机关办公人员不在此例。业将协商未解情形电省在案，黑河现已实行停止人货往来，合行电令该县仰即一体查照办理，并将办理情形随时具报查核，等因，奉此，除分行外，合行电令该警所即便遵照办理，并将办理情形具报，勿延。

知事杨冬印

民国十二年七月二日

·315·

呼玛县公署电报

警察所苏所长：

　　案准瑷珲县农会文代电内开，呼玛县公署转知所属各卡均鉴，前因俄人无理要求加增过江小票费及苛收华侨大照签字费等事，经黑河商会发起组织黑河道区市民经济联合会，仿照向年粮服会办法，与俄实行断商，以冀为官府外交之后援，而资惠及在俄数万众华侨，法、良、意、美、英愈于此。查俄人近数年来，因其国事之蜩螗，阿省一场用品，悉仰使我华人供给，草木粮货实居大宗。近黑河道区虽与哈埠联络一致，诸货不令出口，以期抵制，然我华工之运伐木排、木椊者恐未知此时断商之事，妄自卖与俄人等事，恳请饬为严密察查，倘有木排、木椊勿令卖与俄人，倘早经卖妥者，此时亦勿令装运，未卖给俄人者，此时一律勿令下放，免被俄岸扣留，是为幸甚。临电恳祷迫切，陈词瑷珲县农会叩文，等因，准此，除分电外，合令该所长即便遵照严密察查，勿令木排、木椊下放，是为至要。

县署漾印

中华民国十二年七月二十三日

黑河商会电报

戊通公司转玻力（伯力）中华商会长许鉴：

　　顷据镇商庆升恒、广生等家报称，随俄船古别次装运货物牛只前往庙街，忽接古别次由伯力转来急电，译悉，九月二十号该船路经伯力下游兴达站，被俄人将人货扣留，令拖船暂回玻力（伯力）听候办理。查商等并无违禁货物，押货人与装运手续亦无不法行为，不知因何将人货一并扣留，恳请速予转请交涉，务将人货要出等语。素仰贵会诸董保商爱群，不遗余力，当此封冻在即，生命财产稍一延误损失非轻，务请贵会鼎力交涉，将人货放行。将办理情形速电覆戊通转来，谨此电闻。黑河道商会叩

九月二日已讬戊通由江北代转。

——商会外事类《函伯力商会为庆升恒往庙街运货被俄扣留，兹派人前往请办理》，自一九二一年至一九二二年

电报　第六十一号
一月十九日

巡按使钧鉴：

　　俄人征收华人过江小票印花税一案，经前任姚道电请咨部于元年冬本省电开，准部覆已切催俄使迅电俄政府转饬取消。迨增到任，屡次力与俄廓米萨尔交涉，并电请达部各在案，现俄人竟又加收廿五戈比，每票一元非特商民难堪，于沿边通商亦大有关碍。增正与俄廓极力交涉，惟查此案系俄伯力总督主持，仅由增与俄廓交涉终恐无效。除迳电外，乞咨外部接续与俄使交涉，并乞示遵为望。

道尹张寿增。皓

——黑龙江省长公署卷《关于华工护照及小票事项卷》民国三年四月

电报　第2363号
十月廿八日　齐齐哈尔

省长钧鉴：

　　民密驻爱俄领面称，华工出境护照停止签字，察其词意似中俄发生交涉，省中有无外部知照请示。

杜。俭。印。

北京外交部鉴：

　　台密，据爱珲交涉员电称驻爱俄领面称，华工出境护照停止签字，察其词意似中俄发生交涉，省中有无外部知照请示等语，查所称是否有因，未奉示及合电请核示。

毕。印。十月三十日

电报　第 2585 号
十二月十二日

省长钧鉴：

　　民密华工出境护照俄领拒绝签字，前经电陈在案，顷准俄廓照称华人过江短期小票自俄十二月一日起认为无效，当经质问。据云系奉伯力总督训令就边界发生事故，彼此无法挽回等语，查沿边互市已久，工商往来全恃护照小票两项，护照既不签字，小票又作无效，直与断绝交通无异，妨碍既多，人心惶惑，黑埠新辟，华工麇集，后患滋长。究应如何应付，请电部核办示遵。

杜。真。印。

北京外交部鉴：

　　华密，顷据黑河王道电称，华工出境护照俄领拒绝签字前已电陈，顷准俄廓照称，华人过江短期小票自俄十二月一日起认为无效，当经质问据云系奉伯力总督训令，非边界发生事故，彼此无法挽回等语，查沿边互市已久，工商往来全恃护照小票两项，护照既不签字，小票又作无效，直与断绝交通无异，妨碍既多，人心惶惑。黑埠新辟，华工麇集，后患滋长，请电部核示等语，究应如何应付，恳电示遵办。毕。

电报第 2625 号

十二月十八日

黑河运啸电过江小票一案请电部磋商取销票费以惠边氓等情

省长钧鉴：

民密。顷准俄领照称华人出境护照照常签字，短期小票一节前电想已转部，查中俄条约两岸人民自由往来交易，俄岸大票小票本属不公，杜前任黑河府时小票过江尚无他费，今则叠次强加票费至一元之多，兹复无故取销，群情大愤，两岸交通骤断，不无妨碍，而俄岸货物现缺秧草木柴，仰给正繁，暂禁往来于我尚无他害，即彼岸驱送华工人等亦可设法安置，非俄廓派人来申歉意，并谓小票日内当可照旧办理等语。应请电部体察黑河现状，小票无效尚非特别困难，尽可从容磋议，将来能于票费量予挽回，造福边民，实非浅鲜，是否候示。

杜。啸。印。

黑河王道尹民密啸电悉候电部核办省长。印。

北京外交部鉴：

华密。华人过江票照交涉案元电计达，顷据黑河道电称，顷准俄领照称华人出境护照照常签字，至短期小票一节，昨俄廓派人来申歉意，并谓小票日内当可照旧办理等语，查中俄条约两岸人民自由往来交易，俄岸大票小票本属不公，从前小票过江尚无他费，今则叠次强加票费至一元之多，兹后无故取销，群情大愤，两岸交通骤断不等妨碍，惟俄岸货物现缺秧草木柴，仰给正繁，暂禁往来于我尚无他害，即彼岸驱逐华工人等亦可设法安置，体察黑河现状小票无效尚非特别困难，可以从容磋议，将来如能将票费量予挽回造福边民非浅等语，查俄人征收过江小票税一案曾于民国元二年间先后文电转达大部，核办在案。兹据前情合电请相机酌核接续办理为荷。

毕印。十二月十九日。

电报　第2643号
十二月廿一日

省长：

　　堂密。停签护照事已商准俄使取消，并据称已通电各俄领照常签印矣，过江小票当亦照旧有效，并查覆外交部。

号印。

　　黑河王道尹民密维外交部号电，停签护照事已商准俄使取消，并据称已通电各俄领照常签印矣，过江小票当亦照旧有效并查覆等因，仰即遵照一面查复备核。

省长。印。

　　哈局马准外交部号电，停签护照事已商准俄使取消，并据称已通电各俄领照常签印矣。等因仰即知照。省长。印。十二月二十二日。

本部发电
十二月二十日

　　堂密。停签护照事已商准俄使取消，并据称已通电各俄领照常签印矣，过江小票当亦照旧有效并查覆。

外交部。号。

——黑龙江省长公署卷《关于华工护照及过江小票卷》民国三年四月

电报　第 1292 号
十月二十日

省长：

　　堂密，准驻俄刘公使电称，俄京又发现多数游民资遭维艰，该游民半系湖北天门及浙江青田籍，行为卑劣，极玷国体等语，乞通饬所属发行护照各机关，以后此等游民不准出洋，一经在外洋查出，定将原发照官吏严惩，并追缴遣送回国旅费，希查照办理。

外交部。皓。印。

黑河张道尹电报
民国七年五月八日到

省长钧鉴：

　　顷据华侨会禀称接准庙街电称，庙街地方今春粮石（食）缺乏，大不敷用，华人勿得前来，以免饥饿之累等语，应请电哈滨江道尹及铁路交涉局，勿发给华人前往该处护照，以免饿困。

张寿增。庚。

哈尔滨滨江道李道尹、江交涉局马代办鉴：

　　据黑河道庚电称，华侨会接庙街电称，庙街地方今春粮石（食）缺乏，大不敷用，华人勿前往，以免饥饿之累等语。希即查照晓谕，并停止发给华人前往该处护照为盼。

黑龙江省长。蒸。印。
民国七年五月十日
——黑龙江省长公署卷《关于华工护照及过江小票卷》民国三年四月

省长钧鉴：

　　邮代蒸电敬悉，查华人出口赴俄国庙街地方护照向归吉林铁路交涉局发给，除咨行吉局查照办理外，谨覆总办。马忠骏禀。元。

黑河施道尹电报　军字607号
民国九年二月六日十时十五分到

军长钧鉴：

　　民密，歌电敬悉，日内俄官民有以商人或游历名义赴齐、哈等处，由廓米萨尔及俄领发给护照，来请签盖，以资保护者，是否仍应照常办理，请示遵，常叩，鱼。

　　批：黑河施道尹，鱼电悉，仍应照常办理。

省长。阳印。二月七日早十二时。

黑河施道尹：

　　民密，阳一电计达，惟俄官民来者过多，恐滋流弊，请与廓米萨尔俄领接洽，嘱其稍示限制，如无根底，不可发照，免涉太滥。

省长。阳二印。

黑河施道尹电报　政字71号
民国九年二月八日八时五十五分到

省长钧鉴：

　　民密，我岸所发华人过江小票印税票，可否一律免收？抑或酌减，请饬厅速议示遵，

常叩。庚（八日）。

黑河施道尹电报
民国九年二月九日八时二十五分到

省长钧鉴：

民密，庚（八日）电计呈，俄岸小票本日实行取销，我岸过江票拟请免收票费，以免商民嫌其捐及苛细，恳并饬议，迅示祗遵，常叩。佳（九日）。

黑河施道尹：

民密，庚佳两电均悉，该道前请酌减过江小票费一呈，业饬厅议覆令遵在案，兹据称俄岸小票已实行取消，则我岸票印各费暂时亦可一律豁免，以恤边氓，仰即遵照，并候令财政厅知照。

省长，蒸印。

二月十日晚五时五十分

——黑龙江省长公署卷《关于华工护照及过江小票卷》民国三年四月

黑龙江军政两署电报
民国十五年五月八日　到

省长、实业厅长、交涉署内张道尹钧鉴：

黑河商会长丁官宫堂唆人登报侮辱法院，经厅侦查起诉报道并联众商开会愤动，经霖晓以是系丁佐贤私人关系，无干国体，以释误揽。又令该会停止其会长职权，暂由副会长穆兆修兼代，俟审判确定情形如何，再行拟办具报，谨先电闻。护理黑河道尹章霖叩。微。

——黑龙江省长公署卷《关于黑河商会事项》

督办黑龙江军务善后事宜公署快邮代电

　　本省于代省长鉴准，哈埠行政长官公署皓代电称，据路军警处转据第三段署铣电称，今日开俄票车有华人二十余名，持驻满交涉署护照，道出俄国前往新疆，查此项赴新华人其目的纯系赴俄，确属假藉名义，期票禁阻除暂禁出境外，可否放行，谨电请核示等情，查此项持照赴俄华人应否国驻俄使领馆发给之凭照准其前往外，其余概予停止赴俄。由吉江两省政府酌予安置或驱逐出境以示限制。饬据哈尔滨交涉署呈复，已于五月十七日遵照实行，并已另案转报暨咨行查照。兹据前情，该华人等到俄以后，究竟是否转赴新疆，既属无从查考，此端一开或藉名请发护照者在所难免，流弊滋多，应否一律停发华人始拟赴俄谋生或转赴他境护照，并将已发者转饬收回。将各该华人酌予安置，或驱逐出境，或听其自行折回，以免他虞。除指令听候转电核办并分电外，特此电请查核办理，并希见复。等因，准此，查前项办法已属周详，兹复发生藉名请给护照，赴俄转新无从考核，所拟权为停发以杜流弊，及分别安置出境折回各办法具臻妥善，实所赞同。等因电复并分电外，特电查照。督办公署。感印。

　　　　——黑龙江省长公署卷《关于停发华人赴俄护照事项》中华民国十六年四月

第三编　俄罗斯档案文献

第一章 哈巴罗夫斯克边疆区
国立档案馆资料

第一节 个人及相关档案资料

孙有为·伊万个人简历①

　　我的名字叫孙有为·伊万，1886 年出生于中国哈尔滨市的贫农家庭。1911 年以前一直和父母生活在一起，以务农为生。1911 年，我来到了阿穆尔州的布拉戈维申斯克市务工。1916 年以前，我在卡赞诺夫细木工厂工作间作雇工。1916 年，我在别茨强克村当木工。1918 年 12 月，我在库里娜雅村参加了普罗霍罗夫同志领导的游击小分队，具体名称我不记得了，只记得很快就加入小分队组织。刚开始的时候，小分队只有我们 8 个人，普罗霍罗夫、洛德施、阿法纳西、还有我和另外 2 个中国人，一个叫伊万，另一个叫古兹姆，其他人员的名字都记不清楚了。

　　1919 年初，我们的队伍由 8 人增加到 500 人。我们的队伍参加了阿穆尔州抗击白匪军的战争，具体村庄的名字记不清楚了，我只能记得一部分：别拉诺戈沃、结雅河畔的红色雅尔村，我们在那打死了白哥萨克人，保护了载满人的轮船。我们还曾在松树林村、马拉诺夫斯基矿、尼古拉耶夫卡、苏拉热夫卡、现在的米哈伊洛—切斯诺科夫斯克战斗过。

　　在游击队伍中，我一直参加抗击白匪军的战斗，没有受伤，只是在一次战斗中，从马背上跌落下来扭伤了右脚，右腿关节也脱位了，战争结束后因病获得了 316 卢布的退休金。

　　我的家里有 5 个人，我和我的妻子，还有 3 个儿子。大儿子 1926 年出生，在沿海区域工作；二儿子 1935 年初出生，在军队服役；小儿子出生于 1941 年，和我一起生活。我们家没有雇佣工人，我也无法工作。

---

① 哈巴罗夫斯克边疆区国立档案馆 1503 – 14 – 4。

关于讨论孙有为退休申请的会议

哈巴区部会议

时间：1957 年 11 月 11 日。

参会人员：谢米科罗夫金、沃列申、舍洛普金、斯维尔德洛夫、季亚琴科、波波夫、舒比洛、佩列彼立琴、杰米多夫、耶弗多吉莫娃、曼茹拉、斯列萨列夫和普利博万诺夫。

审议内容：孙有为同志申请退休事宜。

决议：考虑到孙有为同志在 1919 年与自己的同志张金方等人组织了 75 人规模的中国游击小分队，参加了阿穆尔州马赞诺夫斯克农民起义，很多中国游击队员牺牲或受伤。三个月后，根据州战争革命司令部决定，将孙有为同志的中国小分队纳入到普罗霍罗夫游击队，在国内战争中孙有为英勇地为解放远东地区同外国入侵者及白匪军作斗争。在国内战争结束后，孙有为为苏联的经济发展建设默默奉献自己的一切。考虑到其陈述年龄较大，请求斯米多维奇斯基区执行委会和哈巴边区执行委员会同意孙有为同志在此地退休，他毫无疑问地为苏联国家做出突出贡献。

区老兵小组主席：谢米科洛夫金

区老兵小组秘书：沃列申

孙有为的退休申请

我，孙有为，汉族，出生于 1886 年。1918 年 12 月，在库里娜雅—帕德、古比雪夫卡—东方站附近参加了由普罗霍罗夫同志领导的游击小分队，还参加了在远东地区阿穆尔州红色雅尔村、马赞斯基矿山、德尔博托伊斯克、尼古拉耶夫、松树林村等地抗击日本入侵者和白匪军的战斗。我现在残疾无法工作，我的家庭有妻子、儿子。大儿子出生于 1926 年，二儿子出生于 1935 年，在苏联军队服役。本人身上有两处伤，是在 1919 年松树林村附近的战斗中受伤。

现请求退休，请给与我退休老红军游击队员的待遇和帮助。

游击队证件：02828 号。

1934 年 1 月 31 日期

4 号协议　第一款

请不要拒绝我的请求。

宋洪强个人简历①

我叫宋洪强，1894 年出生于中国奉天（沈阳），文盲。1910 年，我从中国来到阿穆尔州布拉戈维申斯克市一带务工，1910 年至 1917 年在阿穆尔州"结雅"金矿做手工淘金者。从 1918 年到 1922 年我参加了阿穆尔州游击小分队，曾在克拉奇卡"老头队"小分队任步兵排的指挥员，曾抵抗过日本入侵者。1918 年至 1920 年，我带领步兵排参加过抗击科尔梅科夫领导的白匪军。"老头队"的小分队队员英勇作战，我们曾经在阿穆尔州伊万诺夫斯基区、卡察诺维切斯基区、坦波夫斯基区、古比雪夫斯基区等地作战。

从 1920 年至 1922 年，"老头队"成员参与了反抗谢苗诺夫组织的白匪军的战斗。1920 年，"老头队"小分队到达赤塔市，并改名为第八炮兵团，在作战期间无人受伤。

国内战争结束后，我从红军炮兵团复员。1922 年至 1930 年我生活在卡察诺维切斯基区，在沃兹涅辛诺夫卡村的富农家当雇农，我是一名农民。1930 年，我在沃兹涅辛诺夫卡村加入了"联合集体农庄"，从 1930 年至 1938 年我在农庄做饲马员。

1938 年末，远东地区肃清中国人，我和同伴们被从沃兹涅辛诺夫卡村迁到阿穆尔州马赞诺夫斯基地区萨弗罗诺沃村，1938 年至 1949 年我在"新世界集体农庄"从事各种工作。

1949 年，我搬到阿穆尔州的谢雷舍夫区上波罗沃耶村集体农庄，从 1949 年至 1954 年我在农庄从事各种工作。1954 年，我搬到哈巴罗夫斯克边疆区以"孔东斯基公社"命名的集体农庄，从 1954 年到现在一直作饲养员，退休金为 300 卢布。

我的家庭状况：勤劳的妻子出生于 1910 年，大儿子出生于 1939 年，二儿子出生于 1945 年，小儿子出生于 1947 年。我们一家人在哈巴罗夫斯克边疆区孔东斯基集体农庄生活，居住的房子属于移民部门，没有自己的房子，家中无产业，每月能够获得 40—45（超额）天的工资。

---

① 哈巴罗夫斯克边疆区国立档案馆 1503－14－4。

康有申个人简历①

我叫康有申，也叫列斯卡为奇·彼得·尼古拉耶维奇，出生于1892年3月5日，家在中国的齐齐哈尔市。由于家庭贫困，没有上学，属于文盲。1914年我离开中国赴俄国布拉戈维申斯克务工，从1914年3月到1918年6月，在布拉戈维申斯克锯木厂做锯工。后来参加了安东·布特林同志领导的红色游击队，游击队的代号是"老头队"，当时在博奇卡列夫那里服役一直到1920年。后来有人让我们去贝加尔第八骑兵团（老头队），在吉尔镇首次参与了对谢苗诺夫和日本人的战斗，我在青塔卡、瓦留赫、洽赫托、达乌利亚参加了战斗，在赤塔市沿着上乌林斯克路线战斗，我担任侦察员。

1922年，白匪军谢苗诺夫部队被歼灭，日本入侵者被驱逐出国，我离开了红军队伍。1922年12月，我们被从红军队伍里遣散后，有人建议我们思考去哪里。我最终被红军指挥官沙伯瓦洛夫录用到边防部队。曾经到过波亚尔科沃、契斯纳科夫（逊克宝元屯）对面、库普里雅诺夫、新尼古拉斯克、叶卡杰林诺—尼古拉斯克、米哈伊洛夫斯克、帕什科夫等村庄，在那里我服役3年。1925年前我担任边防兵，边防部队再次被遣散，我又去了比罗比詹在建筑工地做锯工，一直工作到1927年，后又去了孔东斯基林业局做了4年锯工。1931年，我去了哈巴罗夫斯克的高尔基建筑工厂做泥水匠，被迫安置在哈巴罗夫斯克第十面粉厂，后来我离开哈巴罗夫斯克，去了库尔·乌尔米斯基林业局做了5年锯工。在那之后成为"五月集体农庄"的一员，后来在"列宁之路集体农庄"那里做锯工和木匠，后又去了哈巴罗夫斯克边疆区的"孔东斯基公社"，至今一年。我家有4口人，妻子耶夫多基娅·巴甫洛夫娜1912年出生，大女儿柳苞芙·彼得罗夫娜1946年2月出生，小女儿齐纳伊达·彼得罗夫娜1954年出生，我们一直生活在农庄里，我在一次伊尔科夫察的战斗中腿部受伤。

本人签名

---

① 哈巴罗夫斯克边疆区国立档案馆1503–13–3，1957–1959年卷。

李宏尚个人简历①

李宏尚，也叫瓦西里，1891 年 4 月 18 日出生于中国山东省大金湖村，贫农家庭。在小学读过 3 年书，由于家庭条件不好，没有继续上学。由于家庭贫困，作为家里的男孩，1910 年我去俄国找工作。我和朋友先去了布拉戈维申斯克面粉厂从事装卸工作，一直工作到 1915 年。

1915，我去了摩尔曼斯克，被摩尔曼斯克铁路第四段康德拉施站雇佣，做建筑工人，一直工作到 1917 年。1917 年 9 月，我和工人朋友从摩尔曼斯克来到了彼得罗扎沃茨克市，和王凤尚同志组织了革命游击小分队，为了保卫铁路大桥，王凤尚担任小分队队长。

我们的游击队像军人一样，一切为了无产阶级的解放，参加反击美国、英国、塞尔维亚及其他国家武装干涉者的斗争。在这些战斗中，我们游击队共牺牲 58 名同志，后来又去了彼得罗扎沃茨克市前线的一些主要地区。

我们小分队后来又加入了第 45 红旗军独立师，我们去了其他沃伦斯基军的前线，如莫斯科、图利斯基、库尔斯基、哈尔科夫、波尔塔乌、赫尔松、尼古拉耶夫斯克、阿尔缅—帕扎尔、卡缅斯克、佩列孔等地。我们 8 个人掉队了，被敌人解除了武装，在马赫诺夫军里做了 4 个月的俘虏，我们 8 人中有 3 个人逃了出来，回到了自己的军队赫尔松部，1922 年春天复员，被俘期间我的党证被拿走。

在革命游击小分队里，我当上了小队长，加入了师部，参加了战斗。因为在对敌作战期间作战英勇，1919 年 3 月我从列宁·弗拉基米尔·伊里奇那里收到了珍贵的礼物——一块银表。我还参加过对邓尼金、彼得留拉、马赫诺和高尔察克的战斗。1919 年我加入共产党。1922 年复员后，我去了顿巴斯矿井，在煤矿第九生产线做采煤工人。因为在 1930 年煤矿发生不幸的事情，我脊柱受伤了，我被派到工农警局做普通员工，一直到 1936 年。

1936 年我去了哈巴罗夫斯克市，成为"孔东斯基公社"集体农庄的一员，担任农庄的工作队长，从 1939 年到 1941 年我任仓库负责人。1941

---

① 哈巴罗夫斯克国立边疆区档案馆 1503 – 13 – 3，1957 – 1959 年卷。

年至 1952 年我担任集体农庄总务主任，现在是集体农庄的看守。

我的家庭有 3 人：我、妻子、女儿。妻子 1904 年出生，女儿 1940 年出生。目前我居住在"孔东斯基公社"的集体农庄，有 1 处房子，除了 10 只鸡，什么都没有。

地址：哈巴罗夫斯克市，哈巴罗夫斯克边疆区"孔东斯基公社"集体农庄

本人签名

第二节　华人名单及相关档案资料

1924 年哈巴罗夫斯克企业雇佣中国人做工名单①

1. 袁明群　10 卢布　（金）店员（伙计）

2. 荣英臣　90 卢布　店员（伙计）

3. 国忠　30 卢布　店员（伙计）

4. 张群方　15 卢布　（金）2 月后 16 卢布（金）店员（伙计）

5. 王安锦　10 卢布　（金）店员

6. 佟善春　15 卢布　代理

7. 王英德　10—13 卢布　店员

8. 王贵永　13 卢布　跑堂

9. 李凤祥　8—13 卢布　厨员

10. 于景臣　7 卢布

11. 于世海　17—18 卢布

12. 李伟华　15 卢布　司水

13. 张玉洪　18—20　卢布　店员

14. 邵文松　15 卢布

15. 刘申应　12 卢布　夜工

---

① 哈巴罗夫斯克边疆区国立档案馆 799 - 5 - 4。

哈巴罗夫斯克中国企业（或者商号、老板）① 1924 年

永博祥　　裕泰隆

于旺吉　　裕凤祥　　于吉瑞　　于　生　　永资祥　　刘喜善

杨泽新　　王子书　　杨金山　　王吉明

杨和荣　　王　军　　王文秀　　王国琴

1923—1924 财政年度上半年纳税人名单②

　　该档案中涉及华商纳税人共 136 人（纳税名单共计 256 人）。从事职业有建筑工程、小商品零售、理发、洗浴、制鞋、皮革、中药铺、面包房、铁匠铺、肉铺、诊所等。他们在半个年度的周转资金总额达 587734 卢布。其中，超过 5000 卢布以上的有 14 个业主，其中最大的是潘义明，业号潘小子，主要经营面粉厂及商品零售，年周转资金 158875 卢布，按 1.5% 的税额向苏联政府纳税，当年共上缴利税 2398 卢布，政府从其商铺得到的纯税收为 2275 卢布，国家税务部门按照其中的 10% 提成，达到 2316 卢布。

　　附：有代表性的华商或者商号

　　潘义明（潘小子）等

王君森	高泽兴	王　儒	王兴贵
王凤明	王希兴	王华春	王华泰
王长吉	王振卓	王吉州	王恩泽
王永兴	文晋江	高续聪	高晓凯
高通若	张福钱	戴　英	蒋兆涛
德隋天	张力唐	佟获利	德兴祥
蒋长武	蒋书山	矫兴谭	荣　强
周航清	荣启天	依顺同	金　海
兰汉卿	李金举	李天顺	李忠田
李义田	李志友	李兰金	凌世永

---

① 哈巴罗夫斯克边疆区国立档案馆 799 卷 5 号 799－5－4。

② 哈巴罗夫斯克边疆区国立档案馆 199－5－2。

凌清元	李喜恩	李登发	李续义
娄树梅	卢金兴	刘卓荣	刘如山
刘金强	吕德清	吕恩清	吕　生
刘喜乐	刘有志	刘玉林	于兴福
马多兴	马兴子	年洪福	毕金子
宋兴清	宋德强	宋任礼	宋长青
宋英明	宋华德等共 256 人		

阿穆尔第 17 步兵团中国士兵名单[①]

统计时间：1920 年 10 月 3 日。

4 连 124 人：张子奎　刘群铎　秦上善　平　兴　张旺臣　韦永宽
吴　福　李　才　李　琴　麦　金　顾谢武

5 连 124 人：张旺友　习魁武　刘伟奇　张　发　马　石

6 连 127 人：田文清　冯奇塔　刘崇义　李旺海　吉　清

补充为阿穆尔第 17 步兵团第二国际团指挥人员中的中国人名单（补充时间 10 月 12 日）。

统计时间：1920 年 10 月 14 日

4 连 13 人：张魁武　华永沙　杨　忠

5 连 13 人：唐尚勤　王多友　胡永胜

6 连 13 人：于长江　刘福林　王　才

关于对未入俄籍的中国及朝鲜居民的限制[②]

1911 年 1 月 31 日至 2 月 16 日哈巴罗夫斯克市执委会

1. 他们住在城外荒废的房子，那里是城市的郊区，不得在居室内储存蔬菜；

2. 他们可以居住在城市郊区的砖房，但是必须保持现有的居住卫生

---

① 哈巴罗夫斯克边疆区国立档案馆 1503 – 13 – 1，1958 年。

② 哈巴罗夫斯克边疆区国立档案馆 860 – 2 – 66，1911 年 3 月 5 日。

条件；

　　3. 酿酒厂、矿泉水格瓦斯厂、面粉加工厂、香肠厂、面包房等食品类工厂只能使用欧洲人；

　　4. 他们白天可以在军事管区以外的地方工作，晚上则必须回到住处；

　　5. 他们中除工匠外，在非做工时间不可以进城，尤其是挑水工；

　　6. 市民可以雇佣他们做佣人，但不能超过两人；

　　7. 商业企业可以雇佣他们做店员，但不能超过两人。

市长：乌里扬尼茨克

第二章 关于黑龙江省瑷珲县的
档案资料

苏联边防部队总部关于瑷珲县首长
前来请求帮助中国人民解放军的报告

6月3日11点30分，瑷珲县首长受萨哈连城人民解放军指挥部派遣，从萨哈连（满洲）城前来布拉戈维申斯克市防区提出请求，要求给予帮助：进行交换酒精布匹，建立萨哈连城与布拉戈维申斯克市之间代表交流的联系通道，组织中苏友谊协会并保障文学和文化教育器材的供给，提供包扎材料以及抗击肠伤寒、破伤风的药物，允许把人民解放军部队指挥员王肃的妻子安置到布拉戈维申斯克市医院……

送信人说，在萨哈连城驻扎了人民解放军部队300人，在与逊河方向的国民党进行作战，由于缺少运输工具，人民解放军伤亡人数很大。

中将：斯塔哈诺夫

1946年6月4日

副本 绝密

1946年5月22日

本年5月24日，在布拉戈维申斯克市区我边防军人拘捕了从满洲越境而来的中国人林殿元。

拘捕询问得知，此人是（满洲）瑷珲县警察局局长偷越到我方境内的，任务是向我苏维埃军事长官递交瑷珲城自卫队队长薛志侠的信，内容是请求我方给予武器和弹药方面的援助，信里面还对苏联红军把日本人赶出满洲表示感谢。林殿元甚至还透露，在国民党组建的对抗人民革命军分队的部队里面有200名日本士兵。

布拉戈维申斯克市边防部队首长指示，要把林殿元遣送回满洲，并同意将向上级指挥官转达薛志侠的请求。

苏维埃内务部

忠诚的顾谢依（克鲁格洛夫）

国家内务部严禁未经许可拷贝带走

副本　绝密

1946 年 5 月 23 日

致斯大林同志，贝利亚同志：

　　本年 5 月 20 日 17 时 30 分，从满州的萨哈连城来的中国人王玉坐快艇到布拉戈维申斯克市区，他送达了文件，该文件是由人民革命军第八支队指挥员签署的。（在文件中）王肃说，他是黑龙江省政府全权代表，请允许他与苏联代表（协商）解决如下问题：

　　一、请给予黑龙江省政府武器弹药、军队运送和文化训导（电影、广播电台、报纸）等方面的援助。

　　二、与黑龙江省政府建立外交联络关系。

　　三、与苏联商务部代表商谈用酒精交换布匹的事项。

　　同时王玉还提出了 54 万（钱币单位模糊不清）的票据，是用于支付从满洲往苏联装卸战利财务的人力费用。王肃请求安排他与布拉戈维申斯克苏维埃政权当局代表见面，以解决上述问题。在接待了王玉之后，把他送回了满洲。在此，谨向上级指挥机关报告他的到来，并转达他的请求。

苏维埃联盟内务部

上将克鲁格洛夫

　　6 月 14 日，黑龙江省代表从萨哈连（满洲）城前来布拉戈维申斯克市防区告知：在萨哈连城里有人民解放军部队 100 名战士，现在被国民党部队切断了与瑷珲城及部队的联系。人民解放军在逊河城区（在萨哈连城东南 75 公里处）执行任务。

　　因此这位代表提出以下请求：请给予他们快艇，以便建立与人民解放军部队的联系；为避免国民党军队的射击，允许其在阿穆尔河岸靠近苏联的一边行驶，在其中一艘快艇上悬挂红旗，前往瑷珲城地区人民解放军部队司令部首长处。

中将：斯塔哈诺夫

1946 年 6 月 15 日

· 337 ·

6月17日11点20分开始（哈巴罗夫斯克时间）在萨哈连城（满洲）人民解放军第八支队与国民党军队进行了巷战，萨哈连城南部和市中心被国民党攻占。

结果步枪、机枪子弹和迫击炮弹大部分射到了布拉戈维申斯克市区（哈巴罗夫斯克边疆区），射击持续8分钟，流弹打死了一名在哨位上站岗的红军战士，重伤了一名妇女，一发炮弹击中了行驶的汽车，有几发子弹击中了几个城市建筑物的墙壁。

1946 年 6 月 18 日

1946 年 10 月 1 日，萨哈连市警察局局长中国人常燕青（音译）和中国人民解放军萨哈连驻防的政府官员岳林从萨哈连（满洲）来到布拉戈维申斯克市，最后请求给予他们药品方面的帮助，并且让受重伤的人民解放军上校接受治疗。

1946 年 10 月 3 日，苏联边防军总部致苏联外交部关于中国人民解放军指挥员到访苏联边防军指挥部的报告

9 月 30 日，呼玛县县长和中国人民解放军副团长从呼玛县（满洲）库玛拉镇（哈巴罗夫斯克边疆区）来。他们一行人向边防军提出请求，请边防军出售给他们各种商品、制服和士兵食品，但同时要给予邱北池医疗救助。10 月 1 日，驻乌云城的人民解放军独立一团的营指导员从满洲来到伊诺肯基耶夫塔区（哈巴罗夫斯克边疆区）。

中将：斯塔哈诺夫

1946 年 11 月 23 日，苏联边防军总部致苏联外交部关于满洲地区边境形式的报告

1946 年 11 月 20 日 7 点 45 分，占领呼玛（满洲所属，在哈巴罗夫斯克市西北方向 180 公里处）的人民解放军与闯入的将近 200 人的国民党军队进行了战斗，并守住了城市。当天 17 点 30 分，从萨哈连被派出的中国

人民解放军打败了国民党并继续追击流窜到西北方向休整的国民党。

11 月 22 日,在王豁达村附近的战斗中,人民解放军把国民党部队逼退到阿穆尔河边,结果全副武装的国民党的 3 个班,人数数量 26 人(其中有 4 名伤员)渡过了阿穆尔河来到苏联,并且被边防执勤人员逮捕。被逮捕的人中有一位会讲俄语。据他供述,他们是国民党地方维持会的士兵,他们部队 11 月 8 日在鸥浦城打败了人民革命军,并且联合了附近的零散部队和一支 200 人的土匪队伍,11 月 20 日对呼玛县发动了突袭,缴获枪支 20 条、迫击炮 1 门、轻机枪 2 挺和步枪子弹 858 发。

中将:斯塔哈诺夫

苏联边防部队总部苏联外交部人民委员
关于满洲警察破坏苏联国家边界的报告
时间:1945 年 6 月 5 日

6 月 2 日 15 点 20 分,4 名来自满洲柳卡边防哨所的武装警察(在达乌里亚东北 183 公里处),越境到苏联境内并在左尔戈尔镇后面进行了侦查,时间长达 30 分钟。

沿着我们边防巡逻路线,警察在 15 点 45 分前往小岛,然后离开小岛返回自己境内。

摘自苏联边防部队总部关于
拘捕外国情报机关间谍的问询材料
时间:1945 年 5 月 18 日

5 月 9 日,在贝加尔州抓获两名境外间谍。

5 月 15 日,在哈巴罗夫斯克又抓获两名来自满洲的武装间谍。

在初步审讯中间谍供称,他们被安排在苏联境内阿穆尔铁路斯科沃罗季诺—马格达加奇路段和远东铁路的乌利尔车站,目的是监视并统计经过的列车数量,确定运输货物的性质,拍摄隧道、桥梁等铁路设施的照片。

最近两名间谍也参与了窃听电话的任务。

从被拘留者手中没收了照相机、情报行动路线方案、通讯设备和指南针。

3月11日，滨海边疆区车站被来自满洲的越境者使用地雷炸毁。在一名被打死的越境者身上发现了地雷。

——苏联科学院苏联历史学院、边防部队总部、边防部队政治部、苏联军队核心国家档案局共同编写《苏联边防军1945—1950年5月文件与材料集》，科学出版社，莫斯科，1975年。

第三章　符拉迪沃斯托克档案馆档案

第一节　20 世纪 20—30 年代

一　会议记录、决议

1925 年 3 月 8 日华工大会会议记录№5

出席人数：143 人

主席：荣梁森

秘书：姚文扬

议事日程：

第一项：王梓豪同志做关于克日夫尼科夫公社协议报告。

第二项：赵桂吉同志做关于克日夫尼科夫公社工业人员重新登记问题的报告。

第三项：关于文化部门改选问题。

第四项：审查新加入克日夫尼科夫公社成员登记表。

1. 报告人：王梓豪同志

关于克日夫尼科夫公社协议。

决议：鉴于中国部同志提出的若干不太明确之处，可由克日夫尼科夫公社相关部门解决，总体来说此报告内容可以通过。

2. 报告人：赵桂吉同志

关于克日夫尼科夫公社工业人员的重新登记问题。

决议：所有工业职工应自行按照公社招工事务所提出的要求，完成登记工作。

3. 关于文化部门改选问题。

决议：请保留现任成员，并以新候补成员替换被淘汰者。

4. 审查新加入克日夫尼科夫公社成员登记表。

决议：本次参加大会并对相应问题做出回答的同志都将被录用，包括董卿瑞、佟玉、滕良、张弘靖、曲力廷、张际勇、吴仁贤同志。

主席：

秘书：

文件属实

1925 年 3 月 17 日华工大会会议记录№6

地点：在省工会理事会办公楼召开

人数：出席 209 人

主席：赵桂吉

秘书：诺沃科舍科夫

议事日程：

第一项：中国革命领袖孙中山先生逝世，王梓豪同志报告。

第二项：庆祝 3 月 18 日巴黎公社成立纪念日，基里洛夫同志报告。

1. 报告人：王梓豪同志

报告内容：中国革命领袖孙中山先生逝世。

王梓豪同志在报告中强调，孙中山先生为中国人民和革命事业所做出的贡献，孙中山先生为他所从事的事业呕心沥血，为从资产阶级手中解放中华民族贡献力量。虽然他不是共产党员，但他十分关心广大群众的未来和利益，并与世界资本主义作斗争。

决议：听取了王梓豪同志的报告，学习了孙中山先生以解放中华民族为己任，并为之奋斗一生的事迹和历程，了解了孙先生逝世后的接班工作。所有成员出席了此次会议，也表达了自己的观点，在孙先生死后我们应该意识到，此时的国民党是保护中国无产阶级利益的政党，是解放中国无产阶级的领导者，我们应全力支持国民党，并对失去这样一位伟大领袖表示深切的哀思。

2. 报告人：基里洛夫同志

报告内容：庆祝 3 月 18 日巴黎公社成立纪念日。

在报告中强调，巴黎公社失败的原因主要在于，1871 年法国无产阶级革命者的数量不足，组织也不够有力，缺乏强有力的阶级党派作为领导，它还处于资产阶级政党蒲鲁东主义的影响下。巴黎公社的领导层没有充分意识到法国农村社会的作用等。所有这一切都削弱了公社的力量，最终导致其走向灭亡。

决议：在听取了报告后，了解到巴黎公社纪念日有着重要的意义，其失败原因对我们来说也有着深刻的教育意义。苏联共产党分析了巴黎公社的活动，并在十月革命以前和革命期间努力建设自己的战略目标。巴黎公社的大旗已由苏联共产党接过，在这面旗帜的影响下，所有工农劳动者的力量将凝聚在一起，这种团结完全能够战胜资本主义，并在十月革命的战斗中积蓄力量。我们真诚的向为解放事业献身的英雄致敬，有了他们工农阶级的解放斗争必将胜利。

主席：赵桂吉

秘书：诺沃科舍科夫

材料属实

核查员签名

1925 年 3 月 14 日俄共（布）滨海省委员会中国部文化办公室会议记录№5

出席人数：43 人

主席：张洪佐

秘书：于西山

议事日程：

第一项：王梓豪同志报告，关于扫除文盲，开办学习班事宜。

第二项：选举三位话剧社负责人。

第三项：义捐。

1. 王梓豪同志做关于开办扫盲班事宜的报告。拟计划 19 位学员毕业，以及着手对来自不同工会的 24 位新学员进行培训。

决议：对这一结果抱以希望。

2. 选举三位话剧社负责人。

决议：选举赵桂吉、翁别阿、古华义同志。

3. 根据所提议案，进行少先队员基金捐款事宜。报告人：诺沃科舍科夫同志。

决议：选举出两位同志，并委托其开展募捐活动。根据所提议案王梓豪、段文龙同志入选。

主席：张洪佐

秘书：于西山

材料属实

核查员签名

1925年6月俄共（布）滨海省委员会中国部会议记录№7

第一项：关于俄共（布）滨海省委员会中国部工作，郭同志报告。

决议：

1. 中国工人入党积极性不高，共青团对无党派华人青年的影响较弱。

2. 华人党员的组织工作开展情况较差，对党的生活问题研究不足。

3. 俱乐部的支部组织工作针对性不强。

4. 缺少有效工作机制，准备工作不足。

5. 缺少党、团及少先队的汉语书籍，报纸在农村普及不够，党和团的生活情况在报纸中报道较少。

6、阿尔焦姆和尼古拉斯克—乌苏里斯克装卸工公社的工作还不够扎实，党的影响力在上述地区还不够凸显。

7、有一些华商帮会阻碍工人组织在公社的发展。

8、根据上述不足来制定中国部未来的工作计划。

第二项：上季度总结。

决议：由郭同志尽快完成三个月的总结报告。

第三项：中国部工作报告。

决议：

1. 华人工作的原则问题应由中国部解决。

2. 中国部例会时间为每周四11点

主席：波赫瓦里诺基

秘书：郭

7月4日朝鲜部会议记录

俄共（布）省委员会朝鲜部秘书：奴益锡、吴义科、巴东杨同志。

尊敬的同志们：

我们在此召开俄共（布）省委员会朝鲜部会议。大家必须制定本部门的工作计划，并且要根据当地情况来制定。目的是为了更多地了解各地

（县）的工作情况，也包括省会城市的情况。我们认为有必要制定相应的办法，以便互相交流信息，并以季度形式或以书面形式进行汇报，在形成工作总结时，必须按照下列模板：

1. 总结工作情况。

2. 组织情况（成员数量、组织发展等）。

3. 精神面貌（思想波动等）。

4. 摆在朝鲜部面前的日常问题、季度总结、工作计划、完成情况等。

5. 政治思想和党的生活（为文化程度较低者开办的学校、扫盲班、读书角、图书馆、俱乐部等）。

6. 群众和领导工作（提高无党派人士的政治积极性，加强农村和集体农庄支部领导工作，支部对这些地方的管理工作，朝鲜部组织的各项活动等）。

7. 年轻人和妇女工作。

8. 社会组织及相关领导工作。

中国部工作计划：

1. 提高支部的工作效能、办事能力和改选工作。

2. 自 10 月 15 日起（1925 年，译者注），唐华辉同志开始在小组进行系统工作。

3. 由支部秘书组织会议。

4. 讨论少先队建设工作。

5. 自 10 月 1 日（1925 年）起，设立政治支部。

经济工作：

1. 研究劳动合同的俄译汉工作问题。

2. 责令派遣手工业代表到各苏联列宁共产主义青年团支部工作，并研究该工作采取的相关办法和措施。

3. 本季度内召开两次青年手工业者城市大会。会议议事日程为讨论工作的意义和作用。

4. 对相关组织提出问题，讨论关于华人助教的工资问题。

5. 本季度对在手工业企业工作的中国青年进行审核。

1925 年 8 月 1 日俄共（布）滨海省委员会中国部会议记录№3

出席会议的有：梁柏吉、王红旭、林生、郭文春、王奇岳。

议事日程：

第一项：关于开办苏共党校教师培训班。

第二项：关于签订儿童学校校址。

第三项：关于尼古拉斯克—乌苏里斯克中国工人的工作情况。

第四项：关于3号会议记录中提到的关于上海工人救助委员会的讨论结果。

　　主席：梁柏吉

　　秘书：郭文春

1. 关于开办苏共党校教师培训班。

决议：为培训中国工人扫盲班的华人教师，请省委员会指示省国民教育局关于立即开办苏共党校附属华人教师培训班事宜，定额10人。

2. 关于签订儿童学校校址。

决议：请省委员会办公室通知省执行委员会，关于立即签署华人儿童学校校址事宜。

3. 关于尼古拉斯克—乌苏里斯克中国工人的工作情况。

决议：派省委员会一位同志去尼古拉斯克—乌苏里斯克调查：（1）部分违反规定的党员；（2）华商社团及尼古拉斯克—乌苏里斯克华人居民的反革命行为；（3）关于3号会议记录中提到的上海工人救助委员会的讨论结果。

决议：关于成立上海工人救助委员会，请给予重视。该委员会成员由两个对立派别组成，其中五人为省委员会中国部成员，另有三人为华商社团成员。在讨论帮助并组织广大华人群众的问题上，两派成员的工作意见产生分歧，故照此下去，该救助工作将无法开展，所以对该问题进行公开讨论。

　　主席：梁柏吉

　　秘书：郭文春

1925年9月15日俄共（布）滨海省委员会中国部会议

出席会议人员：波赫瓦林斯基、梁柏吉、郭文春、王奇岳、张庭玉、彼得罗夫。

议事日程：

第一项：关于尼古拉斯克—乌苏里斯克华人工作问题，报告人梁柏吉。

第二项：关于华人商务报纸的问题，报告人梁柏吉。

第三项：关于华人共产党党员的问题，报告人王宏旭。

第四项：关于中国部工作的问题，报告人波赫瓦林斯基。

主席：波赫瓦林斯基

秘书：彼得罗夫

第一项报告：关于尼古拉斯克—乌苏里斯克华人工作的问题，报告人梁柏吉。

决议：

1. 委托省执行委员会共产党议员团执行对尼古拉斯克—乌苏里斯克华商社团的肃清工作。

2. 将安德烈·李的犯罪材料转交省监督委员会。

3. 建议尼古拉斯克—乌苏里斯克俄共（布）县委员会充分重视华人的领导工作。

4. 建议尼古拉斯克—乌苏里斯克县委员会规定出专门日期，用来开展华人俱乐部活动，并为华人俱乐部补充文化用品。

5. 在尼古拉斯克—乌苏里斯克开设华人扫盲班。

6. 选拔华人学校教师。

第二项报告：关于华人商务报纸的问题，报告人梁柏吉。

决议：

1. 保证华人商务报纸的监管工作，该工作主要由图书出版事业委员会省分会及政治监察局负责，为此特委派张庭玉同志负责此项工作。

2. 鉴于领事馆的违规行为有损公社及苏维埃声誉，同时也由于报社的用意不端，企图瓦解符拉迪沃斯托克工人阶级的意志，这也说明了该报纸的性质，因此予以查禁，特委派施瓦尔茨同志负责此事。

第三项报告：关于华人共产党党员的问题，报告人王宏旭。

决议：尽快对共产党员进行登记。

第四项报告：关于中国部工作问题——报告人波赫瓦林斯基。

决议：梁柏吉同志须在周一之前制定出 10 至 12 月份的工作计划。

华人共产党及共青团员城市大会决议

会议内容：听取什米德同志有关加强华人报纸《华工醒时报》的普及

工作，及发展工农通讯员工作的报告。

决议：

本月在最短时间内增加报纸印刷量，达到一万份，同时发展工农通讯员工作。此项工作应得到符拉迪沃斯托克所有党员、共青团员和工会的大力支持。每位党员和共青团员都应订阅《华工醒时报》，也须配合报纸的普及和相应的宣传解释工作，明确其对工人阶级文化发展的意义。因此，每人都要阅读订购该报。同时还未订阅和订阅数量小的公社及俱乐部也应踊跃参加订阅工作。

该项工作只有在共产党员和共青团员的协助下才能尽快达到目标，只有这样才能提高《华工醒时报》在广大阶层中的宣传效果。与此同时，华人工农通讯员的工作也应得到积极推广。当今在中华民国工农通讯员工作还十分落后，大多情况下，《华工醒时报》和墙报的通讯员都是由华人文化工作者担任的，而工人参加的积极性较低，迄今为止此项工作还未吸引广大工人群众的参与。因此从今天起，每位党员和共青团员都应全力在华工中推广这项工作，使他们明白，工农通讯员的工作在工人阶级和社会主义建设中的意义，让工人自己主动自觉参与到这项工作中来。除了宣传工作，他们还应在群众中组织工农通讯小组、支部，以便进一步完善这项工作。

要不断加强无产阶级自觉意识，提高生产能力，规范劳动纪律，并与官僚主义作斗争。每位党员和共青团员都应积极参与到墙报宣传工作中，加强对群众的领导，完善生产公社和俱乐部中华人墙报的内容。因为墙报是广大工人阶级的喉舌，每个人都能通过墙报宣传看到自己的成绩和不足。

之前在工农通讯员文章中很少有关于党、团生活的内容，以后必须对此事给予足够的关注，并应经常报道党员和共青团员的生活及群众的意见。每位党员和团员都应是通讯员，都可以写一些关于支部生活和反映当地情况的文章。此外，每个党支部和团支部都应安排一位专门人员负责此事。

9月21日华人妇女工作委员会会议记录№3

出席人员：切尔诺科娃、谢柳吉娜、李素琳、季春丽、马福、刘旺石。

议事日程

第一项：关于扩大劳动组合部规模问题。

第二项：关于宿舍问题。

第三项：关于儿童住宿问题。

第四项：关于日常生活委员会工作问题。

第五项：关于妇女宿舍值班员问题。

1. 关于扩大劳动组合部规模问题。

决议：必须将劳动组合的成员数量控制在 30 人以内，否则所有工作都会进展困难。搬迁到工作场地必须有新的劳动工具，在最近一次劳动组合会议中我们提出了工作计划和扩大劳动组合规模的建议。

2. 关于宿舍问题。

决议：必须开始维修宿舍。

3. 关于儿童住宿问题。

决议：关于儿童住宿问题，建议俱乐部先使用现有劳动组合的房屋。必须改善儿童物资问题，建议可以在剧院演出话剧，所得费用一部分可以用在儿童俱乐部，另一部分用在俱乐部的妇女住宿方面。下次委员会会议中，我们将让负责儿童住宿问题的领导做报告。

4. 关于日常生活委员会工作问题。

决议：日常生活委员会提出了自己的问题，需要改正日常生活中的错误（如，妇女缠足和妓院问题等）。

日常生活委员会应在俱乐部成员中进行宣传，在工人中召集各种会议，在华人社区中进行宣传等。

日常生活部还应管理好中国劳动学校，在最近一次会议中，日常生活部应制定工作计划。

5. 关于妇女宿舍值班员问题。

决议：招聘值班员。

1925 年 12 月 18 日俄共（布）滨海省委员会中国部例会会议记录№1

出席会议的有：吉帕利索夫、王宏旭、郭文春、王奇岳、安玉河、杨梓敬。

议事日程：

第一项：关于尼古拉斯克—乌苏里斯克中国工人的工作问题。

第二项：关于符拉迪沃斯托克儿童教育问题。

第三项：关于印刷扫盲班的教材问题。

第四项：关于华人党校的物资问题。

主席：吉帕利索夫

秘书：梁柏吉

1. 关于尼古拉斯克—乌苏里斯克中国工人的工作问题，报告人安玉河

报告人陈述了尼古拉斯克—乌苏里斯克的中国工人工作中存在的问题。问题主要是由一位应立即撤职的华人会长引起。首先，该工会会长毫不负责，从不上班，不工作，所负责的工作也并无成果。该会长只要上班，就会训斥工人。此外，他还企图妨碍工会组织集会，教唆工人反对扫盲工作，阻止华人儿童接受教育，从妓院和赌场收受贿赂，总之该会长反对一切工人的文化需求，阻碍其发展。

决议：

（1）立即罢免沈清河之职务。

（2）委派王景毕同志代替其职务。

（3）整理沈清河相关材料并交至省委员会。

2. 关于符拉迪沃斯托克华人儿童教育问题，报告人郭文春。

现在有部分华商和华工子弟就读于符拉迪沃斯托克的中小学，在这些学校里资产阶级教师鼓动宣传反对华工子弟接受教育，他们对学生说，在工人子弟学校里宣传共产主义思想，这是极其有害的等等。我们认为此类学校就应当被查封，如此一来，资产阶级的子女便能来我们学校上学，从他们那儿可以收取学费。

此外，华人学校的资金问题严重，学校物资极其匮乏，没钱买煤，因此学校几乎不供暖，这种情况极其不利。

决议：

（1）设立私立学校必须经省委员会同意。

（2）拨给华人学校的物资必须满足如下条件，即在学生数量方面华人子弟学校必须少于俄籍子弟学校。

3. 关于印刷扫盲班的教材问题，报告人：梁柏吉。

现共有 15 个扫盲班，均无教材。补习学员所用教材均为自带书目，因此所学内容均不相同，应为学员印刷统一教材。给所有学员的教材预算已经做完，不久前已呈交至省国民教育局，但迄今为止尚未得到答复，而

对教材的需求却日益增加。

　　决议：委托宣传部就此事与图书部商谈，同时统计所需教材数量。

　　4. 关于华人党校培训班的物资问题，报告人王奇岳。

　　华人党校学员急需各种物资，特别是衣物，必须为他们弄到必备物资。

　　决议：支持党校主管什妥夫同志的申请，将物资发放给华人党校学员的任务交由省执行委员会处理。

主席：吉帕利索夫

秘书：梁柏吉

1923 年 9 月 21 日滨海省执行委员会主席团会议№50 会议记录摘抄

　　地点：符拉迪沃斯托克

　　报告：关于简化 1918 年之前移民至滨海地区的朝鲜人加入苏联国籍程序的问题。

　　决议：为了简化朝鲜劳动人民加入苏联国籍的程序（这些人包括 1918 年以前移民至此的朝鲜工人和农民），滨海省执行委员会主席团认为有必要做如下工作：

　　1. 解除朝鲜人加入苏联国籍之前的限制条件，之前不满足条件的不允许入籍。

　　2. 放宽之前对加入苏联国籍的工资要求。

俄共（布）滨海省委员会会议记录№2

　　第一、讨论符拉迪沃斯托克 1923 年 10 月 5 日以来华工工作问题

　　出席会议的有：普舍尼琴（省委员会）、科诺索夫（中央监察委员会）、伊利杨（省执行委员会执行部）、巴特拉克夫（地方运输总局）、马尔滕诺夫（山区工人公社）、列别基辛（山区检察员）、普洛明斯基（乌苏里斯克铁路）、克列涅夫（工人检察院）、列别辛（商务港）、茨多维奇（远东林业）、伊辛科（乌苏里斯克铁路）、切尔年科（远东林业）、卡拉金（港务）、嘎马尔尼克（省执行委员会）、库欣（省执行委员会）、法英比尔柯（工会理事会）、阿维尔布赫（2 区委员会）、斯杰琴科（1 区委员会）、波列娃（2 区委员会）、别斯帕洛甫（1 区委员会）、塔克谢尔（2 区委员会）、伊兹拉利松（省委员会）、巴赫瓦罗夫（省委员会）、列维娜

（省妇女委员会）、帕什科维奇（省委员会）、特罗菲莫夫（省工会）、涅波姆念希（省人民公社）、格里高利耶娃（省委员会）。

出席报告的有普舍尼琴同志。

中国工人工作问题，报告人特罗菲莫夫。

首先，特罗菲莫夫同志总结了在滨海省的中国工人的工作性质。他将这些工人分成了几类：第一类，滨海省从事开采工作的工人。他们对我们的经济建设是有贡献的，其中有些人是没有技术的苦力工人，在山区从事工业劳动（人数达到4000人，总数为6000人），还有一部分在港口工作（达到1500人，总人数为3500—4000人），林场工作人数达2000—3000人，捕鱼业达1000人。第二类，在滨海省从事非开采性工作的工人。其中包括店铺老板、小贩等。大部分中国工人都从事非技术性劳动。他们来到我们这只是为了打短工，这可以从他们并未携带家属判断出来。这种情况也是阻碍对华工进行组织管理的因素之一。此外，这种情况也不利于我们的经济发展，他们把在这里挣到的钱积攒起来，然后汇到中国，这无形中造成了本地周转资金的流失。的确由于华工工资很低，所以他们攒的钱也不多，因此可以说对我们影响不大。但是我们这里却有一种行业，叫个人承租，即包工头。这个行业的存在可能使华工挣到的大部分工资都到了承包商手里，当然这种现象在其他一些国家也是存在的。

华工的劳动范围很广。一方面原因是劳动力价格低，另一方面是由于俄国劳动力不足。但这种引进华工的办法，从长远角度考虑，无论是在经济上还是政治上都是错误的。何况华工作为在我们这里临时生活的居民，不可能成为巩固苏维埃远东政权的基础。由此可以得出结论：

1. 减员。减少雇佣华工的数量，中央政府的意愿也是倾向于缩减外国工人的数量，制定相应政策，将人数控制在总人数的50%以内。

2. 在缩减华工数量的同时，注意华工工作条件的改善。使其拥有与其他工人的同等权利。大规模雇佣华工并不能达到积极的效果，因为他们中技术工人的数量不多，此外还由于华工普遍思想觉悟偏低。由于华工生活工作的条件较差，与俄国工人相比，在华工的管理工作方面，首先应从保护其经济利益入手，必须拉平他们和俄国工人的工资水平，关注二者的劳动生产力。但开展这项工作时不能太过激进，需循序渐进。因为这项工作肯定会遇到来自私人企业甚至是国家企业的反对，可能后者的反对原因主要在于，相比之下该工作在私人企业中执行不力。在力求改善华工经济状况的执行过程中，很可能造成国家企业将无法与私人企业公平竞争。

特罗菲莫夫同志认为，华工工作将使苏维埃政府对中国产生影响，将有利于共产党的思想在中国的传播。而传播的途径恰恰就是这些短期赴俄打工的中国工人。

在总结部分，特罗菲莫夫同志提出了华工工作的设想：

在解决华工工作方法和规模的时候，首先应考虑这些工人在经济生产中的比重。中国工人绝大部分都从事非技术性劳动，大致分布情况为，山区工业达4000人，港口达1500人，林场2000—3000人，渔业达1000人。

苦力工人大部分分布在工业企业中，只有一少部分技术工人在小工厂作坊里工作。可以确切地说，大部分的中国工人都分布在边境省份，其中包括滨海省。一些工人主要从事短期工作，这种情况既可以用观察结果来证实，也可以从他们并未携带家眷来此而判断。

这种情况也是阻碍华工管理工作的一个重要因素，因为他们只是把自己看成这里的临时居留者，而不利因素还不仅仅于此。来这工作的工人都是有目的的。他们主要是为了把挣到的钱寄回祖国，这也造成了他们所到国家流动资本的减少。

工人的工资，特别是华工的工资的确很低。即使他们拼命攒钱，个人手里所拿到的工钱也没有多少。他们大部分的工资份额都流到了包工头手里，而这些承包商也把钱寄往祖国。

华工所从事的工作一般对劳动水平和技术要求较低，何况中国本身的工业发展，无论从规模还是从速度上都很慢。这也决定了华工的技术水平普遍偏低这一事实。

大规模雇佣中国工人。一是由于他们劳动力廉价，二是因为俄国劳动力不足。华工劳动力低廉对雇佣企业来说是有利可图的，但经调查可以发现，国民经济的流动资本除了由剩余价值组成，还包括内部市场所形成的工资额部分。中国工人的工资虽然很低，他们的花销也极少。在山区工业中，华工生活所需品仅为面粉，他们甚至连衣服都不买，更不花在住宿方面，因此大部分的工资都攒下来，并寄回中国。而另一部分剩余价值则落到了包工头手里，而他们也是这样。如此一来便明显可以看出，华工劳动力虽然价格低，这有利于资本家，但对整个国民经济来说却是不利的。

如果我们采取广泛雇佣华工的政策，而且只注重他们低廉的劳动力价格，那么我们俄国工人的市场竞争力就会下降。这样我们就会犯下经济，甚至是政治错误。因为在这种前提下，中国工人在当地的发展并不能成为巩固苏维埃远东政权的基础。

滨海省的历史和地理条件形成了我们倾向雇佣华工的习惯，并且我们也无法彻底取缔这一政策，特别是在缺少俄国工人劳动力这样的背景下。根据上述情况可以总结如下，雇佣华工在当前条件下只能认为是不得已而为之，在未来一定时间里也是不可避免的。我们的经济政策和人民劳动委员会的工作方向应该是逐渐消减华工数量，并尽量防止排挤俄国工人情况的出现，解决途径是通过正当市场竞争扩大华工数量。

苏维埃中央政府出台政策限制外籍劳工的使用，控制在50%以内。这项政策必须在私人承包商、国家和私人企业中同时进行。与此同时还要改善华工的劳动条件，使之与其他工人享受同等待遇，包括工资、住宿、医疗保险、劳动卫生条件等。

必须意识到，在执行劳动环境平等化的工作过程中一定会遇到反对力量，这不仅会来自雇佣者和包工头，还会来自华工本身。因为真正推行华工管理办法时并没有任何与之相配套的行政措施加以保障，这不可避免的导致华工数量的减少，还有可能导致企业关闭，这都可能引起被解雇的华工对我们的不满。

华工的实践工作计划需要考虑上述因素，并应该结合长期发展的战略措施加以实施。

工作计划

港口工业的经济工作：

1. 签订合同需征得工会同意，必须满足下列条件：技术设备，外国工人的百分比，宿舍维修并附加完成期限，对华工雇佣需符合法律规定，而不能通过包工头雇佣。

2. 国家企业必须逐步采用上述措施，并制定百分比、工作计划，此外首要任务就是取缔包工头制度。

劳动人民委员会工作：

3. 监督劳动法规的执行情况，代表劳动者建设工人宿舍，监督企业的技术设备，加强对私人企业中违规情况的监管。

工会工作：

4. 签署集体合同时注意对华工工作条件的管理。坚决抵制包工头制度，配合山区监管组织工作，向合作社引入集体农庄制。特别是在俄国工人组织性较强的地方，合作社可以依赖其对华工进行保护。而在一些可以建立华工组织或者是已经有华工组织的地方，需要采用更先进的形式，将其引入合作社机构中。配合国家企业根除包工头制度，解决途径之一是可以将合作社华工成员组成劳动小组。

党的建设工作：

5. 党组织实现对规定计划的领导，通过华人党员在华工中进行宣传和鼓动工作，集中精力在华工的经济利益方面。

港口工人工作计划

经济工作：

地方运输中央管理局在实际工作中应逐渐扩大码头搬运工作的发展，努力完善自身的管理工作，以代替包工头制度。必须消灭包工头的盘剥现象，改善华工的劳动条件。

劳动人民委员会工作：

监督劳动法规的执行情况，管理华工宿舍的修建工作，完善招工就业处的工作，进而逐渐改善合作社工人的无组织性。

合作社工作：

地方运输中央管理局在码头搬运工作的发展，将吸引华工加入合作社，以满足此项工作对劳动力的需求。

党的建设工作：

实现对党的组织工作的有效领导，通过华人支部来管理城市中华工的工作。同时吸引其加入合作社，配合合作社进行宣传工作，扩大其影响。

手工工场工人的工作：

国有企业：

1. 增加对外籍企业的税收。

劳动人民委员会和工会工作：

2. 对手工工场进行有效管理，严格执行 8 小时工作日制度，办理保险，加强对未成年劳工的保护工作。

总体任务：

1. 必须制定详细的长期的中国工人工作计划。

2. 省委员会中国部、省工会委员会及劳动群众共同努力，将文化水平较高的中国工人和定居的华人组织起来建立学习小组。这种小组主要针对成年人开展学习互助活动，该任务是未来工作顺利开展的重要前提，因此这部分的工作计划应该被列入主要任务。

3. 继续出版《华工醒时报》，使其成为宣传阵地，把精力集中在中国工人的经济生活上。

4. 将劳动法律条文翻译成汉语。

5. 在完善雇佣法规之前暂时停止聘用华工。

帕什科维奇同志在听取报告后首先强调，特罗菲莫夫同志提出的工作计划并不符合所作的报告。因为特罗菲莫夫同志对待该问题的前提和过程都是错误的。特罗菲莫夫同志提出的情况分析也不准确。如果进行统计可以发现，华人在本地区是有定居人员的。但特罗菲莫夫同志其中有一个观点是正确的，即华工大部分的工资都流入了包工头手中。但华工工资并未都寄回祖国，因为他们的工资实在少得可怜，如果注意到其基本生活费的话，可以发现，他们能攒起来并寄回国的工资简直是微不足道的，也根本不能影响到国民经济资本流通。包工头拿到了大部分工资，企业主应对此来负责任。包工头制度弊端极大，必须与之进行坚决斗争，并且应首先铲除这股势力。但无需进行特别立法，更不用惧怕华人的涌入。我们认为首要的工作是制定法规，使其工作条件和工资待遇与其他员工平等。必须限制华工的入境数量，但肃清华人的政策也是不合理的，因为这将阻碍我方政策在华人中的宣传，也不利于共产党在中国工作的顺利开展。

第二、交换意见

伊利杨：惧怕华人涌入本地是没有根据的，因此工作还要继续开展。何况中央政府的政策就是巩固公社，将我们的思想传入中国。如果我们放弃华人移民，他们将不会在中国进行宣传，特别是中国工人的特点不可能是流动性的，因为从中国到这里的火车票要 67 卢布，而攒够这些钱需要很长时间，更何况他们的工资少得可怜。减少对华工的雇佣很可能导致的结果是，失业后他们将流落到山沟里沦为山贼，反而扩大了红胡子的队伍。

茨多维奇：需要强调的是，在滨海省华人有自己的"国中国"，而缩减华工雇佣量势必会扩大红胡子的势力。我们认为，必须在华工中开展广泛的工作，因为在工厂中俄籍工人对华工的影响很微弱，原因是他们彼此语言不通。此外，还需要推行工资平等制度，至于说到缩减工人的问题，则主要应针对承租资本家的企业，而不是合作企业。

涅波姆念希：相比之下俄国工人的文化素质更高一些，可以使用技术设备进行工作，因此他们的工资也要比中国工人高。而在华工工作的地方则是更为简单的设备。经济工作者们也赞同取缔包工头制度，同时没有华工劳动也是难以想象的，原因是从招工就业处那里永远也招不到俄国工人。此外在一些工业领域，例如，山区的劳动条件特别差，俄国工人根本不会去那儿工作。因此录用华工也是不得已而为之。所有问题都在于如何科学地对华工进行监管组织。我们认为有下列必要：对华工进行择优录取，取缔包工头制度，采用计件工资制以提高劳动效率，雇佣华工对私人企业来说是有利的，但从经济工作者的研究角度来说，这将形成不良竞争。

法英比尔柯：我们认为对华人的管理是可以实现的，已经完全能够在他们中展开工作了。现如今有必要单独研究华人问题，改善其经济状况，如此一来，他们将可能成为巩固苏维埃滨海省政权的基础，也不会导致所谓的符拉迪沃斯托克当地华人的"国中国"现象的形成。首先，必须实行分流政策，缩减华工数量并不能起到集中生产力的作用，反而会促进大型私人企业的形成。对外政策是要与中国建立友好关系，而我们要起到辅助作用。

列别辛：要强调的是在海港没有华工劳动是不现实的，在那里小舢板工作毫无例外的都由中国人承担，因为根本招不到苏联工人。

嘎马尔尼克：我们认为特罗菲莫夫同志列举了一系列的管理措施，但事实上却是无法实施的。限制华工在企业中工作，通过控制一定的百分比数量也是不可能的，可是使工资待遇平等化却是我们可以做到的。我们的政策应当是解决民族问题，对待华工的态度也应有别于其他国家的移民。

伊辛科：建议苏联工人也去农村从事农耕生产，并开始广泛地采用中国劳动力，在滨海省没有这些人的劳动是行不通的。我们认为中国人从某种意义上来说拯救了边区，其中包括修路，没有他们就很难提高劳动效率。

切尔年科：我们认为特别是在春季华人的劳动是不可或缺的，因为在解冻期和跑冰排时期，苏联人是不会在这种条件下在森林里工作的。

普舍尼琴：值得注意的是，经济工作者们达成了一致观点，围绕着华工遭受剥削的情况进行了讨论，认为他们的劳动力价格低廉。在地方与国民经济委员会签订的合同中，后者最开始认为雇佣华工是不合适的，因为他们只看到了华工生产率较低这一点。但现在他们又都持另一种态度了，认为没有华工劳动是难以想象的。以前我们总能听到经济工作者们说，华人劳动生产率比苏联工人要低两倍，现在我们却听他们说中国人的劳动生产率只比苏联工人少30%，这组数字的差别该如何理解。

波奇卡列夫：有必要解释一下，关于华工劳动生产率的问题，我们认为在这种条件下不能将中国工人和苏联工人的劳动力进行对比，而是需要把他们放在相同条件下才有可比性。

现在根据数据统计，中国工人比苏联工人劳动生产率低不到30%。我们需要注意的是，华工的工作条件极度恶劣，包工头对他们进行赤裸裸的剥削，难以生存的条件和极差的食物等等。我们认为苏联工人的劳动生产率之所以高，是因为他们的劳动和生活条件都相对要好。

在特罗菲莫夫同志的总结中说到，几乎没有人反对他的下列观点，即企业中华工成员的不稳定性，本地由于华工而导致的资金外流的情况（虽然数额不大），此外，这种资金外流还包括包工头制度造成的。我们认为，首先应该从下列工作开始做起：取缔包工头制度，建立稳定的华人人员储备机制。最后一个建议是不要通过管理的途径来控制华工，而是通过对其进行择优录取的原则，这就必然涉及减员，从根本上我并不赞同某些同志的广泛雇佣华工的观点，我们认为这不利于政治和经济关系的发展。

决议：

1. 确定最终提纲，在特罗菲莫夫同志的工作计划中，决定不采纳"关于外国劳工百分比的问题"和"关于合作社的引入工作"，这两项工作暂时搁置，直到经济和人民劳动委员会出台相关措施后再另行讨论。

2. 为进一步研究所列提纲，决定成立以特罗菲莫夫、帕什科维奇、法英比尔柯为成员的委员会，委托其向省委员会主席团汇报我们的设想，以便确定最终纲领性文件。

主席：普舍尼琴

秘书：格里高利耶娃

——符拉迪沃斯托克滨海边疆区国立档案馆《滨海省中国及朝鲜居民档案材料》1923 年 7 月 4 日至 1923 年 12 月 8 日

1930 年 3 月 5 日—4 月 5 日地区联合会短期职业培训班教师会议纪要

1. 第一个月教学工作。3 月 5 日培训开始至今，整整开展了一个月，如果我们将这一工作进行总结，则会得到以下结论：

教学方法方面，总体来说，所采用的教学方法基本符合培训要求，但在学习过程中还是遇到了一些问题；

教材方面，所需汉语书籍不够用，教师教学态度仍有待加强。

2. 教学工作完成情况：

（1）政治课。4月5日之前按照教学计划共完成34学时，其中包括五项教学内容，但实际在34学时里只完成了四项。因此，可以说基本按计划完成了教学任务。

（2）当代苏联职业运动实践。该课程共计42学时，其中包括两项教学内容。但实际上授课量只达到了28学时，剩余14学时均因教师请假而未完成。此外，还有8次教师迟到，每次不少于15分钟。因此，在该方面并未能很好地完成教学计划。

（3）国际职业运动。该课程完成率为100%。

（4）当代政治。该课程完成率为100%。

除以上教学大纲制定的内容外，我们还开设了俄语、数学、自然课。虽然完成的质量未必很高，但是仍旧算是超额完成任务，这应归功于个别教师的主动奉献精神。

3. 学员学习效果已经通过考核成绩体现出来。

4. 教师、学员社会竞赛。

5. 学员出勤率：7人26天；7人25天；4人24天；1人23天；2人19天；1人21天；1人9天；1人15天。

缺席情况统计：7人缺勤1天；4人事假2天；2人无故旷课2天；2人病假2天；1人病假1天。

6. 教师出勤率：

教师薄荣祝同志旷工14学时，迟到18学时，且每次迟到时间均超过15分钟。除该同志外，其他教师均按时上课，且无旷工、迟到现象。

7. 实践工作：

（1）每日自学时间为1小时，时间为晚5—6点，学习内容自选。

（2）晚课。旨在快速提高学员俄语水平，课程每隔两天进行一次，每次2个小时。

（3）课外小组。培训班开设了以下课外活动小组：墙报小组、体育小组、戏剧小组、合唱小组。

（4）课外工作：为使实践工作顺利开展，我们将培训班学员派到各个工厂开展政治学习交流。

（5）参观。除上述实践工作外，我们还在假期为学员安排了各种参观游览活动。

总结：

通过对上述问题的分析，我们可以做出如下结论。总体来说，教学工作的完成情况较好，但仍存在一些不足之处：

（1）书籍匮乏；（2）个别教师不遵守教学纪律；（3）个别学员对待学习态度不够认真。

为了今后教学工作的顺利开展，我们应做到：

（1）储备丰富书籍；（2）明确教师纪律；（3）对学习纪律严加管理；（4）加强教师与学员之间的社会竞赛活动。

1926 年 1 月 8 日俄共（布）地区委员会华人工作会议记录№2

与会人员名单：霍洛韦尔、帕克艾、梁柏吉（俄共（布）地区委员会）、伊尔（统计局）、查布林（城市委员会）、郭诺瓦洛夫，斯科沃尔措夫·托卡利宁（报纸《工人之路》）。

缺席人员名单：劳动部代表、区教育局代表、二区委员会代表。

会议主持：霍洛韦尔同志。

秘书：斯科沃尔措夫·托卡利宁同志。

第一议题：华人居民工作及受教育情况统计。（伊尔同志的报告）

各方面资料显示，华人数量当前急剧减少，流动量也同时降低，而受教育程度总体有所提高。

决议：

1. 统计局所提供的相关数据可以作为研究基础，同时也要根据苏联政府及各基层工会提供的材料进行核对。

2. 根据人口普查资料显示，华工数量仍然很多。

3. 通过出版的刊物宣传人口普查的意义。

4. 根据已知华人居民，包括华工的情况采取相应措施，加强其在苏联境内的稳定性。

5. 另需强调的是有关华工所得工资的流向问题，他们一部分会将工资汇往中国。

6. 值得关注的是华商的作用，特别是在个体商品经营方面，其流通量已经达到 60—65%。

第二议题：关于汉语刊物。（斯科沃尔措夫·托卡利宁同志的报告）

很久之前在符拉迪沃斯托克市就有中国报纸，名为《中华商报》。其读者范围较小，只发行过 200 份。主要面对华商，其政治立场支持吴佩孚，两个月前该报纸已被停止。

自 1922 年起报纸《工人之路》在赤塔开始发行，当时主要是石版印刷，搬至符拉迪沃斯托克后改为活版印刷。报纸每周出版一次，数量为 1600 份，共计出版 163 期。报纸的主要内容题材为反映华工在苏联的生活。

报纸二分之一为译文，其余均为电报。其中 18—25% 报道工人生活，剩余内容为苏联建设、党的生活、工会活动、政治题材、评论文章等。

会议记录

与会人数：王洪勋、斯高差、王奇岳、梁柏吉。

议事日程：

1. 出版人的报告。

2. 政治学校的发展及将来的工作。

3. 编辑"十月革命"纪念小册子。

关于出版问题，斯高差报告。

1. 关于远东职工委员会要出版的书籍：

A. 《什么是职工工会》，内容最多五十页，至少三十页，大概出版 750 本或 1000 本。

B. 《赴俄国劳动运动史》，内容 40—50 页——职工运动之产生和发展、农奴解放后、职工运动之第一步，500 本—1000 本。

C. 1914 至现在《职工运动史》。

D. 各工会的章程。

E. 《社会保险》1000 本。

F. 《劳动保险》。

G. 《职工运动的形式》。

H. 《协作社及其责任》。

I. 《现代职工运动的情形》（列宁）。

J.《全苏联第七次职工大会的经过》。

K.《开支小账》。

L.《党员须知》。

问题：

王奇岳：计划上是否有确定的经费？

答：计划上没有规定经费。

王奇岳：如何执行？

答：我们应想办法执行，要求赶快执行。

决议：

（1）以上各书对于中国工人非常重要，希望远东党组织转远东职工委员会赶快出版。

（2）关于党的产生和党纲章程请求远东党部设法出版。

2. 关于政治学校的发展及将来的工作。

四个政治学校只有水亭子学校有成绩，其余毫无结果，因党部不重视。

去年十一月起至本年五月一日止，水亭子学校共有31名党员，1名预备党员，8名共青团员；10名工人缺席，到课人数21人；每礼拜2次课，教完第一部分及第二部分的三分之一后，有11人只能听不能看懂或稍能看懂，2—3人能看、能写。

决议：

（1）政治学校成绩不好的原因：A. 因党部及小组不重视；B. 学习材料太深，不易了解掌握；C. 学生文化程度太低；D. 招生时没有注意。

（2）以后应注意几点：A. 应由中国部直接指导工作，但经费须由原党部支付；B. 编辑浅显易懂的新书教材；C. 招生时应注意学生的文化程度。

（3）应设学校的区域：A. 海参崴建立分工会；B. 五一俱乐部；C. 远东工厂；D. 皮业工厂；E. 水亭子；F. 苏城；G. 双城子。

关于编辑政治学校课本问题。

3. 决议：

（1）以党员须知为根据，由中国部提出纲要，指定专门人员编辑；

（2）指定：丁山、刘金祖、陈为一、赵冶仁通知编辑。

4. 关于编辑十月革命小册子问题。

决议：暂由梁柏吉担任编辑。

主席：梁柏吉

书记：王奇岳

　　——滨海边疆区国立档案馆《俄共（布）地区委员会会议记录（记录内容包括华工、党员积极分子医疗等）1926 年 1 月 8 日—1926 年 12 月 20 日》

二　文件、信函、报告、申请

尼古拉斯克—乌苏里斯克苏联列宁共产主义青年团中国支部 15 号文件

尼古拉斯克—乌苏里斯克申请

　　在尼古拉斯克—乌苏里斯克有一华人社团，该社团聚集了众多具有资产阶级性质的当地华人。该社团对待所有工人组织，其中包括工会、共青团和共产党组织，都持对立态度。

　　6 月 23 日晚 9 点，5 名中国工人（其中包括一名共青团员）路过中国市场时，被该社团成员看到，后者立刻从社团办公房屋叫出了其他同伙，来到 5 名工人面前，同时责骂工人：“你们是中国人，竟然加入了苏联共青团组织，干这种丢人事儿就该打你们。”

　　我们的工人也被这一伙人激怒了，然后这伙社团成员就开始用铁棍殴打工人，后来警察也来了。

　　这件事发生时，王玉宗、沈清河也在旁边。我们的共青团员叫来了国家保安局的工作人员，他们把所有参与打人和杀人者带到了保安局，并把铁棍也带去做证物。

　　此次发生的杀人事件是由华人社团引起的，有 5 位证人可以证明。很明显，该社团的目标是清除所有中国工人组织，保留资产阶级在尼古拉斯克—乌苏里斯克的残存势力，他们反对苏维埃政府及其组织。此类组织的存在，严重影响本地安定，诸如今日发生之事，没人知道明天华人社团的成员能不能再次威胁到我们。可能以后类似的恐怖事件还会发生，因此必须给予此事高度重视，应注意华人社团的举动。更何况该社团经常怂恿类似事件发生，6 月 22 日，在社团主席庞明勇和秘书 K 的带领下就发生过打人事件。

　　其他打人者名单也已弄清楚，有李清桂、李文月、翁德木、李占生、安德烈·李。

关于安德烈·李还需要说几句，他是（俄）共产党员，但是与华人社团关系密切。他积极参加迫害活动，这种行为是（俄）共产党所不允许的。因此也请（俄）共县委组织关注此事。我们请俄共（布）县委采取办法，惩办这些杀人犯，以此保护中国青年工人。

受害者名单：于海生（共青团员）、于永先（克日夫尼科夫公社成员）、赵杰富（共青团员）、张新梅（克日夫尼科夫公社成员）、刘海（克日夫尼科夫公社成员）。

前三个人有被打伤的痕迹，其他被害者无被打痕迹。杀人事件目击证人有：沈万福（苏联列宁共产主义青年团秘书）、共青团员王福羲、手工业工人杨玉廷、工人付吉（克日夫尼科夫公社成员）、刘应福。

苏联列宁共产主义青年团 15 号办公室

沈万福

致国家政治保安局尼古拉斯克—乌苏里斯克分部申请

本人请求贵处采取相应措施，反对各方面反革命活动的带头人，并要监视一些加入苏联列宁共产主义青年团和工会的工人。这伙人已经渗入到了本地的华人社团中。他们由 11 人组成，其中有：付文昌、李熙文、周洛霸、于祖麟、宋图武（真名为宋国景）、李仁廷、王金穆，华人社团秘书曲瓦烨等。

我刚到尼古拉斯克—乌苏里斯克，为了推翻我，华人社团就以各种活动对我进行了反抗。他们中对我意见最大的是安德烈·李，其在成为党员后，以权谋私。他为中国资本主义服务，行为猖狂，例如：去年他决定建个剧院，以便为自己谋利，从华工手里强行收取了折合近三千卢布的金子，后来就回中国了，据说还买了房产和田地。

这就是个反革命团伙，以华人社团掩人耳目，实际上却干着有害工人阶级利益的勾当，与境外白匪及资产阶级相勾结。如果这个犯罪窝点再不铲除，则恐百姓难保安宁。

申请人：沈清河

尼古拉斯克—乌苏里斯克县工会委员会会长

俄共（布）党员

致尼古拉斯克—乌苏里斯克县委员会的汇报

8月7日晚八点，我们一位共青团员徐芳路过林荫路时，另一位中国人李景松叫住了他，并让他还钱。刚开始徐芳说不还钱，后来李景松对其进行了恐吓。徐芳看这么晚，路上连个人都没有，就把李景松叫到自己家，说到那儿给他钱，并且尽量的绕路走。当走到华人集体市场的时候，同车间的沈万福看见了他们，他说可以给他们俩当公证人，然后请他俩进了自己工作的店铺。在店铺里李景松打了徐芳好几下，还弄坏了店铺里的一些东西，随后沈万福也受到了威胁。李景松在这之后又找来其他的人帮忙，想把徐芳带到华人社团。这时候徐芳藏到了床下，李景松没找到他。

李景松跟华人社团的关系很好，因此他的所作所为都得到了华人社团的帮助。

现已向您汇报了华人社团在工人群众中所做之事。此类报告也已经是第二次了，有可能还会再有第三次，因为华人社团的行动越来越频繁，而其活动严重损害了青年工人的生活。恳请您尽快解决此事，阻止社团之恶行，并有必要对其进行清剿。

1925年8月2日
华人12车间沈万福

致尼古拉斯克—乌苏里斯克县国家政治保安局

我受委托监管尼古拉斯克—乌苏里斯克山区华人工作。在管理过程中发现如下问题：

在华人工作中存在较大的问题就是当地的华人社团问题。该社团集中了较多的尼古拉斯克华人居民的资产阶级分子，这也决定了其工作的阶级性质。

华人社团在华人中起到了宣传作用，而这种宣传却是反苏维埃政权，反工人阶级的。华人社团已经威胁到了华工的生活，例如他们在华工中散播谣言，说领事馆马上就会限制华人加入当地工会组织，而加入者的名单也将由领事馆转交给中国政府，这些人将会受到惩罚。此外，华人社团还积极从事反对工人阶级的活动，不止一次地杀害华人共青团员和工会成员。

6月22日，在华人社团办公楼旁打死了五名中国工人，其中有两个共青团员，其余皆为工会成员。此次案件的凶器是铁棍，是在华人社团一头目的领导下进行的。华人车间苏联列宁共产主义青年团支部将此事向县委会提交了诉状。还有一件事是发生在 8 月 7 日，华人社团一个成员打死了一位华人共青团员，案发原因仅仅是由于被害人是共青团员，此事也已告知县委员会。

另一事件为华人社团成员组织了一起持枪袭击俄共（布）华人党员宋鸿冰案。被害人受到枪击，伤情严重。犯罪人员共有 5 人，均为社团成员，分别为：李诚贵、张玉山、王金穆、李金元、李占申。

还有一宗案件。工会的中国工人向华人商铺业主秦发富强行索要 300 卢布。后者在给钱后把这件事告诉了中国领事，领事把这个叫王三英的人给抓住了，然后通过三岔口把他遣送回了中国。王三英的朋友拿了 300 卢布还给了秦发富，于是后者将此事反映给领馆，领馆写了信函回国，释放了王三英。

此外，华人社团还强行从华商那儿收取税费，甚至还从妓院那收取所谓的妇女税。

现将华人社团种种行为进行描述，并需对此类社团加以管制。

俄共（布）省委员会中国部主任梁柏吉同志

1925 年 8 月 31 日

尼古拉斯克—乌苏里斯克

致尼古拉斯克—乌苏里斯克县国家政治保安局

在尼古拉斯克—乌苏里斯克有一个安德烈·李，他虽然是俄共党员，但其行为却完全违背了一位党员的行为准则，其行为具有明显的反革命性质。

安德烈·李曾经在刑事侦查处和华人社团都任过职。现在他虽然只在刑事侦查处工作，但在社团处还有势力。该社团的一些反革命活动他也积极参与，下列情况可以证实这一点：

有一年他回中国，在华人社团的帮助下，领事馆给他发放了过境签证，这些证件沈清河看见过（县工会会长）。

6 月 22 日，安德烈·李和华人社团一起参加了杀害中国工人和华人共青团员的犯罪活动。

现在在尼古拉斯克他和李诚贵一起管理华人街 21 号的妓院。

此外，现在安德烈·李已然成为社团名誉主席，虽然不是官方下令的，但正因如此也滋长了华人社团的反革命势力。

苏维埃和政府机构很容易就能被安德烈·李误导，因为借其党员之名华人社团工作更便于开展。

如今在华人居民中传播着这样的流言，说安德烈·李威胁县工会中国事务部的沈清河，并扬言要杀了他，原因是沈清河阻碍了华工组织的工作。

这一切都明显证明安德烈·李的行为具有反革命性质，因此必须对其行为采取相应措施。

俄共（布）省委员会中国部主任梁柏吉

致尼古拉斯克—乌苏里斯克劳动监察员的申请

申请追究市场30号商铺主人佐诺夫的责任。本人在1924年1月10日至1925年5月10日期间一直为其工作，应付给我每月25卢布工资，共计400卢布。但是因为本人在工作过程中向其借用连本带利共计538卢布，因此除去工资只需还他138卢布，但是佐诺夫却向我讨要538卢布。由于这已超出我所应偿还的债务数额，故尔将佐诺夫告到了领事馆。他却以没收财产为由，威胁我的中国亲戚，并以此要挟，逼我还钱。本人也做出了最大让步，还给了他225卢布，再多也拿不出来了。所以在此请求监察员没收并归还本人多支付的87卢布，并勒令佐诺夫以后不要再向本人追讨他所要求的剩余不合理款项，因为他在清算本人欠款时并没把我为其工作的16个月工钱计算在内。

中国公民许栋庭签名
1925年9月4日
尼古拉斯克—乌苏里斯克
住址：涅克拉索夫街58号

驻符拉迪沃斯托克领事馆8号函件

吾民远离故土，来到异乡谋求工作，亦或经商，实属不易。本人作为领事有义务也有责任护吾民众之周全。华人民风淳朴、善良，尤为重视集体之利益。然如今听闻，某些华人依仗公社之名欺上瞒下，无视法规。例如，食堂就餐，剧院看戏均不付钱。此等行为是何缘由？工会尤为重视劳动者之利益，但无论如何都不能彼此施以诽谤。譬如公社之俄籍社员均依法行事，从未听闻有互相诽谤之事发生。然在华民众中却有此类人等，不照章行事，相互诋毁之事亦有之。这不但有损公社之信誉，于公社而言亦是祸患无穷。

此事深感耻辱，本人作为领事有责任护吾民之公共秩序。望之前曾有如此作为之人，今后向善而为之，如有再犯，必将严惩。

1925 年 9 月 10 日

"五一"华人俱乐部主任王宏旭译

致俄共（布）滨海省委员会

在此转发中国报纸《中华商报》第 1731 期文章译文。贵方认为无法接受该文章观点，本人认为，有必要请贵方了解，此文内容与普利瓦诺夫城《红旗报》中一题为《衰落》的文章内容相吻合。

出版与读者办公室主任：奥斯特罗缅茨基

政治编辑：谷古宁

附1：

9 月 2 日华人报纸《中华商报》总第 1731 期文章译文

上海工人罢工始于 5 月 30 日，虽这些工人身陷封建帝国主义泥沼，但他们之中已经萌生出反抗意识，认识到捍卫国家和全体民众利益的意义。从罢工之日起全国民众积极支持工人运动，他们或是直接武力参与，或是间接资助，以此来表达自己对工人运动的支持。

然而，各方的支援也是有限的，并难以持续，因此支持者也越来越少。这也导致上海工人饥寒交迫，犹如鱼儿无水，虎陷深坑，工人已走投无路，只能再次落入资本家奴役之魔爪。这些工人所在的工厂已经不给他们发放粮食了，政府计划开办一些大型企业，以便解决上海工人的就业问题，如该计划得以实现则无疑将改善那些反军国主义之士及工人的境况。更多的工人也能对政府产生感激之情，然而事实上这类企业却并未开办。上海工人深感无望，常言道"饿者不知食之味"，穷困潦倒的工人不得不重新回到封建帝国主义的魔掌中。

此事不仅涉及工人的声誉，更是有损国家荣誉。来自国内的最新消息称，企业主提高了工人的工资，后者也恢复了正常工作。由此可见，工人情况并未得到根本改变，我们认为这不止对工人和政府来说是灾难，更是四亿劳苦大众的灾难。

沈胜译

译文监察：谷古宁

附2：

《衰落》上海记者报道

上海的生活已逐渐回到了战前水平。

随着日属工厂和轮船厂罢工运动的结束，港口货运又恢复了工作，但是有一些中国纺织厂的工人仍在坚持罢工。

中国纺织业领域的罢工运动是最为激烈的民族斗争。

相较于日属和英属纺织厂的工人，中国纺织厂工人的境况也并不好。

近年来，上海物价普遍上涨，生活必需品，如米、鱼、油、盐、柴等都提高了近五成。工人住房的房价提高了一倍，电车车票涨了200%。相比之下，工人的工资却毫无变化，仍停留在十年前的水平。上海大部分工人平均每天的工资折合成苏联货币只有大概30—35戈比。

在这种条件下，工人自然无法正常生活。他们能买到的日常用品根本满足不了自己的生活需要。于是他们便对中国工业企业主提出了成立工会，提高工资待遇等要求。

中国资本主义试图用与外国资本相竞争的借口来激励工人的民族情感，但是工会的答复是，如果中国工业家们能认识到国家及民族利益，那么他们就应该改善自己工厂工人的生存状况，因为中国的民族工业没有了工人将寸步难行。

中国企业家们还是不得不面对工人问题，然而中国工人的活动与英属电厂工人罢工事件有着密切关系，原因就是他们给中国工厂停了电。因此中国商业局要求立即想办法停止电厂工人的罢工行为。

工人方面也已发出声明，他们同意恢复英属电厂的运行，但需要答应他们的条件，即让所有罢工工人回来上班，否则其它任何条件一律免谈。此外，还要求支付工人罢工期间的所有工资。英国工会组织已经承诺解决此事，并希望罢工结束后立即恢复供电。

除了支付工人罢工期间的工资外，英国政府答应了其他所有要求。

而中国企业主不得不自己解决此事。

例如，商业总局同意按照不同标准发给日属工厂工人工资，也同意替大英帝国支付电厂工人罢工期间的工资。

9月8日在签署了协议后工人恢复了英属电厂的工作，这是三个月罢工运动以来，工人首次恢复了电厂的运行。

而此时其他英属工厂的罢工运动还在继续，原因是英国政府对工人们提出的政治要求并不满意。

高傲的英国殖民者不想让步于这些"暴动的中国骗子"，对待后者也已经习惯于用强迫和武力威胁来解决问题，甚至在电厂工人停止罢工后，英国政府还以极其高傲的口吻发表声明，说市政府并没向罢工者做出丝毫让步。

如今随着罢工在诸多工厂都已停止，失业者给工人组织所带来的压力也已减轻，所以也由于这一原因一些其他英属工厂中罢工运动可能还会持续一段时间，他们也许会击碎英国政府高傲的面具。

在上海局势日渐稳定之时，9月7日又发生了新的暴动。原因是英国警察向在民族屈辱日当天游行的示威者进行了射击。

这一天上海居民超过五万人参加了集会，目的是抗议1901年签署的《辛丑条约》，参与这份协议签署的也包括沙俄政府，当时他们驻军北京，强迫中国政府签署协议。

集会之后民众在租界举行了游行，却遭到了英国警察的攻击。有3人发动了射击，大量游行者受伤，同时也有两名英国警察腿部受伤，此外还有一位"恰巧"路过的美国警察埃利罗德被竹棍打伤。

即便大部分工厂恢复生产后，有一些工厂和船厂中的工人和俄国白军还发生了冲突，但总体来说上海已经基本恢复平静。

轰轰烈烈的民族运动已走向衰落。

俄共（布）滨海省委员会总结报告

总体情况：

本人用一周时间做了详细的调查，在此强调，华人居民很少参与到苏维埃和党的工会组织活动中。例如，俄共县委员会对当地华工党员的情况并不了解。本报告中所列出的材料来源于华人工会、党和共青团组织。据观察，华人工作的主要问题如下：

党的工作：

尼古拉斯克—乌苏里斯克的华人党员共有3位，县委员会完全不清楚自己应该做什么工作。

他们虽然管理着一些成员，但这些成员之间却很少有联系。此外，在支部中也不开党员会议，不进行任何党的工作。这几位党员的具体情况如下：

1. 党员沈清河，1917 年入党，现担任县工会主席一职，负责华工的管理工作。该同志的汉语和俄语水平均较低，政治觉悟不高，在工会工作方面缺乏经验，因此其年度工作成果甚微。此外，该同志在工作中缺少计划性。然而，该同志虽然存在诸多缺点，但在尼古拉斯克—乌苏里斯克的三名华人党员中还算是最好的。沈清河同志能够做到尽量保护中国工人，独立进行工作。

2. 党员宋鸿文，1921 年入党，工作情况不详，其所属支部县委员会也无相关资料。政治及文化水平较低，没有固定技能，现不具有劳动能力。因被华人社团打伤，现在医院就医。

3. 党员安德烈·李，1922 年入党，警局工作，从不参加会议，文化水平较低，会说俄语，不会书写。该同志曾在刑事侦缉处和华人社团供职，现虽离开刑侦处，但仍有私人关系。该同志是华人社团的积极分子之一，现除了该社团活动外，已不参加任何党和工会工作。其在华人社团的积极活动主要如下：

（1）去年 11 月份打着国际革命人士援助会的幌子组织戏剧演出，但所得收入均中饱私囊。

（2）在华人社团的协助下从中国领事馆处获取回国签证。

（3）6 月 22 日参与了华人共青团员被害案件。

（4）名下开设一所妓院。

其他具体材料已附于本人提交给尼古拉斯克—乌苏里斯克县国家政治保安局的申请报告中。

共青团工作：

在少数民族俱乐部中有华人共青团员，现其中已确定的有五人。1925 年 6 月支部成立，但共青团在接收第一位团员加入组织时，并未给与应有的监督、筛选。于是在团支部中便出现了一位与团员身份格格不入的青年人，该团员的母亲是一家妓院老板，他与母亲住在一起，且不做任何工作，还不是工会成员。该团员的所有生活开支都来自妓院收入，这在很大程度上影响了团支部的声誉，更对其他有意愿加入团组织的青年产生了不良影响。

团支部工作从最开始便缺乏计划性。7月份从苏联列宁共产主义青年团调来了宋福同志，他制定了三个月的工作计划，确定了支部的工作形式和支部成员的职责，每周定期举行党员会议。列热夫同志担任政治部主任、华工文化俱乐部主任。

每两周举行一次支部总会，成员情况为：一位团员担任集体班长，其他人做手工业工作，另有一位无业人员，思想政治意识薄弱，大部分人只懂汉语。

文化工作：

在少数民族俱乐部有专门负责文化工作的主任，但是文化部门的工作效果不甚理想，华人对少数民族俱乐部完全不感兴趣。其中一个原因是俱乐部几乎所有成员都是朝鲜人，华人的报纸也只有《华工醒时报》，其他的文化书籍基本没有。

此外，朝鲜人基本不与中国人交流。本人亲眼所见，有一次华人计划在一个会议室召开无党派青年会议，这时来了一群朝鲜人，说现在他们要在这儿开会，让中国人把会议室让出来，中国人不得不去了另一个房间，这引起了一定的矛盾，由此中国人也不再愿意去俱乐部了。后来还有一次中国工人开会，想放电影。但是那群朝鲜人又催促他们赶快结束，并在华人作报告的时候关闭了会议设备，还开始捣乱，因此很多工人离开了会场。

在俱乐部的领导层中没有一位华人，原本计划划出一个专门场所给华人开办扫盲班，结果到现在也没付之行动。

华工安玉河致梁柏吉的信函

梁柏吉同志：

就在几天前，沈清河禁止学生去补习班学习，他想关闭扫盲班，总之他就是反对开设补习班，也反对俱乐部活动。他自己从来都不去开会，还阻挠别人参加。他作为会长，却比任何一个工人的工作态度都差。这样的同志如何能胜任领导工作。

我认为沈清河的行为与无赖没区别。他对待工人就像一个官僚老爷对待下人，他总是辱骂工人，并且欺负他们。我认为为了不让工人们再受他压迫，就应该把他开除。他对我的态度还算是好的，还把我叫"兄弟"，他说如果我不在补习班干了，他就想办法帮我找别的工作。我那时候想给补习班招生的时候，他就对我说别招了，他能给我找个别的职位，挣得比这多，我认为这种共产党员不配留在工会工作。

签名安玉河

1925 年

致俄共（布）省委员会及省工会理事会的信

几天前，我们提交了请愿书，请求解除尼古拉斯克—乌苏里斯克工会委员会会长沈清河的职务，但是到现在都没有得到任何答复，这使我们很担心，因为不知道这件事是否能有个了断。

几天前，沈清河企图逮捕一个工人，这个人现在已经逃回中国。此人给我们留下了一封信，请我们把信转交给公社。鉴于此信的重要性，我们所提供的仅为复印件。

31 位中国工人签字

1925 年 12 月 15 日

中国农历 12 月 18 日工人信函

约为俄历 1925 年 1 月 12—13 日

何同志：

敬上一函。我每天都认真工作，不久前来了一个山东人，他在公社工作，他让我把票卖给俱乐部会员，然后就逮捕了我。同志们都非常担心，恳请您到尼古拉斯克—乌苏里斯克调查此事。

徐兴忠及所有工人签名

华工古安福的信函

齐富、鄂同、明吉、鄂成：

我们的工会会长沈清河几天前想找警察逮捕我。我十分害怕，于是逃跑了。

此事之后我去了什维尔尼科夫公社主席那儿，但主席说他也爱莫能助。我非常惧怕沈清河，怕他把我送进大牢。他经常毫无理由的对工人进行打击报复，辱骂工人，还经常逮捕他们，并把他们抓进大牢。这次在大街上他也想抓我，但我跑掉了。我认为再有下次我就跑不掉了，所以我现在不敢住在尼古拉斯克—乌苏里斯克，于是就从那逃到了符拉迪沃斯托克。我觉得他很有可能会打死我，所以我只能逃回国内。现在我是不怕了，但是你们还留在尼古拉斯克—乌苏里斯克，跟我之前一样随时都会有危险，你们得盯着点儿他。当你们读到这封信的时候，别忘了请求公社主席赶紧把他解职，并且得教育他，让他有点责任心，只有这样公社才能保护我们的利益。如果我们公社还像原来那样工作，早晚得解散。

古安福签名

1925 年 12 月 18 日

尼古拉斯克—乌苏里斯克中国工人请愿书

俄共（布）省委员会及省工会理事会：

我们是尼古拉斯克—乌苏里斯克山区的工人，自从我们的会长沈清河到此处之后，所有人都遭到了他的压迫。他对待我们就像军官对待士兵一样，常常辱骂我们。他不分白天黑夜的吸食大烟，也不来公社上班，整天把钱大把大把地消费在各个商店和妓院。我们每次要是参加了游行或是公众聚会，回来就会挨骂。他就想从根源上让我们打消参加此类聚会的念头。我们参加完这种活动后除了遭殃就不会有任何好事。如果他还继续留在这里，那么对我们的工作将无半点益处，因为他除了对我们进行压榨之外其它什么事情都不做。

现在我们不需要他这种会长，故吾等特此向贵处请求尽快解除沈清河的职务，并恳请不要公开此事，同时也请委派其他同志接管其职位。

落款公社成员中国工人签字

1925 年 12 月 22 日

致梁柏吉和王华勋同志的信函

俄共（布）省委员会中国部拟解除尼古拉斯克—乌苏里斯克会长沈清河之职务。此人在得知此事之后诚惶诚恐，已然开始为自己在当地各职能部门寻求保护伞。他把自己的亲信现不确定是陈文福亦或是县工会委员会秘书长派到了符拉迪沃斯托克。后者将以官方名义对沈实施保护行为，我们获悉此事后立即向您汇报，恳请您给予此事高度关注。

签字：刘胜督、安玉河、王杰曼

1925 年 12 月 24 日

……尼古拉斯克之会长工作，并委派其他廉洁之人代替其工作。

31人签名：秦厄童、永发、鄂岭、张弼鄂、蔡琳、施泊、阿诺、闵琪、金琦、邝宇、鄂硕、孔□庸、鄱森、日清、徐峰丛、鄂城、项森、殷森、□吉林、孙发、鄂章、庆义、梅林、王三、王□、邰森、鄂驲。

1925年12月2日

附：此申请一式两份，省委员会及省工会理事会各一份。

致省委员会中国部及省工会理事会

由于我们会长沈清河得知关于上告其罪行一事，如今他在尼古拉斯克—乌苏里斯克到处托人保其职务。此外，他已委派其亲信去符拉迪沃斯托克斡旋此事。如此一来，我们希望提醒贵处留意此事，不要像尼古拉斯克—乌苏里斯克有关部门一样，被沈清河所误导。

如今我们四十余人已推选出一名代表赶往贵处，此人将全权代表吾等之利益，向贵处控诉沈之罪行。他随行带去了沈清河吸食大烟的账单。该账单为烟馆老板提供，以此证明沈去年除了吸大烟外毫无作为，他甚至在烟馆老板向其索要欠烟款之时密报了警署，以致无人再敢向其要账。

自本年八月当地政府肃清华人社团后，沈清河便开始实际掌控了中国工人的领导权，并且其对吾等之态度较之社团更为恶劣。他每日吸食鸦片逾3次，在公社中无所事事。最近几个月中他一次会议都未曾组织，对我们也是不闻不问。

如今吾等再次恳请贵处速将其解职，并委派廉洁正直之士接替其职位，以护吾等之利益。

42人签名

1925年12月24日

致俄共（布）省委员会及省工会理事会

我们是尼古拉斯克—乌苏里斯克的工人，赴省工会意在寻求贵处对吾等之利益加以维护，但是结果确非吾等所愿。会长沈清河以各种方式对我们进行压榨，对待我们有如奴隶。他从来不去办公室上班，所以我们也从未接受过他的任何工作指示和说明。即便是我们偶然在办公室见到他，也不是因为想向其倾诉吾等之请求，取而代之的却是无尽责骂。在公共会议上他也对我们进行肆意训斥。我们认为，贵处在他对我们的态度问题上的判断是有误的。此外，他在以往我们参加的游行活动中还骂我们是"混蛋"、"狗娘养的"。

恳请贵处体会吾等所处之境地，沈会长对我们的态度比之前的华人社团待我们更恶劣，我们认为沈清河才是我们真正的敌人。

此外，他还常游走于妓院、赌场、大烟馆，在那里挥霍钱财。我们不想要这样的会长，然而在尼古拉斯克—乌苏里斯克却无法处置他，因为他到处都有势力，故尔吾等工人之辈恐于其淫威，无法在当地投诉其恶行。

我们只能寄希望于俄共（布）省委员会和省工会理事会，恳请贵处秘密解除吾等敌人之职务，阻止其滔天恶行。

申述人签名：李熙财、刘考祐、张鹏仁、庞勇德。

尼古拉斯克－乌苏里斯克中国工人致俄共（布）省委员会及省工会理事会请愿书

县工会委员会会长沈清河得知我们状告他，并且写了40封请愿信后十分害怕，因此我们担心他会对我们进行打击报复。因为他跟县工会主席布特杰维奇私交甚好，后者也是沈清河的靠山。故而我们恳请省委员会中国部能够尽快敦促此事的进展，并解除沈之职务。他一旦知晓是我们告的状，定会反击。吾等特此请求贵处立即罢免其职务，并任命新会长，亦望新任之会长能维护吾等之利益。刘宁祖同志将赶赴符拉迪沃斯托克，我们将把此重任委托于他，希望贵处能获悉此事。

45位工人签名（汉语签名）
1925年12月

华工安玉河致梁柏吉同志的信函

梁柏吉同志：

前天我曾赴符拉迪沃斯托克购买教学用具，在当地逗留了9天，已于12月22日返回尼古拉斯克—乌苏里斯克。然而当我于12月23日去县国民教育局领取工资之时，他们告诉我说只能给我发20卢布工资。我不明白为什么会这样。12月24日沈清河告诉我，县教育局不能支付给我更多的工资，并通知我自1926年1月1日起，我将改任到学校教书。我向其提出申请，说我无能力承担教师一职。他却答复我说，不管怎样我都须同意。现在我已知晓，是沈清河把县教育局的领导们给哄晕了，这严重妨碍了我们的工作。因此本人再次请求解除其职务，因为他滋长了反革命风气，他还与其他同志有私人的账务往来，这对他来说很重要。

本人认为只有省政府机关才有能力干预此事。

签名：安玉河

1925 年 12 月 27 日

——俄共（布）滨海省委员会中国部材料（部门会议记录、

华工会议记录、华工名单）1925 年 3 月 8 日—1925 年 12 月 27 日

1926 年 12 月 16 日俄共（布）省委员会 符拉迪沃斯托克 32 号文件报告

地点：符拉迪沃斯托克

报告：关于所属工作领域和范围的负责人员的附件。

决议：梁柏吉同志 1922 年入党，所属地区：苏俄，派别：党员。

签字属实

附 1：

梁柏吉同志简历

本人出生于 1900 年，祖籍中国浙江，父母均为农民，他们租赁土地从事农耕，只有在收成好的时候才能给自己留出余粮。

自 1921 年起本人来到俄国学习，因此放弃了工作。1921 年 10 月至 1922 年 8 月在伊尔库茨克苏共党校中国部任教，1923 年 12 月至 1925 年 1 月 15 日在符拉迪沃斯托克华人报纸《华工醒时报》报社任主编，自 1925 年 1 月 15 日开始，按照上级指示，被委派至劳动部，任主任一职，在那里工作了 11 个月，自 1925 年 12 月 15 日受委员会主席团派遣，调任至省委员会工作，任职省委员会主任，主管东方工人，直至 1926 年。

除了在省委员会工作外，本人自 1925 年 7 月起至今还在俄共（布）省委兼任中国部主任一职。遵照俄共（布）省委员会指示，自 1926 年 8 月调转至俄共（布）省委员会中国部担任主任一职。本人作为一名工人党员与人民群众时刻保持密切联系。在个人财产方面，除了工资外什么都没有。

在中国中学毕业后，本人曾在师范学院学习两年，但由于贫困没能修完学业。后肄业于莫斯科东方劳动者共产主义大学。在最近两年一直进行自学，阅读苏维埃建设方面的书籍。

· 377 ·

本人于 1920 年在上海入团，按照组织要求做学生工作，也曾在上海青年团组织工作过。1922 年在莫斯科入党，入党动机为下列原因：看到作为半殖民地国家的中国人民处于水深火热之中，受外国列强和中国封建社会的压迫变得更加贫困。这激发了中国劳苦大众摆脱封建主义和帝国主义魔掌的意识，也是当前的主要任务。但并不是所有人都明白这一点，我也曾经有过这种迷茫。但自 1918 年学生抗日活动后，社会主义科学渗透到了中国。那时我还在师范学院学习，在接触到了社会主义思想，知道了俄国十月革命后，我便萌发了共产主义意识，但当时还不是一名党员。在 1920 年成立了团组织和党组织后，我立刻入了团。1924 年至 1925 年在符拉迪沃斯托克第二区 26 号支部工作，1925 年 7 月至今担任中国部主任。

　　在 1920 年之前一直在学习，因此没有参加过任何革命活动。

　　我希望回到中国参加中国革命，因为那里的工作更需要我。

1927 年 2 月 17 日

符拉迪沃斯托克

梁柏吉

——符拉迪沃斯托克滨海边疆区国立档案馆

　　附 2：

梁柏吉个人档案

党内材料

1925—1927 年

姓名：梁柏吉

党票号：956228

发证机关：俄共（布）党组织符拉迪沃斯托克 2 区

工作地址：符拉迪沃斯托克

工作单位：劳动部

职务：主任

　　附 3：

俄共（布）党员统计表

党支部所在地：符拉迪沃斯托克，省份：滨海省 2 区；

所属党支部：华工支部；

姓名：梁柏吉；

性别：男；

出生日期：1900 年；

年龄：24 岁；

掌握语言：汉语，除汉语外还掌握俄语；

是否有宗教信仰：无；

除本人外其他家庭成员、受赡养者：0，工作者：0；

是否接受过教育：是；正在接受教育还是曾经接受：曾经；

教育经历：

中学（中国）5 年毕业，

东方劳动者共产主义大学 2 年肄业；

社会背景：

祖父：农民；

父亲：同上；

母亲：同上；

工作始于 22 岁；

1917 年之前职业：学生；

从事上述职业时间：8 年；

1915—1920 年学生，中国；

1920 年 3 月—10 月，上海印刷厂工人；

1920 年 10 月—1921 年 5 月，上海报社记者；

1921 年 10 月—1922 年 8 月，伊尔库茨克党校教师；

1922 年 8 月—1923 年 10 月，莫斯科东方劳动者共产主义大学学生；

1923 年 12 月—1925 年 1 月，符拉迪沃斯托克华人报纸《华工醒时报》编辑部主编；

1925 年 1 月至今，劳动部主任；

工资：96 卢布；

是否入狱：否，流放：否，政治移民：否；

加入工会时间：1923 年；

现在是否从事专业工作：否，如从事请列出具体工作：无；

是否参军：否；

如您是公民或工人是否在农村有亲属：否；

是否从事农业工作：否；

工作地点：符拉迪沃斯托克；

填表时间：1925 年 1 月 29 日。

附 4：

统计表格

省份：滨海省；

党组织所在地：符拉迪沃斯托克 2 区；

姓名：梁柏吉；

出生日期：1900 年；

国籍：中国；

母语：汉语；

掌握其他语种：俄语（说、写）；

俄罗斯联邦熟悉地区：滨海省；

社会成分：农民；

主要社会活动：

1914 年以前：学生；

十月革命期间：学生；

职业：记者；

家庭情况：未婚；

教育程度：中学（中国）5 年毕业，在东方劳动者共产主义大学 2 年
肄业；

是否参加过军事活动：否；

是否去过国外，时间、地点、目的：中国，学习；

俄共（布）组织：滨海省；

是否其他党派成员：否；

1917 年前是否参加过革命活动：否；

是否有犯罪记录：否；

是否有党组织违规记录：否；

是否残疾：否；

马克思主义理论了解程度：较少；

中国列宁学校党支部俄共（布）党员杨新松申请

在 1937 年 10 月 10 日召开的党支部会议上，叶果洛夫强调，之前存在的驻符拉迪沃斯托克华人党支部为反革命组织，并要求将人民的敌人诺索夫开除党籍的建议写入党委会决议中。如果叶果洛夫同志的建议是正确的，那么必然会出现一个问题，即我在党内的工作问题。因为我的政治生涯就是从驻符拉迪沃斯托克华人党支部开始的，并且本人所接受的政治教育也是由这一组织成员在 1925—1927 年的苏联党校中培养的。但据我所知，这一组织并不是反革命组织，他只是在部分工作中违背了共产国际章程中的个别条款，特别是在教育干部方面。

境外党支部是中国共产党组织和发展的历史产物。在 1921—1925 年间，他是中共中央委员会针对境外党员开展工作的组织机构。该机构直接隶属于中共中央委员会，其成员按时向中共组织上交党费。在中国共产党成立初期，这类组织最早成立于法国。其中有很多成员在加入中国共产党后由法国来到莫斯科的东方工人共产国际大学学习，也正是由这些成员成立了旅莫支部。1923—1925 年一些中共党员来到了符拉迪沃斯托克，这其中就包括一些从法国和莫斯科到来的党员同志。他们到来后，在经中共中央批准后，在符拉迪沃斯托克成立了中共党小组。该组织成员有霍景良（在 1927 年被蒋介石杀害）、梁柏吉（现就职于中国苏维埃政府司法处人民委员会）、王奇岳（前任苏维埃党校中国部主任）等。自 1925 年诺索夫同志开始与他们共同工作。1926 年起，在中共中央和中共上海党组织的领导下，符拉迪沃斯托克中共党小组不断扩大。其中包括新成员有上海工人和工作者马松、刘毅、吴良材（现就职于工业联营社）、张兴宏（现已被开除党籍）等。其中也有一些受过良好教育的中共党员，如金山（现在哈巴罗夫斯克边疆区工作）、陈伟亦（又名契诃夫，现就职于列宁学校），还有在该小组解散前来自中国国内的艾米箫（箫梓仓）。

该中共党组织由两类人员构成。其中一部分既是俄共（布）党员，又是中共党员，而另一部分则仅为中共党员。1925 年以前，该党组织的组长为霍景良，1925 年以后为梁柏吉和王奇岳，兼顾俄共（布）和中共党员的人同时向两个组织缴纳党费。该组织会议一般为非公开进行，会议通常会对中共党组织活动进行讨论。这类会议党的积极分子成员都会知晓，但一般不通知当地俄共（布）的苏联党员。

当时在符拉迪沃斯托克中国共产党的各种领导工作都由当地驻外党小组组织开展，主要包括培养华人干部。但是在培养干部的时候却出现了一些错误。该小组成员对其培养的干部（例如党校学员）的管理过于严格。甚至这些学员个人生活中的琐事都被严格监管，每天都要进行批判会，讨论一些生活中鸡毛蒜皮的小事。例如，哪位学员吃饭的时候剩了一小块面包，谁追求女孩了等等。

1926 年起，共产国际执行委员会做出决定，关于取缔中共驻外党小组。该决定最终于 1927 年第五届中共大会上通过。1927 年 6 月得到中共中央指示，开始撤销驻外党小组。后来又有党小组成员出面组织关于撤销党小组的会议，但这次会议被认为是违反规定的。因为，一是关于撤组问题早在党的会议之前就已经决定了；二是会议组织者宣布取消境外小组活动是惧怕来自反对派，即为那些所谓的"江苏帮"和"浙江帮"的指责，而后者的大多数成员现都已被开除党籍（塔科挈夫、马雷舍夫等）。

此次会议是有违原则的。这也直接导致中共驻外党小组被误认为是反革命组织，其实这是错误的结论。本人作为非该小组成员也出席了本次会议，该会议主要讨论的就是关于取缔境外小组的问题，在会议上本人并未听到任何反苏维埃及反革命性质的发言。

反对派"江苏帮"和"浙江帮"称境外小组是共产党的第二个党派，认为其是反革命组织，这种评价是完全错误的。确实，在这一党组织中曾经出现过叛徒，诸如诺索夫、张兴宏之流。但是其他领导成员所有人都是中国人民的忠实儿女，如霍景良、梁柏吉等。故而，这一小组完全不是反革命组织，它只是中国共产党的一个组织机构，虽然在工作中还有不足。

综上，我并不认为自己是一个被反革命组织培养出来的干部，也并不认为自己参加那次会议有错，因为我过去及未来都将是一个拥有正确立场的党员，并且励志为共产主义奋斗终生。

我的错误仅仅在于，自 1925 年就认识了诺索夫，却没有尽到党员应有的责任去识破这个敌人。

1937 年 10 月 14 日

杨新松

——滨海边疆区国立档案馆《俄共（布）党员杨新松同志 1937 年 10 月 14 日海参崴中国列宁学校党委会工作申请》

1930 年 1 月阿尔焦姆地区党委会函

阿尔焦姆地区党委会决定组织印刷汉语书籍，在制定印刷计划时需考虑以下因素：如优先印刷哪些书籍及其所需数量等。

请告知你们缺少哪些书籍，以及需要优先印刷何种书籍（包括具体名称及数量）。

申请须于 1 月 18 日前提交。

吉谢列夫

1930 年 6 月 28 日 3006/党 2202 号文件

俄共（布）符拉迪沃斯托克区群众部

现转发东方工人政治文化工作计划，请贵部门确认，并对尼古拉斯克—乌苏里斯克地区东方工人的群众工作给予重视。

军事建设管理局政治处 22 号文件

弗兰克·纳杰诺夫

远东军事建设管理局东方工人工作计划

概　　况

当前在尼古拉斯克—乌苏里斯克地区工作的东方建筑工人将近 250 人，未来可能数量还会增长。他们大多居住在工人营房里，其余住在城里。

这些工人中有不少都吸食鸦片，或是存在一些旷工情况。此外，他们中还有人参与赌博，还有一些鸦片吸食者宣传反动言论，并与国外及外国反动势力保持联系。

在吸食鸦片时，工人在交流过程中受到消极思想的影响，动摇了他们的进步意志，有些人甚至产生厌恶劳动的情绪。因此，吸食鸦片严重影响了工人工作积极性及其思想进步。

现有情况的产生，一部分原因是对工人政治文化教育工作的放松造成的。工人在 8 小时工作日结束后无所事事。另外，工人的伙食情况也较差。虽然现在工人食堂增添了一些新设备，但是东方工人仍然很少前往就餐，主要是由于他们仍未习惯集体堂食。

工人在拿到食品后仍然习惯自己烹饪，这也造成宿舍厨房的拥挤，出现烹饪工具缺乏的现象等，上述种种现象皆是造成工人工作消极态度的原因，包括旷工、迟到等。

总之，我们认为要想改善现状，我们必须加强管理工作，在工人中强化纪律意识和工作积极性。其中包括可以成立工人突击队，组织各种社会竞赛，以保证我们的建设工作能够百分之百地完成。

工作方法：立即着手建设东方工人食堂，当然也包括其他民族工人食堂。在食堂里开设东方工人红色宣传角。从小组委员会收取 200 卢布用于购买东方文化书籍，必须订阅报纸《先锋队》和《工人之路》，开办东方工人图书馆，开展文化教育工作，使工人能够不断完善自我，提高文化水平；号召组织工人开展建设委员会选举工作；在现有条件下加快建设室外活动场地，电影院，开设讲座，开办日报，及各种答疑会等。在室外开展各项活动有助于建筑工人对政治文化生活的理解。

此外，每个月要按照工作日历开展各项工作，日历中应规定思想交流的次数、政治学习情况及业余小组活动等。

将开展的各项措施均有助于调节工人生活，提高其文化修养。

1930 年 7 月工作计划：

（1）时事政治——12 小时；

（2）教育文化——40 小时；

（3）政治经济（中苏关系）——9 小时；

（4）劳动纪律——6 小时；

（5）国内政治——3 小时；

（6）业余活动小组——22 小时；

（7）电影——休息日进行

以上共计每月 92 小时，即平均每天 3 小时，用来充实工人工作之余的生活，而休息日则平均占用 4 小时。体操及电影可以利用每天晚上的休息时间开展。

军事建设管理局政治处 22 号文件

弗兰克·纳杰诺夫

1930 年 6 月 25 日

——滨海边疆区国立档案馆《第一届边疆区青年劳动者大会纪要、中朝党务工作者名单及信息、民族工作材料（1920 年 1 月 26 日—1930 年 6 月 28 日》

1925 年 9 月 24 日《华工醒时报》（总第 110 期）摘抄文章译文

华工工会会议公告

我们看到了华人社团的报纸，其中刊登了中国驻符拉迪沃斯托克领事馆 8 号公告："一些中国居民以公社名义行违规之事。如在食堂吃白食，去剧院不买票等。此类行为有违规定，领事馆将以官方名义采取相应措施，等等……"

我们不清楚这些言论的依据是什么，如果工人真的做出了有违规定之事，那么这些人肯定会被警局查处，并依据苏维埃法律进行惩罚。但此类事件并无登报之必要，一旦事情属实，确定其违反苏维埃法规，必遭严惩。

但如果上述事件仅为谣言，则在报纸上武断刊载此事实为不妥。因为这类事件实在是有辱我等组织之声誉，并会引起不必要的矛盾。

无论如何，此事不能一言以蔽之。况且此类事件也不宜刊载。贵处作为华人领事馆实应考虑到这一点。如偶为此文，则也许该事对贵处另有深意也未可知。

贵处在符拉迪沃斯托克刊载此事之后，在华人居民中出现了一些反公社的现象。望贵处对此事予以负责，因为这严重影响了华人居民之安定。

华人俱乐部主任：王宏旭译

1925 年 9 月

符拉迪沃斯托克

三　统计、名单报刊摘译及其他

1925 年 9 月 24 日《华工醒时报》（总第 110 期）中刊载了一篇译文

此文在部分报纸读者中引起了强烈反应。该文阐述主旨实为不妥，带有严重的反苏维埃的敌对情绪，就此事有必要给出相应解释。

在此我们想强调一些不争的事实，在资本主义国家中，其社会体制的本质即为，不可能对工人阶级的权利和利益作出保护。他们只是资本主义国家的统治工具。在此基础上的这些政府机关作出的所谓"平等对待"的声明毫无说服力。"一切财产归所有公民所有"这一阶级思想才是正确的。资产阶级成员在社会地位上与无产阶级不同，他们视后者为被剥削阶级。

很遗憾，被发表之译文实属我报监察不力。该译文中包含了一些抨击中华民国官方政府的色彩，并带有敌对立场。众所周知，苏维埃劳动者无意破坏与中华民国政府所缔造之友好协议，故尔在此本报郑重声明我方观点。

报社编辑部

俄共（布）党员统计资料

姓名：谷赫世；

性别：男；

出生日期：1892 年；

国籍：中国；

母语：汉语；

本人成分：工人；

入党之前主要工作：装卸工人；

工作时间：8 年；

教育程度：低；

预备党员时间：1928 年 12 月 20 日；

预备党证号码：877；

加入预备党员地点：符拉迪沃斯托克；

是否曾经加入共产党及退党原因：否；

是否其他党派人士：否；

是否是团员：否；

工作简历：

符拉迪沃斯托克，工人，1917—1920 年；

苏城，1920—1929 年。

姓名：桂斯基；

父称：尚·尼古拉耶维奇；

性别：男；

出生日期：1905 年；

国籍：中国；

母语：汉语；

本人成分：学生；

教育程度：东方劳动者共产主义大学；

预备党员时间：1929 年 4 月 13 日；

预备党员年限：2 年；

转正时间：1931 年 8 月 20 日；

预备党证号码：159788；

党证号码：0602　2454123；

加入预备党员地点：中央指挥所（布）；

转正地点：符拉迪沃斯托克；

是否曾经加入共产党及退党原因：否；

是否是团员：1924 年；

远东革命委员会行政管理部 1923 年赤塔滨海省管理部选举材料

就滨海省委员会所讨论的"关于建立朝鲜革命委员会远东部的问题"阐明如下：

成立与苏联民族委员会具有同等权利的朝鲜革命委员会，以及其他民族革命委员会是行不通的。

将来在改选革命委员会执行委员会时，苏联民族委员会将作为选举组织与在农村的朝鲜居民一起工作，朝鲜人在农村是与其他居民混居的。

朝鲜人和其他外国公民一样可以参与政府的选举。这类外国公民包括不能享有与苏联公民一样权力，但符合俄联邦宪法第六十四条第二十款要求的，居住在苏联领土上的劳动者、无产阶级和未从事其他劳动的农民。

对上述人员身份的认定，及上述具有选举权和被选举权的公民的认定工作将由滨海省委员会进行。

核对：办事员卡尔金

复核：省执行委员会管理处办事员

签名

选举证明

在选举符拉迪沃斯托克市政府代表时，该城市及郊区居民共计登记出席华人 1001 人。

其社会成分主要为搬运工人和其他劳动组合的成员，公务员占极少数。

其中登记总数的 74%，即 743 人参加了选举。

共计 5 位代表入选市政府。此外，还有两位候选人。具体情况如下：

1. 鞠北堂，34 岁，教育程度：中国小学五年级，职业：农民摄影师，有房产和 1 俄亩土地。已婚，俄共（布）预备党员，由于在朝鲜团部做翻译，故免于入伍，无正式工作。家庭住址：北京大街 27 栋 14 号。

2. 王应宗，41 岁，教育程度：低，搬运工人，已婚，俄共（布）党员，苏联国家政治保安局任职，任朝鲜部翻译。家庭住址：北京大街 27 栋 14 号。

3. 霍景良，23 岁，毕业于师范学院，职业：教师，工人无产阶级，未婚，俄共（布）党员，省工会委员会中朝部教员，未参军。家庭住址：北京大街 27 栋 14 号。

4. 李衡庚，33 岁，中国朝鲜族，教育程度：低，办事员，家庭成分：农民，无产阶级，已婚，俄共（布）预备党员，职业：省工会委员会中朝部主任，曾任职朝鲜团部翻译。家庭住址：中央大街 44 号。

5. 李成，37 岁，毕业于市立学校，钳工，工人，已婚，无党派人士，未参军。家庭住址：北京大街 10 栋 10 号。

候选人

1. 刘福，41 岁，工人，无党派人士。

2. 沈清河，俄共（布）党员，警局工作。

俄共（布）滨海省委员会
符拉迪沃斯托克

——符拉迪沃斯托克滨海边疆区国立档案馆资料《俄共（布）滨海省委员会符拉迪沃斯托克委员会选举材料》1923 年 1 月 20 日至 1923 年 7 月 22 日

1923 年滨海省劳动部及招工就业处活动记录

概况：

劳动监察员向省委员会进行定期汇报，以实现对工作及时有效的监管。根据苏联远东地区劳动法，自二月中旬起，招工就业处有权在职权范围内开展相关工作，相关公文置于有经验人员处存放。该工作由招工就业处管理，实行登记制，有效监督违规招工，加快就业效率。同时还要提交有关招工就业处办公楼维护的申请。

委员会管理工作：

本年度 2 月 15 日省劳动委员会紧急命令，本年 2 月 14 日收到"关于组织成立招工就业处"等通知的电报。该工作需立即着手进行，通知工会理事会执行处、人民经济委员会、县肃反革命委员会办事处关于委任各自代表的工作。第一次组织会议拟定于 2 月 20 日晚 6 点召开。会议上由委员会主席做关于组织和工作情况报告，制定工作计划，确定下次会议时间为今年 2 月 26 日，招工就业处主任斯达尔科夫同志将作为代表进行汇报。汇报内容为招工就业情况。

2 月 26 日第二次会议内容为：

1. 议事日程。

（1）委员会主席作报告；（2）招工就业处预算；（3）针对违规招聘行为采取相应措施；（4）分析反黄种劳动力非法组织的斗争计划；（5）关于招工就业处警卫管理工作；（6）例会。

2. 委员会代表斯达尔科夫同志作报告。（纳入计划）

（1）招工就业处内部情况；（2）劳动市场情况；（3）招工就业处登记工作；（4）住房及免费医疗工作。

3. 1922 年 2 月 7 日，劳动人民委员会招工就业处 155 号预算报告。（包括款项：地方开支、一次性补贴、招工就业处活动经费。）

4. 关于采纳反违规招工的意见。报告人波波夫同志，招工就业处代表。

（请人民代表大会尽快研究招工就业处代表波波夫同志的报告，向劳动部执行委会提交申请，等候决定。）

5. 研究反黄种劳动力非法组织的斗争计划。（需在工会代表大会之前解决此问题，并委托波列奥波拉仁采夫同志办理此事。）

6. 关于招工就业处警卫管理工作。（找省工人警察局领导商讨本区警备部署及招工就业处附属警卫局事宜。）

7. 关于组织本部门例会。（例会将于本年度 3 月 12 日晚 6 点在招工就业处办公楼召开。）

办公文件：

随着省革命委员会规模的扩大，办公文件也随之增多。一些重要文件和证明材料需立即上交，并将主要案卷妥善保存，待办事宜须立即解决。

无业人员登记：

据观察，无业人员不断增多。根据上级命令，除招工就业处外，其他部门均无资格进行招聘工作。无业人员可自愿到此寻求工作，雇佣方将承担责任。下列工人可以进行登记：从事森林采伐、渔业等职业的人员。报名人员可以直接与雇佣方商谈条件，并赴任工作。登记工作需长期进行，每天按职业和专业进行分类整理，并统计每天信息，以便提高效率。

在上述信息中并不包括从事短期工作的无业者，这类人群数量每日大概能达到 800 人。

反对违反招聘规定的行为：

截至今年 2 月 20 日，招工就业处已授权一处代理机构。从 2 月 16 日开始根据招工就业处申请，省委员会同意委托一处代理机构在该处工作，其职能为负责招聘事务，该项工作现已步入正轨。在招工方面除了通过指定代理机构，公民的个人申请也可以按规定得到受理。从 2 月 10 日起至 3 月 1 日，共计受理申请 18 件。值得注意的是，尽管招工就业处不止一次声明，并向省委员会进行了反应，但仍存在个别机构和部门进行私自招聘的现象。这种招聘有违招工就业处的工作计划，也易遭至无业人员的非难，还将损害招工就业处工作的积极性。按规定只有招工就业处才是符合劳动法的招聘部门。

招聘程序：

招工就业处规定了严格的劳务派遣程序。根据劳动法规第九条：1. 规定程序；2. 提交至工会；3. 提交至游击处；4. 提交至俄共青团；5. 部队复员处；6. 确定登记牌顺序。近期招工就业处收到了大量的政府机关的用人需求。所有手续必须严格按程序进行。根据劳动法第九条规定，"当招聘岗位对工作人员政治面貌、专业知识等有特殊要求时"，招工就业处必须按所需要求进行委派。但大多数用人单位提供岗位都是清洁员、护院工等。近期招工就业处收到的用人申请中，对所招人员提出的要求更加具体化。

医疗卫生工作：

自 2 月 20 日起招工就业处采取紧急措施，旨在执行人民劳动委员会 1922 年 12 月 7 日下达的《关于招工就业处医疗卫生状况的规定》，上交至委员会的预算已经审核通过，并已立刻提交至劳动部。具体预算如下：安装烧水设备、铺设供水管道，每日进行两次符合医疗卫生部门标准的消毒工作。

招工就业处安保工作：

上面已经提到，招工就业处向工农警察局提交了申请，并阐述了其现有状况。在工作过程中会遇到醉酒者前来求职，有时还会遇到辱骂工作人员的求职者，也包括其他一些突发状况，此类事件严重影响本部门的正常工作秩序。鉴于此种情况，招工就业处已向工农警察局领导提交了申请，希望能在本部门设置安保部门，在早9点至下午3点期间进行秩序维护。迄今为止这项申请并未得到答复。招工就业处曾多次致电港务部门，向其寻求警务帮助。港务部门领导也多次指挥警员进行帮助。但今年2月19日，当就业处再次请求支援时，却被港务部门告知没有多余警员可以出警。于是再次向就业处所在的工区警局提出申请，而此申请却再次被拒绝。该情况已经向劳动委员会汇报过，后者也于今年2月28日向省工农警察局领导提交了146号申请，希望能在招工就业处设置常驻警备所，工作时间为早9点至下午3点，职责为配合代理机构完成招工部门工作，但目前为止仍未得到答复。

关于待业华人及朝鲜人的问题：

这不但是一个非常严肃的问题，对于招工就业处来说也是个新问题。根据前面提到的招工就业处职责，其中包括有义务对华人及朝鲜人进行相关的解释工作。由于他们中大部分人都不懂俄语，因此需要一名专职翻译配合进行劳务登记工作。该翻译最好是俄共（布）党员，熟知工作内容，并能向前来此处的华人和朝鲜人解释工会管理的意义以及劳动保护的意义。根据苏联工农劳动法规定的雇佣关系，大部分中国人和朝鲜人都受雇佣于包工头，且缺乏组织性。关于这个问题，招工就业处已在提交给委员会的报告中进行了阐述。如果将朝鲜和中国劳动者进行详细统计的话，则其数量将是俄籍劳动者的三倍以上。需要注意的是，由于华人和朝鲜人的工作和生活环境恶劣，导致其感染传染病的机会增多，与欧洲工作者相比，他们更具一定的危险性。

法律问题：

根据宪法第132条规定，受招工就业处以及劳动监管处委托的代理机构对其指派的就业人员应负责任。

招聘程序、要求及条件：

前来应聘人员应当场提出工作要求，可以通过致电或到招工就业处大厅办理登记手续。应聘程序如前面所提，在领取登记顺序牌后填写报名表格，最快5—10分钟便可得到一份工作。

工会工作:

目前与工会联系较少,尽管招工就业处已尽力改善,但此项工作仍存在严重不足,须在未来工作中加以改进。在招工就业处工作中要加入工会组织的代表。

——符拉迪沃斯托克滨海边疆区国立档案馆资料俄共(布)滨海省委员会
符拉迪沃斯托克《1923年滨海省劳动部及招工
就业处活动记录》1923年3月10日至6月5日。

阿穆尔州州委员会出具华侨入籍证明

1920年11月,文件号2233
签字　宫甲辰
出生地:中国山东省
婚姻状况:

证　　明

瓦卢耶夫·费德勒·瓦西里耶维奇,曾用国籍:中国,自愿加入俄国国籍,享有与俄国公民同等的义务与权力。特颁发临时证明,签字及盖章属实。特此证明。
颁发机关:(1)阿穆尔州外事处1920年2月27日;(2)革命委员会

阿穆尔州州委员会执行主席
外事委员会(公章)
秘书(签字)

证　　明

兹证明瓦卢耶夫·费德勒·瓦西里耶维奇原国籍中国,现加入俄国国籍,并隶属本管区范围内。签字及盖章属实,特此证明。
中国营一营营长
中国营一营(公章)

红军战士宫甲辰个人资料

姓名:宫甲辰(音译)
所属部队:军队中国部
部队名称及营区号:

所属部门：

签字：

姓：

父称：

名：宫甲辰

□年 1 月 18 日

贴照片处

个人资料

姓名：宫甲辰

出生日期：1884 年 9 月 27 日

省份：山东省

城市：莱州府

乡（县）：昌邑县

婚姻状况：已婚

家庭住址：昌邑县

教育程度：总体情况为受过教育

专业教育：演讲员

入伍前职业：书记员

入伍后职务：军校学员

入伍时间及入伍方式（自愿/应召）：1921 年 5 月 13 日，自愿，

团参谋

证　　明

宫甲辰为远东共产国际书记处中国部政治处工作人员，情况属实，特此证明。此证明有效期至 1921 年 12 月 31 日。

签字及盖章属实

依据 189 号文件命令特此出具本证明。

地方委员会主席（签字）

秘书（签字）

远东地区华人共产党支部 1920 年 12 月 18 日证明

宫甲辰为阿穆尔州中国工人联合会及布拉戈维申斯克执委会负责人。情况属实，特此证明。

为使其工作顺利开展，望远东地区相关部门给予帮助和支持。

主席（签名）

远东地区华人共产党支部（公章）

革命军事委员会政治部党校
第五高级军事教育委员会
1921 年 11 月 19 日

证　　明

宫甲辰同志为第五高级军事教育委员会革命军事委员会政治部党校学员，情况属实，特此证明。

特发此证明，有效期至 1921 年 12 月 19 日。

党校校长（签字）

秘书（签字）

全世界无产阶级联合起来！
滨海省俄共（布）委员会
符拉迪沃斯托克
1924 年 6 月 3128 号文件

滨海省俄共（布）委员会符拉迪沃斯托克出具姜莱、任佐鸣党员证明

兹证明姜莱、任佐鸣同志于 1922 年 9 月加入俄共（布）党组织，经审查批准其持有党证，证件号为 529469，颁发机关俄共（布）后贝加尔省党委会，颁发日期为 1923 年 6 月□日。

省党委秘书　普舍尼琴

主任　莫洛佐夫

成员　奥斯塔博夫

阿穆尔州州委员会
俄共（布）
1920 年 9 月 23 日文件号 1157
布拉戈维申斯克

阿穆尔州州委员会俄共（布）委任书

委任孔嘉勤同志为阿穆尔州俄共（布）党组织中国部委员，负责在第七军团华人士兵中开展宣传和组织工作。

阿穆尔州州委员会主席：

秘书：斯坦科娃

孔嘉勤同志为远东游击队及朝鲜军参谋部下属中国连副连长的证明

兹证明孔嘉勤同志为远东游击队及朝鲜军参谋部下属中国连副连长，情况属实。

批准该同志持有武器。

该证明签字及盖章属实，特此证明。

该证明有效期从颁发之日起，即 1921 年 7 月 26 日至 1921 年 10 月 26 日有效。

行政管理处代理主任

——滨海边疆区国立档案馆《俄共（布）成员证书及证明》1922 年

滨海边疆区符拉迪沃斯托克市内务人民
委员会警察局签证登记科外国人材料（部分）

（一）

1. 金英德	2. 金英铎	3. 金梅牛	4. 金明望
5. 金楠谢	6. 金纳兴	7. 金鹏楠	8. 金鹏礼
9. 金鹏盛	10. 金伯奈	11. 金萨娃	12. 金谢吉
13. 金生安	14. 金溪曼	15. 金希塞	16. 金盛春
17. 金杰奈	18. 金图庚	19. 金佳炯	20. 金九维
21. 金九边	22. 金汉久	23. 金哈库	24. 金航英
25. 金航盛	26. 金耿昌	27. 金鸿凯	28. 金昌塞
29. 金昌伍	30. 金昌舍	31. 金昌松	32. 金琦旺
33. 金琼赛	34. 金琼西	35. 金琼波	36. 金琼花
37. 金盛卜	38. 金圣景	39. 金圣舍	40. 金硕科
41. 蔡永青	42. 金玉谢	43. 金阳谢	44. 孔桑勇

（二）

1. 安业锡	2. 安鹏奥	3. 安谢莹	4. 王家胜
5. 王遂武	6. 王玉芳	7. 翁彭宁	8. 翁春盖
9. 国青	10. 龚春	11. 关中正	12. 景冠才
13. 叶书博	14. 康华倪	15. 康绍基	16. 康喜年
17. 康尚博	18. 康博尼	19. 康夫箫	20. 金·阿列克谢
21. 金·阿列克谢—瓦苏尼		22. 金·安德烈	
23. 金·弗拉基米尔		24. 金·尼古拉	
25. 金·巴维尔		26. 金贝尼里	27. 金本生
28. 金本锡	29. 金本舒	30. 金维吉	31. 金国邦
32. 金贵义	33. 金达恩	34. 金邓铎	35. 金邓艾
36. 金景虎	37. 金铎聂	38. 金菊莫	39. 金铎义
40. 金嘉松	41. 金耶谢吉	42. 金恩边	43. 金恩三
44. 金恩华	45. 金恩泰吉	46. 金恩赫	

（三）

1. 李玛利亚	2. 李翁锡	3. 李琼香	4. 李琼晶
5. 李佳恩	6. 李恩国	7. 李恩义	8. 李恩华
9. 李谢博	10. 李松城	11. 李苏倪	12. 李德苏
13. 李煌博	14. 李常春	15. 李忠航	16. 李玉
17. 林锡	18. 林常喜	19. 隆松喜	20. 马盖杰吉
21. 孟光铎	22. 穆平燮	23. 穆斌举	24. 倪·亚历山大
25. 倪·瓦西里	26. 倪白宓	27. 倪邦吉	28. 倪焕霓
29. 倪东华	30. 倪金松	31. 倪年维	32. 倪三玉
33. 倪桑渠	34. 倪谢杰	35. 倪森督	36. 倪苏吉
37. 倪文和	38. 倪海尼	39. 倪哈铎	40. 倪恒嘉
41. 倪岑吉	42. 倪岑欧	43. 倪昌玉理	44. 倪春玉理
45. 倪裘翁尼	46. 倪硕	47. 倪永吉	48. 倪玉河
49. 倪盖·阿列克谢		50. 倪盖·刚居尼	

（四）

1. 白温燮	2. 白行年	3. 潘文吉	4. 潘其谢尼
5. 帕克·亚历山大		6. 帕克·景河	
7. 帕克·菊谢	8. 帕克·恩谷	9. 帕克·恩菊	

10. 帕克·恩华　　11. 帕克·季林　　12. 帕克·尼金

13. 帕克·博侠吉　14. 帕克·锡恒　　15. 帕克·隋

16. 帕克·夏耕　　17. 帕克·夏青　　18. 帕克·翁诺

19. 帕克·昌义　　20. 帕克·查博　　21. 帕克·聪苏

22. 巴盖蒙　23. 巴义挂　24. 邢玉腾　25. 邢德

26. 宋翁达　27. 宋常舍　28. 森玉发　29. 森英景

30. 焦杰尼　31. 焦耿松　32. 焦锡杰　33. 腾安顺

34. 腾宫白琳　35. 腾佳航　36. 腾恩桂　37. 腾义博

38. 腾吉谢必　39. 腾那摩吉　40. 腾森维尼　41. 腾苏默

42. 腾森谢必　43. 腾特诺　44. 腾恒卓　45. 吉勇

46. 吉纳戈　47. 姜·尼古拉　　　48. 姜恒舍

（五）

1. 韩文内　　2. 韩齐裘　　3. 韩颖国理　4. 韩尼博

5. 韩同沃尼　6. 韩福金　　7. 黄本景　　8. 黄吉景

9. 霍宁恩　　10. 霍春波　　11. 贺明恩　　12. 贺穆雅

13. 蔡东尼　　14. 蔡兴家　　15. 宗辉　　　16. 曾英禄

17. 崔柳锡　　18. 崔·伊万　19. 崔·基里尔　20. 崔·尼古拉

21. 崔·罗曼　22. 崔博诺　　23. 崔本非　　24. 崔宫倪

25. 崔炯其　　26. 崔耶菊　　27. 崔本盖　　28. 崔本杰

29. 崔春义　　30. 崔泰恩　　31. 崔华诺　　32. 崔成贺

33. 崔裘其　　34. 崔额博　　35. 蔡春倪

（六）

1. 查英菊　　2. 查兴光　　3. 张锡平　　4. 郑·塔吉雅娜

5. 郑常吉　　6. 郑宏贝　　7. 舍盖亭更　8. 盛恩贵

9. 盛玉城　　10. 艾嘉戈　　11. 艾朋吉　　12. 余静佳

13. 余童曲　　14. 余其旺　　15. 余恒斌　　16. 余盖姆新

17. 余盖杭玉　18. 余翠宏　　19. 余菊恒　　20. 运文珍

21. 运戈翁　　22. 运三东　　23. 运谢博　　24. 运兴倪

滨海边疆区符拉迪沃斯托克市内务人民委员会警察局
签证登记科材料——申请从苏联回国中国人名单

1. 焦菊泽　　2. 杜发　　　3. 杜勇章　　4. 贾旭实

5. 贾盛庸　　　6. 贾贺恩　　　7. 景蔡　　　8. 马兴英

9. 马玉才　　　10. 倪成宗　　11. 裴启德

——滨海边疆区国立档案馆《滨海边疆区符拉迪沃斯托克市内务人民委员会警察局签证登记科外国人材料》1932—1947 年

杰普洛夫同志个人资料

中共团员，中共党员，1923—1926 年在中国工作，在团组织工作 2 年，在部队服役 8 个月，在师范学院学习 4 年，1926—1928 年在共产国际大学学习。1928 年考入列宁格勒政治军事学院，学习 1 年。11 月调到哈巴罗夫斯克任翻译。

1930 年 1 月 1 日—4 月 1 日发放出国签证情况

出境人员	申请数量（人）	拒签数量	批准数量	备注
外国人及朝鲜人	198	1	197	
中国人	995	—	995	
合计	1193	1	1192	

俄共（布）符拉迪沃斯托克边疆委员会姜醒红同志统计华侨华人数字

关于外交部注册一事，我找到以下的材料。本年一月一号计算：

1. 在此久住的：工人 635 人，职员 92 人，手工业者 177 人，专门人才 5 人，农人 7 人，商人 69 人，学生 3 人，其他 40 人，妇女 85 人，共有 1113 人。其中 19 岁到 45 岁 989 人。

2. 在此临时住的：工人 29082 人，职员 2274 人，手工业者 3351 人，专门人才 159 人，农人 3338 人，商人 2418 人，学生 16 人，有家属者 1021 人，同时妇女也就是 1021 人，其他 850 人，共有 42509 人。

总共四万三千六百二十二人，其中有妇女一千一百零六人，有工人二万九千七百十七人。

证明本州约有华工还未登记的当然不少。

从一月一号到四月一号领到出口字走的共有九百九十五人。

1930 年 4 月 23 日

截至 1930 年 1 月 1 日外国居民情况统计

| 国籍 | 居民类别 | 工人 | 公务员 | 手工业者 | 自由职业 | 农民 | 工厂主 | 商人 | 神职人员 | 无业人员 | 学生 | 少先队员 | 受抚养者 | 科研人员及游客 | 外国使团工作人员 | 列车员 | 其他 | 共计 | 其中男性人数 | | 女性人数 |
																		总数	19—45岁	
中国人	常住居民	635	92	177	5	7	—	69	—	—	3	—	85	—	—	—	40	1113	1028	989	85
	临时居民	29082	2274	3351	159	3338	—	2418	—	—	16	—	1021	—	—	—	850	42509	41488	41003	1021
	申请保留外籍	27512	3179	5355	81	2818	—	52	—	—	22	—	931	—	—	—	96	40046	39115	38979	931

1930 年符拉迪沃斯托克地区中国自由劳动者名单

	姓名	政治面貌	教育程度	工作地点
1	王祥宝	俄共（布）	党校	地区俄共（布）指导员
2	左　林	俄共（布）	无	州工会委员会指导员
3	刘志宁	俄共（布）	无	市俄共（布）指导员
4	王洪勋	俄共（布）	共产国际大学	莫斯科州委员会装卸工人第四分部代表
5	蔡弘玉	俄共（布）	党校	工业联营社
6	姜醒红	俄共（布）	无	五一俱乐部主任
7	许　才	俄共（布）	无	工业联营社
8	祁少华	俄共（布）	无	工业联营社
9	季树祥	俄共（布）	无	工业联营社
10	宋桐红	俄共（布）	职业培训班	中央工人合作社食堂主任
11	吉　日	俄共（布）	共产国际大学	工程师俱乐部
12	黄希庆	俄共（布）	职业培训班	教师
13	刘梁玉	俄共（布）	党校	阿尔焦姆工人工会
14	徐硕唐	俄共（布）	职业培训班	党小组指导员

续表

	姓名	政治面貌	教育程度	工作地点
15	王春三	俄列共青团员	党校	阿尔焦姆工程师工会
16	溥正兆	俄共（布）	共产国际大学	市委会
17	拉特内	俄列共青团员	共产国际大学	人民法院
18	马雷舍夫	俄共（布）	共产国际大学	国家政治保安局
19	鲍耶尔	俄共（布）	共产国际大学	翻译
20	斯塔干诺夫	俄共（布）	共产国际大学	党校教师
21	科瓦尔斯基	俄共（布）	共产国际大学	党校培训班主任
22	伊利琴科	俄共（布）	共产国际大学	党校教师
23	诺维茨基	俄共（布）	共产国际大学	工人大学教师
24	瓦列茨基	俄共（布）	共产国际大学	党校培训班教师
25	瓦列里	俄共（布）	共产国际大学	阿尔焦姆扫盲班
26	卡斯塔里斯基	俄共（布）	共产国际大学	工人大学中国部主任
27	王庭兴	俄列共青团员	党校	党校培训班教师
28	秦图旭	俄共（布）	职业培训班	梅斯特兰村指导员
29	扎克艾	俄列共青团员	党校	尼古拉耶夫斯克工会指导员
30	唐孔庆	中共党员	党校	华人小学
31	高富春	中共党员	党校	杰丘河工人工会
32	郑 晟	俄列共青团员	党校	工业联营社
33	伊万诺夫	俄共（布）	职业培训班	社会保险银行
34	金福堂	俄共（布）	职业培训班	尼舍维科夫村小组代表
35	秦勇楠	俄共（布）	无	梅斯特拉纳文化站
36	刘佐邦	俄共（布）	党校	尼古拉斯科—乌苏里斯克扫盲班
37	崔杰廷	俄共（布）	无	阿尔焦姆管理处
38	吴良材	俄共（布）	无	杰丘河文化站
39	杨继武	俄列共青团员	职业培训班	社会保险银行
40	王金明	俄共（布）	党校	苏城宣传员
41	雅科博索恩	俄共（布）	无	工会指导员
42	刘宁祖	俄共（布）	共产国际大学	塔弗利成斯克宣传员
43	邵多胜	俄列共青团员	无	阿尔焦姆文化站

续表

	姓名	政治面貌	教育程度	工作地点
44	张双英	俄列共青团员	党校	工业联营社文化站
45	邱发硕	俄列共青团员	党校	乡电话局指导员
46	赵贵杰	俄共（布）	党校	二分处指导员
47	硕林生	俄共（布）	党校	阿尔焦姆工会
48	张科墨	俄列共青团员	无	什维宁科夫村指导员
49	金舍科	俄共（布）	职业培训班	科热夫尼科夫村指导员
50	宋公阳	俄列共青团员	无	中央工人合作社食堂主任
51	利波夫	俄共（布）	共产国际大学	党校培训班教师
52	多罗霍娃	俄列共青团员	共产国际大学	党校培训班教师
53	库佐夫	俄共（布）	共产国际大学	阿尔焦姆党支部指导员
54	科　霍	俄共（布）	共产国际大学	阿尔焦姆文化站
55	科特莫娃	俄共（布）	共产国际大学	工业联营社文化站
56	萨维尔耶娃	俄列共青团员	共产国际大学	幼儿园主任
57	奥索维茨基	俄共（布）	共产国际大学	苏城政治文化处
58	多勃雷	俄共（布）	共产国际大学	中央工人合作社文化站
59	科西采维	俄共（布）	共产国际大学	阿尔焦姆工人工会
60	叶尔金	俄共（布）	共产国际大学	索维尔克工人工会
61	普舍尼琴	俄共（布）	共产国际大学	职业培训班
62	德沃林	俄共（布）	共产国际大学	工程师俱乐部指导员
63	拉　金	俄共（布）	共产国际大学	党校教师
64	谷茨基	俄共（布）	共产国际大学	党校学习部主任
65	萨基科娃	俄共（布）	共产国际大学	工业联营社文化站
66	克列姆涅夫斯基	俄共（布）	共产国际大学	党校教师
67	奥兹米多夫	俄共（布）	共产国际大学	党校教师
68	张福春	俄共（布）	无	尼古拉斯科—乌苏里斯克工会
69	维赫塔诺夫	俄共（布）	共产国际大学	国家政治保安总局
70	多波尔沃尔茨基	俄列共青团员	东方工人大学	幼儿园
71	徐甫廷	俄共（布）	党校	江北
72	谢梅尔金	俄共（布）	共产国际大学	—

	姓名	政治面貌	教育程度	工作地点
73	卡英	俄共（布）	职业培训班	梅塔利斯托夫联合会
74	克英	中共党员	党校	工人之路报纸
75	科玉昌	无	无	华人剧院主任
76	王喜庭	无	—	拉比斯村文化站
77	李部唐	无	无	斯巴斯克建设者协会指导员
78	宋子凯	无	职业培训班	符拉迪沃斯托克建设者协会指导员
79	久玉房	无	职业培训班	梅塔利斯托夫联合会指导员
80	吉作兴	无	无	杰丘河文化站
81	邢栩栩	无	无	阿尔焦姆中央工人合作社指导员
82	徐	无	—	纳尔比特联合会指导员
83	袁辛山	无	党校	中央工人合作社指导员
84	金五保	无	党校	符拉迪沃斯托克扫盲班
85	包柳塔	无	—	苏城
86	索费雅	无	—	苏城
87	吕香尚	无	职业培训班	梅塔利斯托夫联合会指导员
88	周松渊	无	—	幼儿园教师
89	崔玉明	无	—	幼儿园教师
90	齐图家	无	职业培训班	梅斯特兰纳村莫斯科州委员会二部代表
91	杰普洛依	俄共（布）	共产国际大学	工人培训班主任

第二节　20世纪80年代

苏联对外友好与文化交流协会联合会

1984年5月30日

机密

波格拉尼奇内区（滨海边疆区）与绥芬河市
（中国）友好协会之间开展的工作

1984年3月，中苏友好协会绥芬河分会的领导提出会晤建议，旨在就两市友好协会分会之间开展合作问题进行探讨。该提议得到了波格拉尼奇内市友好协会的支持。

绥芬河代表一行 6 人于 5 月 1 日抵达波格拉尼奇内市，进行了为期两天的访问。中方代表以绥芬河副市长、中苏友好协会绥芬河分会会长刘海涛为首。

在会谈中双方肯定了巩固中苏友好关系的必要性。会谈在友好融洽的氛围中顺利进行。

之后受绥芬河车站领导的邀请，以波格拉尼奇内市车站站长戈罗杰科沃为首的铁路代表团（一行 4 人）于 5 月 4 日抵达中国。期间，代表团参加了乒乓球友谊赛，参观了城市、工厂和商店。在接待晚宴上中苏友好协会绥芬河分会副会长热情地接待了他们，会谈在友好愉悦的氛围中进行。

此类会谈能够使中国公民更好地了解我国劳动人民所取得的成绩，苏共边区委员会认为，以后应多加强双方的交流沟通，并计划于 7—8 月份邀请绥芬河体育队到波格拉尼奇内市进行排球友谊赛。

此致

敬礼

滨海边疆区苏共委员会秘书

B. 萨夫罗诺夫

机密

文本 No 1

滨海边疆区苏共委员会第一秘书 Д. Н. 格戈洛夫同志报告

远东国立大学于 1980 年成立了应对中国反苏宣传问题研究所，该研究所是经大学领导部门批准成立的，旨在研究一系列中国反苏宣传问题及其应对措施。

通过对《北京广播》俄语版进行系统分析，同时通过对中国部分期刊、《日本广播》及其他一些对苏联远东地区人民进行反苏宣传的广播站的活动形式及方法的对比研究，可以确定在滨海地区人民群众中敌对宣传的主要渠道，并分析反苏广播宣传的主要意识形态。同时也通过一系列调查问卷了解这些反苏宣传的影响程度。

总体分析研究结果提交至苏共中央委员会、滨海边疆区苏共委员会，以及相关科研及军事机构，研究成果得到了有关部门的肯定。

同时，也对我们提出了一些要求，如，对反苏宣传媒介的研究质量，其时效性等。但是我们可以看出，要想做到及时发现此类宣传并做出相应反应，单靠大学校委会的组织领导是很难实现的。

苏共中央委员会国际信息部提出，必须及时对广播及各类信息来源进行及时有效地分析，做到对反苏宣传媒介的前瞻性把握。这就决定了我们获取外国资料的途径并不能靠苏俄高教部下属大学的文化部门，而是要通过苏联外交部《苏联报刊发行总局》印刷传播管理局来获得。而我们当前的情况是，在获得这些外来刊物时，其时效性已经平均晚了 2—4 个月，这极大地降低了我们对其分析利用的有效性。

鉴于上述要求，远东国立大学各部门，特别是能够收到苏共中央委员会信息公报（国际问题版）的部门，应将相关工作列入自己组织目录中。因为对上述反苏宣传广播及我们现有塔斯社材料的对比分析，并不能完全保证我们研究的全面性，例如对《北京广播》等其他广播站宣传性质变化的准确分析等。

此外，还存在其他一系列问题，这些问题与材料接收的有效性息息相关。如文件内容的准确性，广播内容的完整性，以及由于现有接收设备的情况决定了信息接收过程中的速度和质量。

我们研究所在准备好相关材料后，派发之前会到远东国立大学校长办公室用复印机进行复印。这就必然使大学的复印工作量大幅增加，也随之出现一种情况，即一些对我们研究感兴趣的部门，想得到我们发出的材料往往要等上 10—15 天。只有充分保障研究所的复印设备，才能更好地解决这一问题，保证材料派发工作的稳定性。

研究所必须保证《远东国立大学信息公报》的定期出版，该公报由大学研究所印刷，其印刷需由机器完成，并且字迹要清晰准确。我们现有机器包括"乌法"和"乌克兰"品牌机器两台，这无法保证上述工作的有效完成，也很难保证高质量完成《信息公报》发行三版的要求。

在此应特别指出研究所的工作困难，这与研究敌对电台的宣传有关。按照我们现有的电台及信息接收设备的质量，无法满足收听的信息量，特别是对大量国外电台的收听工作，这使我们的研究工作带有一定的局限性。因此，希望苏共中央委员会国际信息部能够定期委派设备技术人员进行指导。此外，根据委员会要求，我们需要为其提供《北京广播》和《日本广播》的新闻，包括日本外长和美国总统访华的新闻等。在准备此类信息时我们也遇到了困难，因为我们在接收这类广播时会受到很大干扰。同时我们也发现，不同地区能接收到的外国广播也不尽相同。

需要建立一个现代化的广播接收中心，这样我们就可以保证更加准确全面地接收国外广播。还有一点我们想提一下，我们在建立研究所的时候就申请希望购置一辆"拉弗"牌微型轿车，但是已经过去四年了，仍然未得到批准。此外，先进的广播接收中心能够使我们更好地记录和分析滨海地区范围内能够接收到的中国电台的内容。正如我们前面提到的，1984 年 4 月我们在布拉戈维申斯克市进行了一项社会调查，调查显示，由于边境地区可以接收到邻国信号，所以当地群众对中国电视节目很感兴趣。为更进一步加强对中国电视节目的研究和分析，我们还需要一个电视节目接收装置。

为了更好地解决当前我们所面临的问题，需要建立一个现代化的信息技术基地。鉴于此，我们向苏共边区委员会申请配置相关设备，并请求更换一些国外刊物以备研究。

附件：附件 1（1 页），附件 2（1 页），非机密。

远东国立大学校长 B. B. 戈尔恰科夫

文件号 0268，一式两份。

文件 1 投递地址：

文件 2 保存地址：

执行人：瓦西里耶夫

发件人：波诺马连科

1984 年 6 月 26 日

附件 2

研究所需要更新的中国刊物目录

请滨海边疆区《苏联报刊发行总局》印刷传播管理局帮助我们订阅所需刊物，以便能够及时更新研究内容。现将远东国立大学所需中国刊物列出如下：

报刊类：

1. 15001——《人民日报》

2. 15005——《光明日报》

杂志类：

3. 16001——《北京评论》（英文版）

4. 16051——《人民画报》

5. 16052——《中国》（俄文版）

6. 16201——《中国文学》（英文版）

7. 16601——《中国□□》（英文版）

8. 17701——《红旗》

还请帮助远东国立大学订阅苏共中央委员会信息公报（国际问题版）。

1984 年 7 月中央委员会 B. И. 舍巴林同志赴中国代表团工作事宜

根据苏共中央委员会和滨海边疆苏共委员会决定，我作为此次赴中华人民共和国代表团成员，现将工作总结如下：

此次访问的目的旨在更好地了解中国人民的生活水平，他们对苏联人民的态度和国民经济发展情况。

中方为我们提供了极大的帮助，使我们能够顺利地进行考察，包括参观工业企业，与各个领导阶层会面，参观博物馆、小学、建设工地及当地民居等。

此行曾到访北京、哈尔滨、大连、天津、唐山五个城市。

在所有城市我们都受到了热情的接待，除在北京市是由中苏友好协会会长负责接待的以外，在其他几个城市均由当地的副市长负责接待。此外，出席见面会的还有一些中苏友好协会的积极分子。

在各类会谈、谈判、正式和私人谈话中，主要涉及如下内容：

1. 无论是官方会面，还是与当地百姓的见面都是在亲切友好的氛围中进行的；在一些城市的访问期间，还多次谈到苏联对他们企业建设中提供的帮助，在哈尔滨时还特别提到了当年在抗日战争时期苏联对他们的帮助，以及之后的松花江防洪堤坝修建和抗洪时我们给与的帮助。即便在两国关系紧张期间，人民之间的友谊也未曾改变。

2. 在参观企业时，我们重点考察了他们的劳动环境和设施，特别是他们的生产力和生产效率的提高。在一些较大工厂，生产规模甚至提高了5.7 个百分点以上。高速发展的生产力与他们进口的大型机械有很大关系。例如，在哈尔滨的铝合金工厂和天津的内燃机制造厂。

上面两家工厂都是通过向银行贷款用来购置国外先进设备，以提高生产力。

还有一些外资企业通过在宾馆设置办事处来办公。例如，在我们所居住的"北京宾馆",其中有一整层楼都是外资企业办事处,如东芝公司、壳牌、西门子公司、小松制造公司、三菱财团等等。当然,这些外资企业都是通过与中方企业合作开展业务的,后者为其提供设备、场地等。

中方人员也从另一个角度提出了现有问题,即失业问题。例如,在北京失业人口就达 10 万人,此类现象在其他城市也普遍存在。究其原因,主要是由于经济发展对高效生产力、先进的生产设备的要求,必然导致人工岗位的减少,从而导致失业率的提高。

3. 很多企业都通过吸引外资,引进先进技术和设备,从而达到了短期内极大提高生产规模的目的,以此有效保障了人民对各种产品的需求。

然而,工业企业购置昂贵的设备,吸引高利率的外资也导致生产成本的提高。

相对由于居民购买力较低(据企业领导所说,工人每月工资平均在 50—80 元左右),无力大量购买这些商品,因此老百姓的穿着还是很简朴的。例如,我们所参观的民居居住环境就很一般:无论是在墙上,还是在地上,没有一个房间铺置地毯,厨房设备也很简陋。整体来说,家居环境甚至可以说有些艰苦。我们认为这一切都是商品价格较高造成的,中国必须找到符合自己人民生活水平的生产市场。

4. 在与中国同志的交流中我们对四座开放的城市有了更好地了解。例如,在与天津市长的交谈中我们知道,他们已经有 27 家企业与外资企业进行了合作。

会谈期间他们也表达了与苏联合作的意向。哈尔滨市领导也希望能够发展两国经贸关系。应当强调的是,黑龙江省商务代表团也出席了会谈,他们曾到过滨海边疆区的纳霍德卡市,当时是由我负责接待的。中方同志对边境贸易的可持续发展表现出了极大的兴趣。

5. 在所有港口城市和北京都有大量的外国商务人士及游客。他们来自美国、英国、日本和其他国家。中方致力于发展旅游产业。其中大连市在我们到访期间还召开了专门会议,探讨城市发展及其资金来源问题,例如,发展城市疗养业。

通过上述总结提出如下问题以供讨论:

1. 如果在外国人员极大增加的情况下,如何促进各社会组织有效运行,找到合理开发道路,如旅游业的开发。

2. 如何防止外资资本的渗透,而使国家机构和经济实体保持社会主义性质。如果存在可能性，我方可否采纳出售设备及派遣技术人员的建议。这样既能拓展双方合作，又能加深对苏联政府政策的了解，提高我们在中国发展中起到的作用。

如果国家机关无法采纳这一建议，是否可以建议以局部地区，如边境地区为单位扩大贸易往来，组织文化交流，或者是相关地方机构的代表团访问等，如滨海地区、哈巴罗夫斯克地区等。

3. 在发展同中国的边境贸易过程中，由于一些中央机构并未意识到这项工作的重要性，因此在合作之初就走入死角。包括地方政府、苏联国家计划委员会、国家供应委员会、国家对外经贸部在很多问题上很难达成共识，导致1984年商品出口面临极大危机。

当前我们面临的问题是，必须出台相应法规，扩大地方委员会在上述问题上的权限范围。

4. 此次代表团一致认为，应继续坚持与中国保持并加深友好关系，因为中国在未来世界发展中一定会占有重要地位。

同时，如果能够积极推进使领馆工作的开展，也将对我们有重要意义，其中可以通过将中方工作人员纳入苏联工作小组，这样既有助于为我们在到访北京及其他城市提供便利条件，也能使我们获得更多的关于中国发展的信息。

滨海边疆区执行委员会副主席 A. M. 扎伊奇克

10月29日
机密
苏共中央委员会

为祝贺中华人民共和国成立35周年代表团赴黑龙江省进行访问

应中苏友好协会黑龙江（中国）分会（绥芬河市、牡丹江市、哈尔滨市）邀请，此次代表团成员包括滨海边疆区执行委员会主席 B. E. 洛姆诺夫斯基、哈巴罗夫斯克边疆区执行委员会商务部部长 B. Я. 布列恩科夫、地质学院院长、中苏友好协会阿穆尔州分会会长 B. Г. 莫伊谢恩科、阿穆尔州河运处处长、中苏友好协会哈巴罗夫斯克边疆区分会会长 A. M. 苏霍夫等。

另有三人由波格拉尼奇内市（苏）经绥芬河市（中）出境，其中有戈罗杰科沃车站站长 C. C. 瓦库连科同志。

访问期间代表团一行受到了中方高度的重视和热情的款待。在哈尔滨市代表团曾多次应邀在大会上发言。在招待会上代表团与黑龙江省人民政府书记进行了会晤，还参观了黑龙江大学俄语系和图书馆。

波格拉尼奇内市代表团在绥芬河会见了该市市长。瓦库连科同志还应邀在市级大会上致辞，并得到热烈的反响。代表团参观了商店、文化宫和两处当地居民家庭。

在会谈中，中方代表多次提到了全面恢复两国友好关系的重要性。其中有人说道："我们应该与所有有利于发展的有识之士全面接触、进行交流。"

希望能在中苏友好协会的促进下，更加全面地推进两国国家和城市之间的交往，虽然这种友好的关系曾在文革期间被损坏。

中苏友好协会的中方代表和黑龙江省领导都表达了发展友好关系的强烈愿望。交流方式可以是多种多样的，例如通过庆祝民族节日、体育交流、俄汉语言、工会代表、友好合作等方面开展。与此同时，黑龙江省、绥芬河市和珲春市领导在双方经济往来、边境贸易等方面也将给与大力支持。

苏共滨海边疆区委员会认为，未来将大力加强与黑龙江省及绥芬河市的联系。这将有助于增进该省、市人民对我国及苏联政府活动的的了解。

根据 1983 年 12 月 22 日苏共中央委员会下发的文件《关于中苏友好联合会各分会工作》的指示，在滨海边疆区各中苏友好协会分会已经开展了相关的恢复地方关系工作。例如，在乌苏里斯克、纳霍德金斯克、波格拉尼奇内市中苏友好协会已经开始着手开展相关工作。其中波格拉尼奇内市已将发展滨海边疆区与黑龙江省、波格拉尼奇内市与绥芬河市的关系提上议事日程。

鉴于上述汇报，请苏共边区委员会批准关于派遣代表团出访中华人民共和国相关省份的请求，并同意中方代表团访问符拉迪沃斯托克市。

苏共滨海边疆区委员会秘书 Д. 格戈洛夫

1984 年 10 月 26 日

11 月 21 日
机密
苏共中央委员会

关于接待黑龙江省（中国）社会性访问团来边区的问题

为庆祝十月革命 67 周年，受中苏友好协会边疆区分会的邀请，黑龙江省及绥芬河市中苏友好协会分会代表团来我边区进行访问（另附代表团名单）。

在黑龙江省代表团访问期间，参观了东方港，机车制冷维修与供应基地，符拉迪沃斯托克国营百货商店，全苏远东国外贸易办事处。使他们印象深刻的除了劳动人民的节日游行队伍，还有善良的人民群众，充足的物质保障，干净整洁的街道等。此外，中方代表团还向列宁纪念碑敬献了鲜花。

在庆祝伟大的十月革命 67 周年大会的致辞中，以及在与代表团领导的交谈中，中方副团长多次提到了列宁同志、马列主义思想对中国人民的重要作用，还高度评价了苏联政府在中国解放战争及国家建设中给予的各种帮助。"我们希望在当今中苏友好关系的背景下，双方的合作能够在原有基础上再上一个新的台阶。包括在经济、贸易、科学、文化、体育等各个领域的全方面交流合作。我认为，这种交流是我们共同需要的。我们崇尚和平，期望友谊，反对战争。特别是我们两国彼此相邻，正如中国有句古话，叫'远亲不如近邻'。"

"我们希望在友好合作、公平互赢的基础上进一步发展双边关系，特别是在旅游、贸易、文化、体育，以及经济建设等领域的合作。毫无疑问，这种交流无论是对两国，还是对远东及太平洋地区的和平发展都将起到重要作用。我相信，此次访问将对加深友谊，维护和平起着重要作用。"

在接待中方代表团期间，边区执行委员会主席提出如下几点：

中苏边境贸易额有望达到 2.5 千万—3 千万卢布。其中主要包括石油产品、化工设备、建筑材料、电力能源、工业产品。此外还包括服装鞋帽、蔬菜水果、粮油肉蛋、啤酒红酒等。他还特别提到可以大量进出口玉米、黄豆和少量的种子。就这一问题，中方代表提出了自己的看法，认为双方完全可以在上述领域进行合作，相比如今苏联从资本主义国家大量进口种子，中苏边境合作将会更加便利。中方也提出，中方有能力向苏方供应各类所需产品，包括黑龙江省外乃至全国范围内都可以提供的各种产品。

作为最初的合作领域，可以定向为工业产品。建议在 1985 年举办工业产品展销会。展销会可以举办 7 天，分别在滨海边疆区、哈巴罗夫斯克边疆区、阿穆尔州以及黑龙江省的三个城市举办。

同时还邀请远东地区的 22 家工业企业前去黑龙江省参加展销活动。包括铜厂、酒厂、纺织厂、造纸厂等其他生产厂家。

此外，在交流中还提出希望在地方合作的基础上合作办厂，例如，在远东地区建设木材加工厂，可以雇佣中方工人；利用滨海口岸与中、日及其他亚太国家开展港口贸易；开通纳霍德卡——哈巴罗夫斯克——哈尔滨旅游线路等。

就社会及文化交流问题中方提出，可以开展各类民间团体的交流，如：旅游团体（最初阶段可以由 10—20 人组成），体育团体（冰球、体操、赛马于 1985 年 1—2 月进行），创作团体（于 7—8 月进行）。此外，还可以互相建立友好城市：符拉迪沃斯托克——哈尔滨，纳霍德卡——齐齐哈尔，乌苏里斯克——绥芬河。

绥芬河代表团团长还请求向中方友谊宫提供一些档案资料，是关于本世纪 20 年代中国共产党党员赴苏联学习的信息。据中国有关资料记载，友谊宫曾经在青少年中开展过中苏友谊的教育活动。

就科研合作问题，代表团成员提出了几点建议，例如，加强黑龙江及远东地区高校和科研团体在农业问题等方面的合作，可以开展国际研讨会、座谈会，交流科研成果，互派师生交流学习等。代表团副团长建议可以在 1985 年 2 月首先举办一次以"俄语教学方法"为主题的研讨会。此次研讨会可以邀请远东国立大学的教师参加。此外，还可以在绥芬河及波格拉尼奇内市组织俄语语言实践活动。

与此同时，中方代表还强调，他们此行希望能够签订有关双方商贸往来及科技文化交流等方面的合作协议。为使上述工作顺利开展，中国政府将在所涉及的财政支出问题方面给予省政府充分的自主权，以便更加直接有效地提高经济合作效率。

就中方提出的上述问题，我方认为，其关键之处就在于如何在保持两国友好关系的前提下加快合作步伐。就此问题我们认为，中国领导人对待两国关系的态度将起到至关重要的作用。

还想提一下的是，中方代表团给我们留下的印象之一是，他们对我们某些非常感兴趣的问题并没流露出更多的关注，有时令我们感到不解的是在给他们展示一些有趣事物的时候，他们谈论的话题却完全是另外一个。

　　中方代表团此行携带 1500 美金，只花费了 120 美金。包括购买了 10 个电熨斗，每个花费 12 卢布。另外还花费 4 卢布用于购买桂叶。

　　代表团随行携带了大量行李，返回时也未见减少（根据行李大小尺寸判断）。

　　综上所述，此次会谈还有一些未尽事宜，在很多问题上并未得到直接的解决，例如，经贸关系问题。

　　代表团中有三人俄语很好。同时，在代表团访问哈巴罗夫斯克及滨海边疆区，其中包括符拉迪沃斯托克市的时候，他们谈到了两国友谊关系发展所取得的成就。他们坚信两国能够在短时间内进行国家层面的正式会晤，并推动双方关系的正常化发展。

　　我们认为，在访问期间中方代表团充分了解了我国社会经济发展所取得的成就，苏共中央委员会和苏联政府的执政能力，以及苏联政府为促进两国关系发展正常化所做出的努力。

　　在交谈中中方还提出了几点疑问，例如社会保障问题，苏联人民的物质需求保障等。中方代表团副团长也提出了他所感兴趣的问题，"在我国如何实现专责制"，"如何建立企业与党组织之间的领导关系"等。

　　总体来说，中方对于此行十分满意。并表示将会把此次访问所取得的成果向有关领导做出详实的汇报。中方领导及边区事务负责人向我们发出了口头邀请，欢迎我方派代表团到黑龙江省进行访问（1985 年初），共同商讨经济及科技文化合作计划，期间代表团领导还接受了采访，并对此行做出了高度的评价。

——滨海边疆区国立档案馆《苏共全俄中央委员会关于与中华人民共和国、
朝鲜民主主义人民共和国、越南社会主义共和国，及日本一些城市
友好关系的资料》1984 年 2 月至 1984 年 11 月 28 日

后　记

　　本书是黑龙江省社会科学项目"俄罗斯远东与中俄边境地区华侨文献整理与研究（1860—2010）"的研究成果，亦是对多年来关心我、支持我、帮助我的各界朋友的真诚回报。

　　历经 7 年的搜集、1 年的整理，《旅俄华侨华人史料汇编增补》即将面世。在这 2555 个日夜里，我与旅俄华侨华人档案为伴，我以挖掘旅俄华侨华人史料为乐，我以旅俄华侨华人实业救国、抗战救国为荣，我的生活与旅俄华侨华人紧紧联系在一起，已经无法分割。

　　衣带渐宽终不悔，为伊消得人憔悴。在研究的道路上，学者们常常感叹可利用的旅俄华侨华人史料甚少，无法还原百年来旅俄华侨华人的真实原貌。为了完成搜集、整理、编撰工作，每个寒暑假我都与课题组成员奔走在国内外各大档案馆。出国查阅档案的道路异常艰辛，从递交出国申请到办理签证，层层审批整个流程下来已是筋疲力尽，每次出国查阅档案时总会百感交集，只有在有限的时间内，挖掘到更多史料，才能不枉费这番辛苦。2017 年 1 月—2019 年 1 月，我无法忘记与课题组成员披星戴月，奔走在俄罗斯远东地区各档案馆、中国大市场的日子；无法忘记课题组白天查阅档案，晚上在俄罗斯宾馆里挑灯夜战，整理档案目录到深夜的日子；更无法忘记，天刚蒙蒙亮，我们已经等候在档案馆门前，最后一个离开档案馆，坚持做到不闭馆绝不吃饭的日子……这一页页档案浸透我们的泪水和汗水，这 2555 个日夜，我总是在拥抱黎明，亲吻黑夜中度过，其中的苦与乐只有自己静静地品味。

　　本书编撰人员情况如下：

　　主编宁艳红，1971 年出生，女，满族，黑龙江省黑河市人，黑龙江省黑河学院研究员，中国侨乡文化黑龙江研究中心主任，黑龙江省旅俄华侨华人历史与文化研究会会长。研究方向是中俄关系史、旅俄华侨史。主持并参与国家社会科学基金项目、中华全国归国华侨联合会项目、黑龙江省哲学社会科学研究规划项目、黑龙江省艺术规划项目等 10 余项；出版专著《旅俄华侨史》《黑水为证：旅俄华侨的历史记忆》，主编《华侨在俄罗斯》《旅俄华侨史料汇编》《旅俄华侨华人的历史与现实》；在中俄期刊上发表学术论文二十余篇，在报刊上发表二十余篇旅俄华侨的传记文章。

副主编赵慧青，1980 年出生，女，黑龙江省牡丹江人，在读博士，黑河学院副教授，俄国史专业。研究方向是俄国史、旅俄华侨史。主持黑龙江省哲学社会科学研究规划项目、黑龙江省教育厅省属高等学校基本科研业务费项目、院级课题等 7 项；参与国家社会科学基金项目等 10 项；主编及参编教材、专著 4 部；在中俄期刊及各类国际学术会议上发表学术论文二十余篇。

副主编何昆，1976 年出生，女，黑龙江省鸡西人，博士，黑河学院副教授，中国古典文献学专业，从事古代汉语的教学与研究。目前已出版著作《乱世的青史——闲看左传》《嘉言铸青史——聆听国语》《舌吐风雷震九州——〈战国策〉谋略》，发表学术论文 16 篇，主持并完成黑龙江省艺术规划项目等科研项目 5 项。

参与本书编写人员还有高永生、李志福、赵福军；主校宁艳红、高永生。本书的编写意义在于挖掘旅俄华侨华人的历史档案资料，开辟旅俄华侨华人研究新领域，填补旅俄华侨华人系统研究的空白，为开展国际移民史、世界华侨史研究提供基础资料，也为中俄之间区域合作及中俄关系史研究工作提供借鉴。

由于时间仓促，对于旅俄华侨华人史料的挖掘尚显肤浅，对于档案、文献的整理尚不够充分，俄文资料的人名大多为音译，未能做到全面准确无误，还需使用者谅解，其余尚未收录，还未翔实的档案史料待整理后再行出版，这将是我今后科研攻关的重点。

本书得到黑龙江省档案馆、黑河市瑷珲区档案馆、大兴安岭地区呼玛县档案馆的帮助。尤其要感谢符拉迪沃斯托克总领事闫文滨、原哈巴罗夫斯克总领事郭志军的大力支持和鼎力相助，使我顺利、快捷查阅俄罗斯远东地区华侨华人档案。此时更要感谢家人的理解支持，使我心无旁骛，全身心从事研究工作，由于时间仓促，虽竭尽全力，错误仍然难免，恳请专家、学者见谅。

　　"千淘万漉虽辛苦，吹尽狂沙始到金"。既然选择了旅俄华侨史的研究工作，我将无怨无悔，坚持不懈。倘若此书能为研究者提供点滴帮助，我已倍感欣慰。

宁艳红
二○二一年十月